한중 감각어의 신체화 연구

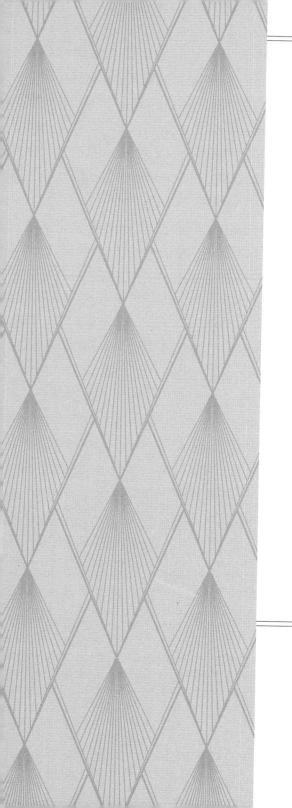

한중
감각어의
신체화
연구

석수영 昔秀穎

역락

머리말

이 책은 2015년에 제출한 박사학위논문을 깁고 더한 것이다. 마음·문화·몸의 상관성을 밝히는 인지언어학 이론은 인간의 사고방식이 언어로 표상되어 나타나는 과정을 규명하는 데 적합한 이론이다. '신체화(embodiment)'는 체험주의에서 유래된 것으로 인지언어학에서 매우 중요하게 다루는 기제이다. '신체화'의 핵심적인 주제로 감각어, 감정어, 신체어, 수어 등이 있는데 이 책은 '신체화'의 관점에서 한중 감각어의 의미 구조 및 의미 확장 양상을 살펴보고, 한중 감각어의 양상을 통해 그 이면의 신체화 특성을 살펴보는 것이다.

'감각'은 인간 경험의 보편소이다. 따라서 보편적인 신체적 경험을 공유한다. 하지만, 한국어와 중국어가 또 서로 다른 물리적 환경에 몸담고 있기 때문에 개별성이 존재하기 마련이다. 종래의 연구에서 의미 확장은 주로 다의어를 중심으로 논의되어 왔을 뿐, '신체화'에 기초한 의미 확장의 중요성은 거의 인식되지 않았거나 소홀히 다루어져 왔다. 이 책은 한중 감각어의 의미 확장의 본질을 '신체화'에서 찾고자 한다.

이 책은 다음과 같이 진행된다. 1장은 서론으로 연구 목적 및 필요성을 밝히고, 연구 범위 및 방법을 제시하며, 선행 연구를 고찰한다. 2장은 신체화의 인지언어학적 탐색으로 먼저 인지언어학에서의 신체화, 신체화에 기초하여 의미가 확장되는 원리를 소개한다. 이어서 신체화에 기초한 감각어의 의미 확장을 어떻게 다룰 것인지를 소개한다. 3장부터 7장까지는 한중 감각어의 의미 구조 및 의미 확장 양상을 종합적으로 살펴본다. 8장은 앞서 살펴본 한중 감각어의 의미 구조 및 의미 확장 양상에 대한 인지적 해석이다. 한국어와 중국어 간에 존재하는 의미 구조의 공통점과 차이점을 통해 문화 보편성과 개별성을 살핀다. 그리고 의미 확장의 동기를 '신체화'에서 찾는다. 9장은 이 책을 마무리하는 장으로서 지금까지 살펴본 내용을 요약, 정리하고 연구의 의의, 한계점을 제시하며, 앞으로의 연구 과제를 제시한다.

이 책을 출간하기까지 많은 분들의 도움을 받았다. 2012년부터 시작된 대학원 생활, 2015년에 학위를 받고 상해외국어대학교에서 시작한 박사후 연구원 생활, 또 박사후 연구원을 시작하면서 좋은 기회를 얻어 서울대학교 국어교육연구소에서 시작한 방문학자 생활, 돌이켜보면 그동안 정말로 많은 사람들의 도움을 받았다.

인지언어학의 이론을 가르쳐 주시고, 늘 학운이 푸르게 빛나기를 바란다며 칭찬과 격려를 아끼지 않으시는 임지룡 교수님께 감사드린다. 학자의 참된 모습을 보여 주시고 박사 과정 때 부족한 부분이 많았지만 항상 격려해 주신 송찬선, 이문규 교수님께 감사드린다. 논문을 꼼꼼히 봐주신 김혜정 교수님께 감사드린다. 그리고 공부에 많은 도움을 주신 정병철 선생님, 정수진 선생님, 송현주 선생님, 남택승 선생님, 임태성 선생님, 김령환 선생님 등을 비롯한 '인지언어학 및 국어교육 연구실' 모든 선생님들께 감사드린다. 특히 동학으로서 함께 공부하면서 큰 의지가 되어 주신 리우팡 선생님과 왕난난 선생님께 감사드린다.

상해외국어대학교 김기석 교수님께 감사드린다. 박사후 연구원 생활을 시작하면서 격려는 물론, 칭찬을 아끼지 않으신 교수님, 학자로서의 삶, 학문하는 자세, 인격 매력을 보여 주신 우리 교수님께 감사드린다. 언어학뿐만 아니라 역사, 국제관계, 문학, 예술 등 다양한 분야에 능하신 교수님의 가르침과 지도에 감사드린다. 또 부족한 논문이라 출간을 망설였던 저를 격려해주셔서 감사드린다. 생활면에서 하나부터 열까지 도움을 주신 이승희 사모님께 감사드린다. 두 분께 항상 의지할 수 있어 감사드린다.

방문학자로 서울대학교에 머문 동안, 많은 도움을 주신 민현식 교수님, 박정구 교수님, 구본관 교수님, 그리고 방문학자로 같은 시기에 한국에 계신 선생님들께 감사드린다.

언어학 연구에 대한 기초를 가르쳐 주신 석사지도교수 최건 교수님과 학사지도교수 조수령 교수님을 비롯한 저를 가르쳐 주신 모든 선생님께 감사드린다.

논문 출간 준비 과정에서 많은 도움을 주신 조신건 교수님, 황건진 교수님께 감사드린다.

부족한 부분이 많지만, 이 책을 출판해 주신 역락 이대현 사장님과 이 책을 만들어 주신 문선희 편집장님, 이태곤 이사님을 비롯한 도움을 주신 모든 분들의 정성과 노고에 감사드린다.

마지막으로 언제나 저를 응원해주고 지지해 주는 가족에게 감사드린다.

2020년 10월 10일
석수영

1. 들머리

1.1. 연구 목적 및 필요성

이 책은 '신체화(embodiment)'에 기초하여 한중(韓中) 감각어(感覺語)의 의미 구조 분석을 통해 의미 확장 양상을 살펴보고, 두 언어 간의 공통점과 차이점을 밝혀, 언어의 의미 구조에 내재된 개념 구조의 일부를 밝히는 데 목적이 있다.

감각(sensation)은 인간의 가장 기본적인 경험 가운데 하나이다. 감각 개념이 언어적으로 표상된 어휘 형태를 '감각어'라고 하는데, 몸의 감각기관을 통해 어떤 자극에 대한 반응을 언어로 구체화하여 표현한 것으로 본질적으로 신체적 경험의 산물이다. 일반적으로 감각을 통해 얻은 경험을 감각 경험(sensory experience)이라고 하는데 이때의 감각 경험은 감각과 지각적 경험을 포함한다. 이 책의 '감각어'는 이런 감각 지각 체계[01]로부터

---

01 감각 지각 체계로는 시각계, 청각계 등이 있다(임지룡·김동환 옮김 2008: 192 참조). 인간이 생활체로서 존재하기 위해서는 외계·체내를 불문하고 끊임없이 필요한 정보를 얻어야 하는데 이 최초의 정보처리가 감각수용기에 의해 이루어지며 이런 감각이 의식적으로 알게 되었을 때 지각이 성립된다(Y. Tsuji 편 2002, 임지룡 외 옮김 2004: 170, 최현석 2013: 13-18 참조). '감각'과 '지각'은 단계로는 '감각→지각'이라고 할 수 있으나 감각과 지각은 엄밀히 경계 지을 수 없다. 언어적 측면에서도 '감각'과 '지각'을 엄밀히 구분하지 않고 사용되는데, 예컨대 동사 '보다'의 경우 학자에 따라 '감각 동사', '지각 동사'라 부르기도 한다.

나오는 감각 경험에 바탕을 두고 형성된 언어적 범주를 가리킨다.

이렇게 형성된 '감각어'는 한국어나 중국어를 막론하고 일상 언어에 널리 퍼져 있으며 구체적인 감각적 의미뿐만 아니라 추상적인 개념을 나타내기도 한다.

> (1) a. 얼굴이 하얗다.
>   b. 겁이 나서 얼굴이 하얗게 질렸다.
> (2) a. 臉白。(얼굴이 하얗다.)
>   b. 嚇得臉都白了。(겁이 나서 얼굴이 하얗게 질렸다.)

예문 (1), (2)에서 (1a), (2a)에서는 '얼굴/臉'의 피부색이 '하얗다/白'는 시각적 경험의 언어적 표현으로 시각적 의미를 나타낸다. 한편 (1b), (2b)의 '하얗다/白'는 신체 부위 '얼굴/臉'과 결합하여 인지주체의 심리적 태도 '두려움'을 표현하고 있다. '하얗다', '白'가 시각적 의미에서 추상적인 의미를 전달한다. 이는 실제로 두려움을 느낄 때, 피부의 교감신경이 작동해서 피부 혈관이 수축하여 얼굴이 하얗게 질리게 되는 체험에 기반을 둔다.

> (3) a. 소금이 짜다.
>   b. 그 사람은 성격이 짜다.
> (4) a. 特別酸的葡萄。(매우 신 포도.)
>   b. 他太出色, 引起一部分人酸溜溜的嫉恨。(그는 너무 출중하여, 일부 사람들의 시샘을 받는다.)

예문 (3), (4)도 마찬가지로, (3a), (4a)는 우리의 신체(미각기관)를 통해 얻은 '소금', '葡萄(포도)'에 대한 구체적이고 물리적인 경험을 '짜다', '酸(시다)'으로 표현한 것이다. 이런 기본적인 감각 경험에 속하는 감각어가 예문 (3b), (4b)와 같이 추상적인 개념을 표현하는 데 이용되었다. (3b), (4b)는

'짜다'를 통해 인간의 '성격'을, '酸(시다)'을 통해 추상적인 개념 '질투'를 표현한다. 즉 추상적인 경험을 구체적인 감각 경험인 '짜다'와 '酸(시다)'을 통해 표현하고 있다.

이처럼 주관적이고 추상적인 경험을 표현하는데 '감각어'와 관련지어 표현하는 것은 두 언어 모두 공통적이다. 차이점은 중국어에서는 '성격'을 '짜다'와 관련지어 표현하지 않고, 한국어는 '질투'를 '酸(시다)'과 관련지어 표현하지 않는다는 점인데, 이는 '감각'이 인간 경험의 보편소에 해당하지만 이를 개념화[02]하는 방식이 언어마다 차이가 있기 때문이다. 즉 세계에 대한 유의미한 이해가 문화권에 따라 다를 수 있어, 개념의 확장이 차이가 있는 것이다. '짜다'의 개념 형성의 근원점인 '소금'은 더 이상 수분이 없고, 응고된 고체이고 변형이나 융통도 없다. 또 소금이 만들어지는 과정을 생각해 보면 응축되는 과정에서 부피가 작아지는 경험을 하게 된다. 이와 같은 일상적인 경험은 두 언어 모두 공통적이지만, 한국어는 이를 유의미하게 받아들여, '성격'의 '인색함'을 표현하는 데까지 '짜다'의 의미가 확장되었다. 개념의 확장이 문화 의존적임을 의미한다.

이와 같이 감각어가 광범위하게 추상적인 의미로 확장되어 사용되는데, 이 책에서는 이러한 의미가 확장되는 동기를 '신체화(embodiment)'에서 찾고자 한다.

'신체화'는 인지언어학의 기본적인 관점 가운데 하나로서, 인지 과정에서 사람의 몸 또는 신체성의 작용 양상을 가리킨다(Lakoff & Johnson 1999: 36, 임지룡 2008: 77 재인용).[03] 즉 환경 속에서 기능하는 존재로서 우

---

02 인지언어학에서는 의미와 개념화를 구별하지 않는다(Langacker 1987, Y. Tsuji 편 2002, 임지룡 외 옮김 2004: 6 재인용). 인지언어학자들은 언어가 개념적 체계를 반영하고, 따라서 개념적 조직을 연구하기 위해 언어를 이용할 수 있다고 가정한다(Vyvyan Evans 2007, 임지룡 외 옮김 2010: 60 재인용).

03 '인지 과정'이란 개념주체가 지각된 사태를 이해하고, 이를 해석하고 구조화하고 코드화

리의 여러 가지 생물학적 능력, 신체 및 사회적 경험을 뜻한다(Lakoff 1999: 36, 임지룡 2008: 185 재인용). 가장 폭넓게 정의되는 '신체화'의 의미는 인간의 물리적·인지적·사회적 신체화가 개념적·언어적 체계의 기초라는 주장이다(Tim Rohrer 2007: 26). 이러한 신체화에 기초하여 의미가 확장됨으로써 의미는 궁극적으로 신체화되어(embodied) 있다고 한다.

의미가 신체화되어 있다는 것은 '신체화된 인지 정립(embodied cognition thesis)'이라고 하는데, 이는 추상적인 사고 과정이 우리 몸의 신체적 체험에서 출발된다는 인식의 전환을 뜻한다(임지룡 2007: 2). 이러한 관점에 입각하여 언어가 나타나는 모습, 의미가 확장되는 양상에 대해 유기적으로 설명을 할 수 있다.

신체를 통해 얻은 경험이 언어적 구조 및 개념적 구조를 형성하는 데 중요한 역할을 하고, 추상적인 경험을 이해하고 표현하는 데 감각 경험과 관련지어 표현하는 것은 인간의 일반적인 인지능력의 반영으로, '신체화'의 많은 부분이 언어의 구조와 의미 속에 내재되어 있다. 이는 두 언어 모두 마찬가지이다.

(3b), (4b)처럼 의미 확장이 언어마다 다르게 나타나기도 하는데, 이는 사회·문화적 특성으로 귀결된다. 왜냐하면 신체화는 물리적 경험뿐만 아니라 사회·문화적 경험에도 기초하기 때문이다. 서로 다른 사회나 문화적 배경을 공유하고 있는 두 나라이기 때문에 의미가 확장되는 양상이 다르게 나타나는 것은 당연하다. 이와 같이, 언어에 대해 인간적인 해석을 함으로써, 의미가 신체화되어 있다는 관점이 언어 연구에 있어서 새로운 인식의 전환을 가져다주었다.

이에 신체화에 기초하여 한중 감각어의 의미 구조를 분석하고 의미 확장을 살펴봄으로써, 보편적인 신체 및 신체적 경험과 상대적인 사회 및 문

(encode)하여 행동이나 발화로 이어지는 일련의 과정을 말한다(Y. Tsuji 편 2002, 임지룡 외 옮김 2004: 172).

한중 감각어의 신체화 연구

화적 특징에 따라 의미가 같거나 다르게 확장되는 양상을 살펴보고, 문화권에 따른 언어의 같고 다른 모습을 이해함으로써 언어의 사용과 이해에 힘을 실을 수 있을 것이다.

언어의 사용과 이해는 인간의 인지능력과 밀접한 관련이 있다. 인지언어학에서는 언어사용과 인지능력을 구분하지 않는다. 인지언어학은 '인간 중심의 언어학(Humanistic Linguistics)'으로 불리어, 인간을 배제하지 않고, 배후에 반영된 언어 사용자의 신체적 경험, 인지적 경향성 등에 대한 인식을 중요시한다. 이러한 관점은 앞으로의 감각어 교육에도 유용하게 작용할 것이다.

이 책에서는 신체화에 기초하여 한중 감각어의 의미 구조 및 의미 확장 양상을 살펴보고, 이러한 고찰에 바탕을 두고 인지적 해석을 하면서 한중 감각어의 신체화 특성을 밝혀보고자 한다.

1.2. 연구 범위 및 방법

감각은 외부 또는 내부의 자극이 중추신경에 전해졌을 때 일어나는 의식 현상이다. 일반적으로 시각, 청각, 후각, 미각, 촉각[04]으로 대별되는데 이는 범문화적으로 보편성을 지니고 있다.[05] 이 오감(五感)은 모두 대뇌피질의 활동 결과로 색채나 소리, 냄새, 맛, 온도 등을 지각하는 뇌 부위는 서로 다르

---

04 학자에 따라 공간감각을 시각 영역에 포함시키거나 포함시키지 않는데, 이 책에서는 시각의 경우 눈을 통해 이루어진 빛의 감각에 한하여 살펴본다. 또한 촉각의 경우 피부를 통해 얻은 감각으로 압점, 냉점, 온점, 통점이라고 하는 특유의 피부수용기에 따라 다른데, 이 책에서는 '냉점'과 '온점'에 의한 온도감각에 한하여 살펴볼 것이다. 이 책에서의 촉각은 온도감각을 말한다.

05 생물학적 분류와 언어학적 분류는 차이가 있다. 이 책은 생물학적 분류가 아닌 민간모형(인지모형)에 따라 분류하고 논의할 것이다. 다만, 언어 현상이 생물학적 연구와 밀접한 관련성을 지니고 있어 논의에 따라 관련 내용을 언급한다.

다.[06] 감각에 의해 형성된 감각어는 두뇌의 활동과 관련되어 두뇌 작용의 산물이라 할 수 있다. 이러한 신체의 본질 때문에 인지언어학에서는 우리가 종(種) 특유의 세계관을 가지고 있다고 생각한다. 즉 실재에 대한 인간의 해석은 신체의 본질에 의해 중재되는 것이다(Evans & Green 2006, 임지룡·김동환 옮김 2008: 48). 예컨대 색채의 경우 색채가 우리의 시지각 체계를 통한 경험 대상이기 때문에 이것을 구조화할 때 신체를 떠나 논하는 것은 무의미하다(임지룡 외 2015: 175 인용).[07]

오감은 여러 가지 기준에 따라 다르게 분류할 수 있다(Neil R. Carlson, 김현택 외 옮김 1997, 張耀祥 1987/侯博 2008: 8 재인용, 劉宇紅 2005: 28-29 등 참조).

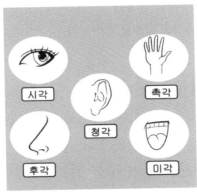

〈그림 1〉 오감에 속하는 감각기관

---

06 시각의 경우는 시신경을 거쳐 대뇌피질 후두엽의 시각령에 이르고, 청각의 경우는 청신경을 거쳐 대뇌피질 측두엽의 청각령에 이르고, 후각의 경우는 후신경을 거쳐 대뇌피질 변연부의 후각령에 이르고, 미각의 경우는 안면신경이나 설인신경을 통하여 대뇌피질 두정엽 하부에 있는 미각령에 이르고(네이버 백과사전 지식 참조), 촉각(피부감각)의 경우 온도수용기를 연구하는 것은 어려운 일이다. 이러한 어려움에도 불구하고, 온도 변화는 자유신경종말에서 탐지되고, 따뜻함과 차가움은 다른 수용기 집단에 의해서 감지된다는 점에 대부분의 연구자들은 동의한다(Sinclair, 1981, 김현택 외 옮김 1997: 271 재인용).

07 인지와 언어의 발전은 인간의 감각이 외부 세계에 대한 감지, 인간의 뇌와 감각 운동 경험 및 작용이 인지와 사고에 영향을 미치고 언어와 인지는 생리학적 제약을 받는다는 것을 Berlin & Kay(1969)가 색채 연구를 통해 증명하였다(趙艶芳 2001: 41 참조).

한중 감각어의 신체화 연구

첫째, 감각을 외부 감각과 내부 감각으로 분류할 수 있다. 이 책은 우리 몸 밖에서 몸에 입력되는 감각, 이른바 외부 감각에 한해서만 살펴본다. 이른바 시각, 청각, 후각, 미각, 촉각 이 다섯 가지 감각에 한하여 살펴본다.

둘째, 물리적 감각과 화학적 감각으로 나눌 수 있다. 물리적 에너지에 의해 형성된 감각과 화학적 물질이 자극이 되어 생기는 감각은 서로 다른데, 시각, 청각, 촉각은 물리적 감각에 속하고, 미각과 후각은 화학적 감각에 속한다.

셋째, 원각(遠覺)과 근각(近覺)으로 나눌 수 있다. 미각의 경우 가까운 화학적 감각이고, 후각의 경우는 다소 먼 화학적 감각이다. 미각의 경우 반드시 먹어야만 얻을 수 있는 경험이고, 후각의 경우는 다소 멀리 떨어져 있어도 그 냄새를 지각할 수 있다. 또한 촉각도 간접 또는 직접적인 접촉을 요하기 때문에 가까운 감각에 속하고, 시각과 청각은 먼 감각에 포함시킬 수 있다.

이러한 감각 특성은 감각어의 의미 구조, 의미 확장에 반영되어 있고 일정한 제약을 가하고 있다. 예컨대, 촉각의 경우 직접적으로 경험하는 반응에 속하는 것으로 낮은 차원의 감각으로 간주하는데, 실제로 우리는 시각 기관을 통해 다른 감각기관의 경험을 언어로 표현할 수 있지만 그 역은 어렵다. 우리는 눈으로 본 코나 귀의 형태, 구조를 말로 표현할 수 있지만 후각이나 청각 경험을 바탕으로 눈에 대해서 설명하기는 쉽지 않다(최현석 2013: 128 참조).

감각어는 시각어, 청각어, 후각어, 미각어, 촉각어로 나누어지는데 구체적으로 어떤 언어적 표현 수단으로 범주화되었는지는 인간의 범주화 능력에 의존한다. '범주화(categorization)'란 사물이나 사태를 동일화(identification) 또는 차별화(differentiation)하여 공통성이나 관계성에 따라 일반화(generalization)함으로써 통합하는 인지활동을 말하며, 그 심리적 산물을 '범주'라고 부른다. 범주는 무엇보다 신체감각(시각·청각·촉각 등)이라는 생물적 능력에 기초한 대상 파악이고, 지식의 저장과 창조적 이용에 빠뜨릴 수 없는 인지활동이며 언어에서는 필수적인 구성요건이다(Y. Tsuji 편 2002, 임지룡 외 옮김 2004: 80-81).

이런 범주화 능력에 기초하여 분포된 감각어[08]의 연구 범위를 제시하면 다음과 같다. 분포 양상이 다르게 나타났다는 것은 범주화의 산물인 인지적 범주(cognitive category), 혹은 개념(concept)이 다름을 의미한다. 즉 언어마다 실재를 다르게 분할한다는 것이다(임지룡·김동환 옮김 2010: 32-33 참조). 오감(五感)에서 동원되는 한국어와 중국어 어휘[09]는 다음과 같다.

〈표 1〉 오감에서 동원되는 한중 기본 어휘

	대상	사태	
	명사	동사	형용사
시각어	색	보다	검다, 희다, 붉다, 푸르다, 누르다
	色	看	黑, 白, 紅, 綠, 藍, 黃, 亮, 暗
청각어	소리	듣다	시끄럽다, 떠들썩하다, 요란하다, 조용하다, 고요하다 잠잠하다
	聲音	聽/聞	吵, 鬧, 喧嘩, 喧騰
후각어	냄새	맡다	향기롭다, 고리다/구리다, 노리다/누리다, 고소하다/구수하다, 비리다/배리다, 지리다
	味道	嗅/聞	臭, 香, 臊, 腥, 膻

---

08 '색, 소리, 맛, 온도, 냄새' 등 명사나 '보다, 듣다' 등 동사도 '감각어'에 속하지만, 이 책에서는 경험주가 감각기관을 통해 인식한 사물의 성질이나 상태를 언어적으로 구체화한 형용사를 대표적으로 다룬다.

09 여기에는 동원되는 어휘장의 기본 어휘들을 제시하였다.

한중 감각어의 신체화 연구

미각어	맛	맛보다	달다, 시다, 쓰다, 짜다, 맵다, 떫다
	味/味道	嘗/品嘗	甜, 苦, 鹹, 辣, 澀, 酸
촉각어	온도	느끼다	춥다, 덥다, 차갑다, 뜨겁다, 시원하다, 서늘하다, 따뜻하다/뜨뜻하다, 미지근하다
	溫度	觸/接觸/感覺	冷, 熱, 涼, 暖, 溫

우리의 생존 능력 중 하나는 주변 사물과 사건을 범주화할 수 있는 능력이다(Kövecses 2006, 임지룡·김동환 옮김 2010: 73). 인간은 '색, 소리, 냄새, 맛, 온도'를 범주화한다. 즉 사물과 사건을 개념화하는 인지 과정을 고려한 것이다. 사물은 명사로, 관계는 동사와 형용사, 전치사, 접속사로 언어에 나타나거나 아니면 언어적으로 부호화된다.

인간의 시각적 능력, 청각적 능력, 미각적 능력, 후각적 능력, 촉각적 능력의 언어적 표상으로 '오감어'는 인간의 인지, 인간의 능력과 언어의 관계를 밝힐 수 있다는 점에서 높은 연구 가치를 지닌다. 이 책에서는 형용사로 표상된 감각어를 중심으로 살펴볼 것이다. 오감이 눈, 코, 귀, 혀, 살갗(피부)을 통해 외부의 자극을 수용하고 그것을 받아들이는 느낌이나 상태를 표현한 것이 형용사로 표상된 감각어이다.

오감에서 동원되는 한국어와 중국어의 형용사의 어휘 체계 분포를 보면, 한국어의 경우 사전적 해석에 따르면 후각어 '구수하다, 고소하다, 비리다, 지리다'는 맛이나 냄새를 모두 표현할 수 있다. 중국어는 '酸(시다)'이 사전에 등재된 냄새나 맛을 모두 표현할 수 있는 어휘이다. 냄새나 맛을 모두 지시할 수 있지만, 언중들이 전자를 후각어로, 후자를 미각어로 더 많이 인식되기 때문에 이 책에서는 후각, 미각에서 따로 다룬다. 사실상, 미각과 후각이 인접하여 있는 만큼 많은 경우 '맛'과 '냄새'를 동시에 경험할 수 있다. 그리고 시각이나 미각의 경우 대체로 두 언어 간에 일대일로 대응할 수 있지

만, 다른 감각에서 동원되는 어휘는 일대일로 대응하기 어렵다. 한중 감각
어의 분류는 대체로 공통적인 양상을 보이지만 어휘 분화 방식에 있어서 차
이가 있다. 이는 한중 두 언어 사용자의 사고방식의 차이라고 할 수 있다.

요컨대, 인간이 대상이나 사태를 지각하는 방식에 따라 형성된 감각어
는 인간의 인지와 언어, 인간의 개념화 방식, 감각과 인간의 사고방식 등을
살펴볼 수 있는 신체화 논의의 핵심적인 주제라 할 수 있다.[10]

이 책은 신체화에 기초하여 한중 감각어의 의미 확장을 연구하기 위해
먼저 한중 감각어의 의미 구조(semantic structure)[11]를 파악하고자 한다.
의미 구조는 원형 의미와 확장 의미가 공존하고 있는데, 원형 의미의 분석
을 통해 구체적인 신체적 경험을 알아보고, 이런 신체적 경험에 기초하여
의미가 확장되는 양상을 두 가지 국면(facet)에 적용하여 고찰하고자 한다.
확장 의미가 원형 의미에 바탕을 두고 확장되는 양상을 통해 추상적인 사
고 과정이 신체화되어 있다는 '신체화된 인지 정립'을 뒷받침하고자 한다.
아울러 언어적 차원에 속하는 의미 구조의 한중 대조를 통해 사고적 차원
에 속하는 한중 언어사용자의 개념 구조의 일부를 밝히고자 한다.

이 책의 구성은 다음과 같이 진행된다.

1장은 서론으로 연구 목적 및 필요성을 밝히고, 연구 범위 및 방법을 제
시하며, 선행 연구를 고찰한다.

2장은 신체화의 인지언어학적 탐색으로 먼저 인지언어학에서의 신체화,
그리고 이런 신체화에 기초하여 의미가 확장되는 원리를 영상도식, 개념적
환유, 개념적 은유, 범주화로 대별하여 살펴본다. 이어서 신체화에 기초한

---

10 임지룡(2007: 2)에서는 신체화 논의의 핵심적인 주제로 신체어, 감각어, 감정어 세 가지
   측면으로 대별될 수 있다고 제안한 바 있다.
11 의미 구조는 개념과 동일시될 수 있다. 언어로 부호화하기 위해 개념 구조가 요구하는
   관습적 형태이다.

한중 감각어의 신체화 연구

감각어의 의미 확장을 어떻게 다룰 것인지 간단하게 소개한다.

3장부터 7장까지 신체화의 의미 확장 원리에 기초하여 한중 감각어의 의미 구조를 종합적으로 파악한다. 의미 확장의 신비를 밝히기 위해서는 먼저 한중 감각어의 원형 의미를 살펴보고, 다음으로 원형 의미가 다른 문맥이나 상황에 적용됨으로써 일어나는 확장 의미를 살펴보아야, 원형 의미에서 확장 의미로 의미가 확장되는 양상을 파악할 수 있다. 이에 촉각어, 미각어, 후각어, 청각어, 시각어 순으로 한중 감각어의 의미 구조를 전반적으로 파악한다. 의미 구조를 통해 한중 감각어가 원형 의미에서 의미가 확장되는 양상을 살펴본다.

8장은 앞서 살펴본 한중 감각어의 의미 구조에 대한 인지적 해석이다. 의미 구조는 개념 구조를 반영하고, 개념 구조는 신체화로부터 도출된다. 이에 이 장에서는 앞서 살펴본 한중 감각어의 의미 구조를 바탕으로, 신체화로부터 도출된 개념 구조를 살펴보고, 도출된 감각 개념 구조와 의미 구조 사이의 관계를 살펴봄으로써 개념 구조는 의미 구조에 반영된다는 인지언어학의 주장을 뒷받침하고자 한다. 아울러 한중 두 언어 간에 존재하는 의미 구조의 공통점과 차이점을 통해 문화 보편성과 개별적인 특징을 살펴본다.

9장은 이 책을 마무리하는 장으로서, 지금까지 살펴본 내용을 요약·정리하고 연구의 의의, 한계점을 제시하며, 앞으로의 연구 계획을 제시한다.

연구의 논의를 위해 사용한 언어 자료는 한국어의 경우 『표준국어대사전』, 『연세 한국어 사전』, 21세기 세종계획 말뭉치, 고려대학교 물결21, 국립국어원 주요 용례 어휘집, 웹 사이트 검색 기반 등에서, 중국어의 경우《現代漢語詞典》,《現代漢語形容詞用法詞典》,《現代漢語大詞典》, 北京大學現代漢語語料庫[12], 웹 사이트 검색 기반 등에서 수집하고 논의에 따라 수정하였다.

---

12 http://ccl.pku.edu.cn/

1.3. 선행연구 검토

이 절에서는 이 책에서 다루고자 하는 '감각어'와 관련된 대표적인 연구를 검토한다. '감각어'와 관련된 대표적인 논의를 중심으로 전반적인 흐름을 살펴보고, 세부적인 논의에 대해서는 관련 장절에서 필요에 따라 언급할 것이다. '감각어'에 대한 앞선 연구는 감각의 분류, 연구자, 연구 범위, 분석 이론에 따라 다양한 논의가 진행되었다. 이 책에서는 중점적으로 두 가지 목적을 가지고 선행 연구를 고찰할 것이다.

첫째, '감각어 연구의 전통적 접근'이다. 본격적으로 인지언어학적 연구가 시작되기 전의 '감각어'의 연구 현황을 간략하게 살펴볼 것이다.

둘째, '감각어 연구의 인지적 접근'이다. '감각어' 연구에 있어서 인지언어학적 접근법에서 다룬 대표적인 논의를 살펴볼 것이다. 이에 선행 연구 성과를 수용하되, 기존 연구의 연장선에서 이 책의 연구가 진행된 것임을 미리 밝혀둔다.

1.3.1. 전통적 접근

'감각어'에 대한 관심은 중국어보다 한국어 학계에서 더 많은 주목을 받아왔다. 이는 한국어의 특질로 감각어가 크게 발달되었다는 것과 밀접한 관련이 있다. 인지언어학적 연구가 본격적으로 시작되기 전에 '감각어'에 대한 연구는 장이론(field theory)에 근거하여 낱말밭을 규명하는 연구가 대부분이었다. 대표적으로 최현배(1985), 박문섭(1987), 정재윤(1989), 손용주(1992) 등이 있다. 이들은 어휘의미론에 바탕을 두고 그 어휘 의미 체계를 수립하는 데 주된 목적이 있었다. 정재윤(1989)을 제외한 연구는 대체로 감각어(형용사)의 어휘 의미 체계를 살펴보았고, 정재윤(1989)은 동사 '보다,

한중 감각어의 신체화 연구

듣다' 등도 감각어에 포함시켜, 감각형용사를 상태성 감각 동사로 명명하고 감각 동사 전반을 다루었다. 이 외에 개별 감각어에 대한 연구도 풍부하다. 대표적으로 시각의 경우 김창섭(1985), 손세모돌(2000), 미각의 경우는 배해수(1982), 고창운(2006), 온도감각의 경우는 천시권(1980)[13], 정재윤(1991), 최창렬(1999)[14] 등이 있다. 중국어의 경우는 감각어의 낱말밭에 대한 연구가 거의 이루어진 바 없다. 언어유형론으로 어계(語系)에 따라 미각어와 온도감각어를 분류한 伍鐵平(1989)의 논의가 유일하다고 볼 수 있다.

　의미장 이론에서 더 나아가 '감각어'의 의미 양상을 고찰하는 데 목적을 두면서, 개별 감각어의 기본 의미 이외에 어떤 확장 의미를 갖는지를 규명하는 작업이 잇따랐다. 대표적인 논의로는 온도어의 의미 양상을 고찰한 김준기(2002), 양태식(1988), 미각 형용사의 의미 전이 양상을 고찰한 김준기(1999, 2008), 청각 형용사의 의미를 연구한 정인수(2002), 후각 형용사의 의미를 고찰한 전은진(2011) 등이 있다. 이들의 연구는 대체로 기본 의미와 확장(전이 또는 파생) 의미를 다루는 데 초점이 놓여 있었고, 현상에 대한 인지적 해석은 이루어지지 않았다. 중국어의 경우 기본 의미와 파생 의미 간의 확장 양상을 다룬 논의로는 미각어의 경우 蔣紹愚(2008)[15], 온도감각어의 경우 任曉艶(2006: 12) 등이 있는데, 전체 감각어의 의미 확장을 체계적

13　천시권(1980: 4)에서는 한국어의 온도 어휘 체계를 다음과 같이 육면체로 제시한 바 있다.

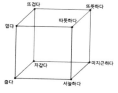

14　최창렬(1999: 130)에서는 천시권(1980)의 '미지근하다' 대신에 '시원하다'를 설정하고 '미지근하다'를 고온-저온의 중간 단계를 나타내는 어휘로 간주하였다.
15　미각어 '甜(달다), 苦(쓰다), 辣(맵다), 咸(짜다), 酸(시다)'에 관한 통시적인 연구이다.

으로 다룬 논의는 부족한 실정이다.

전통적으로 접근한 감각어 연구들은 대체로 구조주의 의미론의 관점에서 비롯된 연구로 의미 현상에 대한 설명이 제한적이거나 이루어지지 않았지만, 어휘 의미 체계를 세우거나 어휘 의미 현상을 기술하는 데 있어서는 주목할 만한 연구 성과를 거두었다. 이는 인지언어학적 관점에서 감각어를 연구하는 중요한 바탕이 되고 있다. 전통적 접근법은 의미 현상을 인간의 인지능력에 바탕을 두고 그 원인을 분석하지 않은 점에서 인지적 접근법과 다르다. 그리고 중국어의 경우는 감각어 연구에 대한 관심이 부족하였다는 점이 한계점이라 할 수 있다.

1.3.2. 인지적 접근

인지언어학적 관점에 입각하여 '감각어'의 의미 확장을 다룬 논의는 색채어에 대해서는 구본관(2008), 박경선(2001), 송현주(2003) 등이 있고, 미각어의 의미 확장에 대해서는 정수진(2003, 2005a, 2005b)[16], 김해미(2014) 등, 온도감각의 의미 확장에 대해서는 강병창(2012) 등이 있고, 한 감각이 다른 감각에 의해 동시에 지각되는 공감각적 표현의 의미 구성을 인지언어학적 관점에서 살핀 김중현(2011) 등이 있다. 이들의 연구는 의미 현상의 논의에만 치중하였던 기존의 연구 방법을 의미 현상의 원인에 대한 분석, 의미 현상의 인지적 원리 등을 밝히는 등 새로운 인지언어학적 방법론으로 바라본 논의들이다.

중국어의 경우는 논의 방법이 한국어와 조금 다르다. 한국어는 어휘에

---

16 정수진(2005)에서는 미각어의 의미 확장 양상에 대하여 곧 미각어는 다른 감각으로 확장되어 어떤 음식의 전체 맛에 대한 종합적인 판단 '맛있다'나 '맛없다'의 의미로 확장되기도 하고, 다른 감각으로 확장되어 분위기 또는 느낌에 대한 새로운 의미 '유쾌함' 또는 '불쾌함'을 형성 또는 전달하기도 하며, 어떤 행위나 상황으로 확장되어 주체가 심리적으로 느끼고 있는 감정을 전달한다고 밝힌 바 있다.

초점을 두고 의미 확장 양상을 분석하였다면 중국어는 개념적 은유를 찾는 작업에 더 많이 치중되었다. 전반적인 감각 개념의 은유적 체계를 다룬 緱瑞隆(2003)의 논의가 있고, 다섯 가지 감각어의 의미 확장을 다룬 徐小波(2005) 등의 논의가 있다. 이들은 특별히 감각 형용사에만 초점을 두고 고찰한 것이 아니라 감각 영역에 속하는 어휘를 품사와 관계없이 두루 살펴보았다는 점에서 기존 연구와 다르지만, 어휘 선정의 기준을 제시하고 있지 않은 점이 한계점이라 할 수 있다.[17] 개별 감각에 있어서는 미각의 경우 미각어의 개념적 은유를 다룬 李金兰(2005), 개별 미각어휘 '甜(달다)'를 다룬 熊黎·郑厚尧(2009), '苦(쓰다)'의 인지적 의미를 다룬 杨洋·董方峰(2006) 등이 있고, 온도어휘의 '溫'과 '熱'의 개념적 은유를 다룬 陳建祥(2012), 온도어휘 '熱, 暖, 凉, 冷'의 개념적 은유를 다룬 高航·嚴辰松(2012) 등이 있다. 그리고 후각어의 개념적 은유를 다룬 覃修桂(2008) 등이 있다. 한국어와 마찬가지로 공감각 표현에 대한 논의도 다양하게 이루어졌다. 대표적으로 彭懿·白解紅(2008), 王宇弘(2008), 王志紅(2005) 등이 있다. 이 연구들은 새로운 시각의 인지언어학적 관점에서 의미 확장을 다룬 논의들로 종래의 연구에서 더 나아가 이러한 의미 현상을 언어의 현상에만 그치지 않고, 인간의 사고, 개념의 차원으로 간주하고 분석하였다.

인지언어학적 관점에서 한국어와 중국어를 대조 분석한 논의는 '黑'의

17 緱瑞隆(2003)에서 제시한 대상 어휘 목록에는 시각이나 청각 기관을 나타내는 명사 '眼, 眼睛, 耳, 耳朵', 감각 행위를 나타내는 동사 '看, 瞧, 見, 觀, 望', '聽, 聞' 등이 있고 지각된 감각 정보를 형용사로 구체화한 '高, 低, 大, 小, 明, 亮'나 '酸, 甜(甘), 苦, 辣, 咸' 등이 있다. 하지만 시각기관을 나타내는 명사나 감각 행위를 나타내는 동사, 형용사로 구체화된 감각 정보 등은 엄밀히 성격이 다르다. 또한 시각기관을 나타내는 명사는 있고, 후각기관이나 미각기관 등 다른 기관을 나타내는 명사는 결여되었거나 하는 등 기준이나 범위가 일치하지 않은 점이 아쉽다. 徐小波(2005)에서도 마찬가지로 시각기관을 나타내는 명사가 있는가 하면, 후각이나 다른 감각기관을 나타내는 명사는 없고, 같은 품사로 구체화한 것이라도 감각에 따라 어떤 것은 포함되고 어떤 것은 포함되지 않은 등 문제점이 있다.

의미 확장을 대조 분석한 한송도·성윤숙(2014), '白, 黑, 紅'의 은유적 의미를 대조 분석한 娄小琴(2010), 색채어의 개념적 은유 양상을 대조 분석한 娄小琴(2014), 후각형용사 '고소하다/구수하다(香), 구리다(臭)'의 의미 확장을 대조 분석한 권희정(2014), 미각어의 의미 확장을 대조 분석한 권희정(2008) 등이 있다. 이들의 연구는 인지언어학적 관점에 기반을 두고 원형의미와 확장 의미를 밝혔다는 점에서 의의가 있지만, 일부 현상에 대한 해석이 부족한 면도 있다. 무엇보다 한중 대조를 통해 두 언어 간의 공통점과 차이점을 밝히면서 두 나라 언어 사용자의 머릿속의 개념 구조의 일부를 밝히려는 노력이 보였다. 다만 개별적인 어휘의 대조 분석에 그치거나 시각, 미각에 논의가 치중되었고, 다른 감각, 예컨대 후각이나 청각에 대해서는 아직 연구가 충분하지 않은 아쉬움이 있다. 물론 시각이나 미각에 비해 후각이나 청각의 의미 확장 양상이 제한적이어서 살펴보지 않은 것도 있겠지만, 전체 양상을 파악하려면 후각, 청각 등도 균형 있게 살펴볼 필요가 있고 후술하겠지만 후각어나 청각어 같은 경우 의미 확장 양상이 다양하지 않지만 두 언어 간의 차이가 현저하여 논의할 필요성과 가치가 있다.

선행연구를 보면, 체계적이고 종합적인 논의가 충분하지 않지만 언어를 인간의 인지능력과 관련하여 연구하였다는 점에서는 풍부한 연구 성과를 거두었다. 종래의 낱말밭 이론에서 단순히 의미 현상을 다루는 구조주의 의미론에서 벗어나 새로운 연구 시각인 인지언어학에서 연구하는 것은 언어의 구조와 의미가 단순히 자의적인 것이 아니라, 신체와 정신을 가진 언어 사용주체가 환경 세계와 상호작용하면서 신체 및 신체적 경험을 기반으로 획득해 온 전달 수단이라는 점을 잘 보여주고 있다(임지룡 2007: 2 참조).

인지언어학의 연구 방법론은 의미와 개념화를 동일시하면서, 하나의 언어 형태가 여러 가지 의미를 지니는 다의어에 대한 인식도 단순히 언어적 차원의 문제로 보지 않고, 개념적 차원의 문제로 본 발상의 전환이 획기적이다.[18] 이 책도 같은 맥락에서 진행되는 연구이다.

한국어와 중국어의 감각 관련 인지언어학적 연구 현황을 보면, 대체로 서양의 연구 성과에 기반을 두고 진행된 논의가 대부분이다. 이에 본격적인 논의에 앞서 한국어와 중국어의 연구에 영향을 미친 서양의 연구 성과들을 간략하게 살펴보고 이러한 연구가 한중 두 언어에 미친 영향도 간략하게 살펴본다. 기존의 연구를 보면 감각 동사, 감각 형용사로 불리는 감각어가 있다. 이 책에서는 '감각어'를 '감각명사, 감각동사, 감각형용사'로 범주화하는 입장을 취한다. 그 이유는 앞서 언급하였듯이, 명사와 동사(형용사)의 보편적인 문법 범주는 세상을 두 가지의 기본적인 개념적 개체(즉 사물과 관계)로 구조화하는 것을 반영한다고 제시하였기 때문이다(이정화 외 옮김 2003: 217). 사물은 명사로, 관계는 동사와 형용사, 전치사, 접속사로 언어에 나타나거나 아니면 언어적으로 부호화된다는 것이다. 이는 언어사용자가 대상이나 사태를 파악하는 인지과정도 맥을 같이 한다. 두 종류의 개념적 개체를 도식화하면 다음과 같다(석수영 2014: 196 참조).

〈그림 2〉 두 종류의 개념적 개체

---

18 종래 언어 연구에서 '신체화'에 기초한 의미 확장의 중요성은 거의 인식되지 않은 채 의미 분석에서 배제되었거나 소홀히 다루어져 왔다. 이에 대한 본격적인 관심은 인지언어학에서 비롯되었다. 인지언어학은 언어 연구에서 획기적인 발상의 전환으로 간주되는데, 그 특징 가운데 가장 중요한 측면의 하나가 사람의 신체성에 대한 관심이라 할 수 있다. 이것은 의미 작용, 즉 추상적인 사고 과정이 우리 몸의 신체적 체험에서 출발된다는 인식의 전환을 뜻한다(임지룡 2007: 2).

'미각어'를 예로 들면, '미각명사, 미각동사, 미각형용사'로 범주화할 수 있다. 이는 우리가 '맛'에 대해 '맛보'고 '맛본' 후 알게 되는 '맛'의 정도나 상태를 판단하는 일련의 과정을 가리키는 요소이다. 즉 '사과'라는 사물의 맛을 맛보고, 맛본 후 '달다'라고 표현하는 일련의 신체적 경험을 겪는다. 물론 '사과'라는 사물을 시각적 경험으로 보고 '빨갛다'고 표현할 수도 있는 것이다. 사물은 관계를 통해 구체화되기도 하고, 관계는 사물에 대해 반응한 모습을 언어적으로 표상하기도 한다.

기존 연구에서 감각 동사에 관한 선행 연구도 검토해 보고자 한다. 감각 동사는 감각 행위의 언어적 수단으로, 감각 행위를 한 후에 인식되는 성질이나 상태를 언어화한 것이 형용사이기 때문에 개념적 차원에서 관련성이 있다.

먼저, 감각동사의 의미 확장과 관련하여 Viberg(1983)에서는 영어의 지각 동사를 '지각적인 의미'와 '인지적인 의미'로 나누어 제시한 바 있다(松原健二 2001: 222 재인용).

〈표 2〉 영어 지각 동사의 확장 의미

Perception	Cognition
See	Know, understand
Hear	Know, understand
Feel	experience, think
Taste	experience
Smell	suspect (detect a secret)

〈표 2〉에 의하면, 'see'와 'hear'은 '앎, 이해'의 의미로, 'feel'은 '경험'과

'생각'의 의미로, 'taste'는 '경험'의 의미로, 'smell'은 '추측'의 의미로 확장되는 경향이 있다.

Sweetser(1990: 32-41)에서는 영어와 인도 유럽어에서 사용되는 지각동사들의 어원과 발달 경로를 제시하고, 물리적 지각을 나타내는 어휘가 정신 작용을 나타내는 어휘로 의미가 확장되었음을 제시한 바 있다. 제시된 확장 의미를 정리하면 아래와 같다.

〈표 3〉 영어와 인도 유럽어 지각 동사의 확장 의미

시각	객관적·지적 정신적 지각이나 심리적 통제
청각	의사소통과 관련되어 주의 집중, 내적인 '수용성', 복종
느낌(촉각)	주관적이고 감정적인 느낌
미각	개인적인 호불호나 선호
후각	정신 영역과 은유적으로 덜 연결되어 있고, 덜 긴밀함

영어에서는 나쁜 냄새가 나쁜 성격이나 마음에 들지 않는 심적 특성을 나타내는 데 사용되지만, 후각의 의미는 추상적이거나 심적인 함축을 거의 갖지 않는다고 한다. 후술하겠지만, 이 책에서 다루는 후각어도 나쁜 냄새가 나쁜 성격, 마음에 들지 않는 심적 특성을 나타내는 데 사용되었다. 그리고 후각이 추측의 의미로 확장하는 것도 냄새가 시각이나 청각 등의 다른 감각보다 더 빠르고 확실하게 과거의 기억을 떠올리는 생물학적인 특성과 관련이 있지 않을까 추정해 본다.[19] 실제로 기존 연구에서 밝힌 동사 '맡

19 프랑스의 작가 마르셀 프루스트가 쓴 『잃어버린 시간을 찾아서』에서 주인공은 홍차에 적신 마들렌 과자의 냄새를 맡고 어린 시절에 대한 기억을 회상한다. 여기서 '프루스트 현상'이라는 말이 만들어졌는데, 냄새를 통해 과거를 기억해 내는 현상을 뜻한다. 특정한 냄새는 시각이나 청각 등의 다른 감각보다 더 빠르고 확실하게 과거의 기억을 떠올

다'만 추측의 의미로 확장해 가는 것이 아니라, 후술하겠지만 후각형용사 '구리다'도 '의심'의 의미로 확장된다.

Kövecses(2002)에서는 앎, 감정, 판단과 같은 다양한 심리적 현상을 나타내는 낱말들은 역사적으로 시각, 접촉, 맛 등과 같은 신체적 감각을 나타내는 낱말에서 나와, 두 집합의 낱말들이 체계적인 대응관계가 더 일반적인 은유 [마음은 몸(the mind is body)]의 특별한 경우라고 제안한 Sweetser(1990)의 제안을 받아들여 심리작용을 신체작용을 통해 인지하는 몸으로서의 마음 체계(the mind-as-body system) 개념화 방식이 있다고 하였다(Kövecses 2002, 이정화 외 옮김 2003: 388-389, 임혜원 2013: 186 참조).

이러한 논의에 바탕을 두고, 한국어와 중국어도 감각동사의 의미 확장을 살펴본 바 있는데, 대표적으로 한국어는 임지룡·송현주(2012)가 있고, 중국어는 徐小波(2005)가 있다. 임지룡·송현주(2012)에서 살펴본 결과, 縱瑞隆(2003)과 徐小波(2005)에서 품사 구분 없이 살펴본 결과를 보면 Viberg, Sweetser 등의 연구결과와 유사하게 나타났다. 차이점이라면 중국어의 경우 청각은 내적인 '수용성'(受控)뿐만 아니라 능동적인 통제(施控)의 의미로도 확장이 된다는 점을 지적한 바 있다.

〈표 4〉 한중 감각 동사 의미 확장 양상

	임지룡·송현주(2012: 174)	徐小波(2005: 29)
시각	객관적·지적 능력	지적 의미
청각	객관적·지적 능력	복종의 의미

린다. 냄새는 의식적인 사고 과정을 거치지 않기 때문에 다른 감각으로는 불가능한 경험을 할 수 있는 것이다(최현석 2013: 250 참조).

후각	추측 의미	확장이 제한적임
미각	주관적·감정적 능력	심리적 느낌(상태)
촉각	주관적·감정적 능력	심리적 느낌(상태)

　이상 논의들을 살펴보면, 감각어의 의미가 추상적인 의미로 확장되는 양상, 추상적인 개념을 구체적이고 신체적인 개념으로 이해하고 표현하는 경향성이 언어 보편적인 현상임을 시사한다. 이는 인간의 보편적인 신체적 경험, 인간의 인지능력이 유사하거나 보편적으로 공유되기 때문에 이에 근거한 의미 확장 양상도 유사하게 나타날 수밖에 없다고 본다. 다만 각 영역으로의 확장에 대해서 Sweetser(1990)이나 한국어의 경우 동사에만 한하거나 중국의 경우 대상 범위를 동사, 형용사, 명사 구분 없이 대상 범위의 선정에서 일관성이 결여되었다는 점에서 아쉬움이 있다. 인식세계에서 사물과 관계를 일련의 과정으로 보지만, 구체적인 과정을 언어적으로 표현하는 수단은 다르기 때문에, 다른 품사로 구체화된 데는 그 자체로 고유한 특징을 지니고 있다.

　다음으로, 한 감각을 다른 감각에 의해 지각되고 표현하는 공감각적 표현에 대한 연구가 많이 이루어졌다. '공감각'이 세계를 이해하고 표현하는 언어보편적인 수단임은 여러 연구에서 밝힌 바 있다. Williams(1976: 463)에서는 아래 그림과 같이 감각의 확장 방향에 대해서 일반적인 경향성이 있음을 제시한 바 있다.

〈그림 3〉 Williams(1976)의 감각의 확장 방향

〈그림 3〉을 통하여 감각의 확장 방향은 낮은 차원에서 더 높은 차원의 감각으로 이행된다는 점이 지적되었고, 이런 내재적인 규칙은 계층분포(hierarchical distribution) 양상을 띠고 있다고 하였다. 즉, 언어적 표현으로 보면, 낮은 차원의 감각에 속하는 어휘(감각 형용사)가 더 높은 차원에 속하는 어휘(감각 명사)를 수식하는 경우가 그 역의 경우보다 많다는 것이다. 낮은 차원에서 높은 차원 순으로는 촉각, 미각, 후각, 청각, 시각이다(趙艷芳 2000: 44).

촉각은 감각 중에서 물리적 세계의 자극에 가장 직접적이고 다양하게 반응한다. 곧, 촉각의 하위 유형인 온도, 통증, 압박, 촉감 등은 우리 몸에서 가장 근원적인 감각이다. 앞서 언급하였듯이, 촉각과 미각은 감각을 느끼게 하는 자극이 가까이 있어야만 지각이 가능하다. 그러므로 우리의 체험에서 촉각뿐만 아니라 미각도 기본적이며 근원적이라고 할 수 있는 반면에, 시각과 청각의 경우는 먼 감각에 해당한다. 이유는 보는 것과 듣는 것은 감각 기관과 떨어져 있는 어떤 자극을 지각할 수 있기 때문이다. 따라서 감각들이 서로 연결될 때 시각과 청각은 우리 몸의 가까운 감각, 곧 촉각, 미각, 후각을 통해 인식되는 것이다(김중현 2001: 36-37 참조). Williams(1976)의 일반적인 경향성에 대한 논의를 검증하기 위해 한국어와 중국어에서도 다양한 논의가 이루어졌다. 대표적으로 한국어의 경우 김중현(2001), 중국어의 경우 趙艷芳(2000), 徐蓮(2004) 등이 있고, 한중 대조 분석한 논의는 김혜원(2006), 이선희(2012) 등이 있지만, 논자에 따라 의미 양상에 대한 결과가 다르다. 그러나 대체로 위의 일반적인 경향성을 반영한다고 본다.

공감각적 의미 확장에 대한 해석은 대체로 이를 개념적 은유의 한 유형으로 간주하면서 한 감각 영역이 다른 감각 영역으로 사상되는 은유, 또는 환유에 토대를 둔 은유 두 유형으로 논의가 이루어졌다. 환유에 토대를 둔 은유 즉,

은유와 환유의 상호작용으로 보는 연구자는 대표적으로 Barcelona(2003)[20]가 있고, 이에 대한 반대 입장을 지닌 연구자는 Taylor(1995)가 있다(Green & Evans 2006, 임지룡·김동환 옮김 2008: 340 참조). 한국어와 중국어도 공감각적 의미 확장을 개념적 은유의 유형이나 환유에 토대를 둔 은유로 보고 논의가 진행되었다. 실제 언어 현상에서 은유와 환유를 명확히 구분하는 것은 어렵다. 개념적 환유와 개념적 은유는 독립적으로 작용하기도 하고 복합적으로 작용하기도 한다. 공감각적 의미 확장도 마찬가지이다. 이에 이 책에서는 단지 상황을 개념화하기 위하여 사용한 해석 작용이 다르기 때문이고, 그 가운데 개념적 환유나 개념적 은유 등과 같은 인지 능력이 있다고 본다.

인지언어학적 관점에서 논의한 연구는 아니지만, 어휘의미론 바탕 위에서 한중 감각 형용사 전반의 의미 구조를 살핀 연구는 김찬화(2010) 정도로 많이 부족한 실정이고, 인지언어학적 관점에 입각하여 대조 분석한 논의는 더더욱 충분치 않은 실정이다. 이에 이 책은 감각어 전반을 인지언어학적 관점에서 그 인지적 의미를 종합적으로 분석하고자 하는 것으로 논의의 의의가 있다고 본다.

이상으로 감각어 연구의 전통적 접근과 감각어 연구의 인지적 접근에 대한 선행 연구들을 살펴본 내용을 정리하면 다음과 같다.

첫째, 감각어가 한국어의 특질 가운데 하나로 감각어 연구에 대한 관심이 중국어에 비해 높았다. 다만 인지언어학적 이론을 수용하기 시작하면

---

20 Barcelona(2003: 31)은 모든 은유적 사상은 환유적 사상을 전제한다고 제안한다. 이에 Taylor(1995: 139)는 반례로 loud colour에서처럼 '시끄러움'과 '색채' 사이의 경험에서 은유에 동기를 부여하는 밀접한 상관성이 있는 것처럼 보이지 않는다고 주장한다. 이에 Barcelona는 loud colour 같은 표현도 소리의 전체 영역과 관련이 있는 것이 아니라 '소리' 가운데에도 일탈적인 소리(규범적이지 않은 소리)라는 하위 영역과 관련이 있다고 하면서 은유의 환유적 기초를 제공한다(임지룡·김동환 옮김 2008: 340 참조). 이 책에서는 구체적으로 어떤 과정인지를 구별하는 데 초점을 두지 않는다.

서, 한국어뿐만 아니라 중국어에서도 다양하게 이루어졌다. 이 점은 의의가 크다고 하겠으나 여전히 논의가 부족한 실정이다.

둘째, 감각어의 의미 확장 양상을 살펴보고 확장의 인지적 동기를 밝히는 데 있어서 아직 연구가 충분하지 않고 감각어별로 시각이나 미각, 촉각 등 개념이 언어적으로 표상된 수단에 대한 논의가 주를 이루고 있고, 후각이나 청각 개념의 언어적 표상 수단에 대한 연구가 소홀히 다루어졌다.

셋째, 개별 감각어에 대해 한국어에서는 개별 어휘의 어휘군의 의미 확장을 다루는 논의가 풍부하였고, 중국어의 경우는 한국어와 달리 개념적 은유나 환유적 양상을 찾는데 주된 논의가 이루어졌고, 개별 감각 어휘의 의미 확장에 대한 세부적인 논의가 충분하지 않다.

넷째, 한중 대조 분석이 많이 이루어지지 않은 아쉬움이 있다. 인간은 보편적인 신체 및 신체적 기능을 소유하고 있어, 보편적인 신체적 경험을 공유하기 마련이다. 하지만 개념화 방식은 언어마다 차이가 있을 수 있고, 사회나 지역, 문화적 경험 등으로 인해 언어가 다르게 나타날 수 있다. 언어 간의 인지적 대조를 통해, 보편적인 신체적 경험과 상대적인 사회·문화적 특징에 따라 언어의 같고 다른 모습, 언어에 반영된 신체화의 특성을 엿볼 수 있는 대조언어학적 접근이 필요하다.

이에 이 책은 의미는 세계에 대한 인간의 체험에 기초를 둔다는 체험주의 사상에 기초하여 감각어의 인지적 의미를 분석하고자 한다.

한중 감각어의 신체화 연구

2. 신체화의 인지언어학적 탐색

2.1. 인지언어학에서의 신체화

인지언어학의 중심적인 가정 가운데 하나가 인간의 '신체화'[01]에 대한 관심이다. 앞서 언급하였듯이, '신체화'는 인지과학 및 인지언어학의 체험주의(experientialism)에서 유래된 용어로서, 인지 과정에서 사람의 몸 또는 신체성의 작용 양상을 가리킨다(Lakoff & Johnson 1999: 36, 임지룡 2008: 77 재인용). 다시 말해 신체화란 환경 속에서 기능하는 존재로서 우리의 여러 가지 생물학적 능력, 신체 및 사회적 경험을 뜻한다(Lakoff 1987: 266-267, 임지룡 2008: 185 재인용).

---

01 인지언어학에서 '신체화'의 의의를 부각한 주요 논의를 들면 다음과 같다(임지룡 2008: 39 참조).
  ① 인지언어학의 탐구 가운데 중심적인 것은 언어의 사용이 우리의 일상적 경험에 기초하고 있다는 생각이며, 이 경험은 일차적으로 신체적 경험을 뜻한다(Casad 1996: 1).
  ② 인지언어학의 접근방식에는 언어의 구조가 인간의 개념지식, 신체적 경험, 그리고 담화의 의사소통적 기능과 관련되어 있고 그러한 요인들에 의해서 동기화되어 있다고 본다(Gibbs 1996: 50).
  ③ 인지언어학은 정신과 신체, 그리고 언어의 상호작용 방식에 대한 새로운 이론적 이해의 길을 제시하고 있다(Gibbs 1996: 50).
  ④ 은유적 의미의 많은 부분은 우리 자신의 신체적 경험에서 비롯된다. 의미의 '신체화'는 은유에 관한 인지언어학의 중심적 개념이며, 실제로 의미에 관한 인지언어학의 중심적 개념이기도 하다(Kövecses 2002: 16)

언어 연구에 대한 접근법[02]은 대체로 '합리주의 접근법(rational approach)'과 '경험주의 접근법(empiricist approach)' 또는 '체험주의(experientialism)'로 대별되는데 이것은 '신체화'에 대한 대립적인 관점이다(임지룡 2006: 7).

합리주의 접근법은 17세기의 프랑스 철학자 R. Descartes가 마음과 몸이 구별되는 '마음/몸 이원론(mind/body dualism)'을 주창한 이후로, 인지과학 안에서 마음을 몸의 작용 양상, 즉 '신체화'에 대한 의존 없이 연구할 수 있다고 생각하였다. 언어학에서 이를 적극 수용한 것은 대표적으로 Chomsky의 생성문법, Montague의 형식의미론이다. 이런 접근법의 제안자들은 인간의 몸이나 경험의 본질을 고려하지 않고서 언어를 형식적 체계나 전산 체계로 연구하는 것이 가능하다고 주장하였다. 하지만, 인지언어학에서는 인간의 마음이나 마음과 연관된 언어는 인간의 '신체화'와 분리하여 연구할 수 없다고 주장한다(Evans & Green 2006, 임지룡·김동환 옮김 2008: 48, 임지룡 2008: 39 참조). 곧 '몸'과 '마음'은 깊은 상관성을 지니고 있다는 것이다. 체험주의에 따르면 언어는 세계를 직접적으로 반영하는 것이 아니라, 우리가 적응한 '생태적 지위'와 '신체화의 본질'에 의해서 제약을 받는다고 본다. 따라서 언어는 '신체화'라는 렌즈를 통해서 세계에 대한 우리의 고유한 인지적 해석을 반영하는 것으로 간주한다(임지룡 2008: 39). 체험주의 견해는 의미를 실재에 대한 인간의 해석에 의해 기술한다(Evans & Green 2006, 임지룡·김동환 옮김 2008: 183 참조). '신체화'로부터 '언어 의

---

02 신현숙(2004: 101)에서는 언어학의 흐름과 인지언어학의 연구의 초점과 관심분야를 다음과 같이 정리한 바 있다.

분류	전통주의 언어학	구조주의 언어학	변형-생성이론	인지언어학
초점	문장구조 품사분류	언어형식과 단위 언어형식 분석 절차	문장구조 변형 과 생성	인지능력 인지과정
관심분야	문법	음성학/음운론/형태론	통사론	의미론

한중 감각어의 신체화 연구

미'까지 이어지는 과정을 도식화하면 다음과 같다.

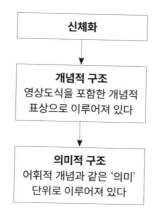

〈그림 4〉 신체화로부터 언어 의미까지
(Evans & Green 2006, 임지룡·김동환 옮김 2008: 190 참조)

〈그림 4〉에서 제시한 바와 같이 개념적 구조·의미적 구조를 형성하는 데 신체화, 이른바 신체적 경험이 중요한 역할을 한다. 신체화는 인간 인식의 출발점일 뿐만 아니라 의미 확장의 진원지이며, 신체적 경험은 모든 경험에 선행하는 원초적인 경험으로서 새롭고 추상적인 대상을 이해하는 준거가 된다(임지룡 2007: 2 참조). 〈그림 4〉는 인지언어학의 두 가지 지침 원리, 곧 개념적 구조가 신체적 경험을 반영한다는 것(a)과 의미적 구조가 개념적 구조를 반영한다는 것(b)을 보여준다.

이러한 신체화 원리 a, b에 c, d가 포함되어 인지의미론에서 네 가지 지침 원리, 또는 네 가지 가설로 작용하고 있다(Evans & Green 2006, 임지룡·김동환 옮김 2008: 168-174 참조, 李福印 2008: 75-81 참조).

(5) 인지의미론의 네 가지 지침원리
　　a. 개념적 구조는 신체화되어 있다. '신체적 인지 정립'

(Conceptual structure is embodied.) (embodied cognition thesis)
  b. 의미적 구조는 개념적 구조이다.

  (Semantic structure is conceptual structure.)
  c. 의미 표상은 백과사전적이다.

  (Meaning representation is encyclopedic.)
  d. 의미구성은 개념화이다.

  (Meaning construction is conceptualization.)

(5)를 좀더 자세히 살펴보면 다음과 같다.

원리 a는 '신체적 인지 정립'으로서 이 정립은 개념적 조직의 본질이 신체적 경험으로부터 발생하며 개념적 구조를 의미 있게 만드는 것의 일부분이 신체적 경험이라고 주장한다. 인지의미론은 세계를 경험하는 방식과 일치하는 개념적 구조의 이론을 세우는 데 착수한다.

원리 b는 언어가 외부 세계에 있는 사물이 아닌 화자 마음속에 있는 개념을 지시한다고 주장한다.[03] 의미적 구조는 개념과 동일시될 수 있다. 언어로 부호화되기 위해 개념적 구조가 요구하는 관습적 형태가 낱말과 연상되는 관습적 의미인데, 언어마다 요구하는 관습적 형태가 다를 수 있다.

인지언어학의 입장에 따르면, 마음의 연구는 몸과 분리하여 연구할 수 없는 것으로 개념적 구조(마음)는 본질적으로 신체(몸)가 물리적 세계, 외부 세계와의 상호작용에서 도출되는 것으로 보아 개념적 구조는 본질적으로 신체화되어 있다. 개념적 구조가 사고의 차원에 속한다고 하면, 의미적 구조는 언어적 차원에 속한다고 볼 수 있다. 언어적 차원에 속하는 의미는 두 가지로 나눌 수 있는데 하나는 언어적 지식(linguistic knowledge)이고, 하나는 백과사전적 지식(encyclopedic knowledge)이다. 인지언어학에서는 언어적 지식과 백과사전적 지식을 구분하지 않고 본질적으로 백과사전적

---

03 언어가 오로지 화자의 마음에 내적인 개념하고만 관계가 있다고 주장하는 것은 아니다.

한중 감각어의 신체화 연구

지식이라고 주장한다. 따라서 의미 표상은 백과사전적이다.[04] 이것이 원리 c이다.

원리 d는 의미 구성은 개념화(conceptualization)와 동일시되는데, 개념화는 언어 단위가 개념적 작용과 배경 지식의 보충을 위해 촉진제 역할을 하는 동적 과정을 가리킨다.[05]

의미적 구조는 개념적 구조를 밝히기 위한 것이고, 개념적 구조는 신체적 경험에서 도출되는 것으로 의미적 구조는 언어 속에 반영되어 있는 신체화를 연구하는 것과 같다.

2.2. 의미 확장의 원리

임지룡(2007)에서는 신체화에 기초한 의미 확장의 원리를 영상도식, 개념적 환유와 은유, 범주적 은유로 설명한 바 있다. 범주적 은유는 의미 확장 방향의 경향성을 제시하고 있어 다른 원리와는 조금 다른 특징을 지니고 있다고 할 수 있다. 이 책에서는 신체화에 기초한 의미 확장의 원리를 영상도식(image schema), 개념적 환유(metonymy), 개념적 은유(metaphor), 범주화(categorization)로 나누고자 한다. 이들은 우리의 경험과 이해의 범주를

---

04   예를 들면 다음과 같다(Evans & Green 2006, 임지룡·김동환 옮김 2008: 172-173 참조).

(1) a. The child is safe. (어린이는 안전하다.)
　　b. The beach is safe. (해변은 안전하다.)
　　c. The shovel is safe. (삽은 안전하다.)

예문 (1)의 safe는 문맥에 따라 해석을 달리하는데, 이는 child(어린이), beach(해변), shovel(삽)이 단 하나의 고정된 특성이 있는 것이 아니라, 백과사전적 지식 및 안전하다는 것이 무엇을 의미하는지와 관련 있는 지식에 의존한다는 것이다.

05   개념화에 대해서는 새로운 의미, 기존의 의미, 감각 운동과 감정의 체험, 사회적, 물리적, 언어적 인식 등을 포함하는 포괄적인 개념으로 사용된다(Langacker 2002: 2, 李福印 2008: 80 재인용).

확장하고 창조하는 중요한 기제이다.

2.2.1. 영상도식

'영상도식'은 한 마디로 구조화된 신체적 경험이다. 영상도식은 세계와 상호작용하는 방식으로부터 도출된다. 우리는 시각, 청각, 후각, 미각, 촉각적 능력을 통하여 세계에 대해 많은 정보를 얻는다. 적어도 일차적으로 '눈', '귀', '코', '혀', '피부'를 통해 많은 정보, 경험을 얻는다. 그리고 이런 신체에 바탕을 두고 어떤 대상이나 사태에 대하여 유추나 추론을 통해 결론을 얻거나 우리의 지각, 주의, 기억을 환기시키기도 한다. 이런 일련의 인지 과정을 통해 의미가 구조화되고 창조되는 것을 개념화라고 부르는데 이를 도식화하면 다음과 같다.

신체화 → 외부세계와의 상호작용 → 영상, 기억, 감정, 추론·판단

〈그림 5〉 개념화 과정(Y. Tsuji 신편 2013: 29)

인간은 몸을 통해서 그리고 반복되는 몸의 경험을 통해서 '영상'이라는 정신적 그림, 즉 추상적인 도식을 형성하게 되는데, 이것을 '영상도식(image schema)'이라고 한다(임지룡 2008b: 10) Johnson(1987: xiv)은 영상도식을 우리의 경험에 일관성과 구조를 제공하는 우리의 지각적 상호작용과 운동 프로그램의 반복적이고 동적인 패턴으로 정의한다. 이 영상도식은 우리 삶의 다른 추상적 양상을 개념화하기 위한 모형으로 사용될 수 있다(김동환 2013: 53).[06]

---

06 Mark Johnson은 그의 책 The Body in the Mind(마음속의 몸, 1987)에서 신체적 경험이 개념적 체계 내에서 영상도식을 발생시킨다고 제안했다. 우리가 세계와 상호작용하

인간은 경험한 구체적 사례로부터 일반적인 영상도식을 형성하고 변용시키면서 응용하는 능력이 있다. '영상도식'은 말의 형성과 개념화에 앞서 존재하는 심리적 표상에 관한 인지능력의 하나이다. 우리는 날마다 구체적인 신체적 경험(감각 경험)에 따라서 여러 가지 영상을 형성하고 있다. 영상도식이라고 하면 여러 가지 신체 경험을 바탕으로 형성된 영상을 더 고차적으로 추상화·구조화하고 확장을 동기화하는 규범적인 지식 형태를 말한다(Y. Tsuji 편 2002, 임지룡 외 옮김 2004: 140).

이 책에서 다루고자 하는 '감각' 역시 영상도식을 형성한다(석수영 2014: 194 참조).

경험주
자극
감각 기관
(몸)
감각 행위
감각 상태

〈그림 6〉 감각(sensation)도식

〈그림 6〉은 '경험주'가 '자극'으로 인해, '감각 기관'을 이용하여 '감각 행위'를 하고, 이에 따라 '감각 상태'를 판단하는 과정을 반영한다. 이러한 과정이 반복되면서 감각 도식이라는 추상적인 도식이 형성하게 된다. 이렇게 형성된 감각 도식을 통해 추상적인 개념을 이해하기도 한다.

세계를 이해하는 데 영상도식은 중요한 역할을 한다. 예컨대 '균형'은 우리 몸의 근육운동 경험과 관련이 있는데, 예를 들어 아기는 서고 비틀거

고 세계에서 활동하기 때문에, 영상도식은 감각 경험과 지각적 경험으로부터 도출된다(Evans & Green 2006, 임지룡·김동환 옮김 2008: 191).

리고 쓰러지는 과정을 통해 균형 잡힌 직립 자세를 유지하게 된다. 이런 경험이 반복되어 추상적 개념인 '영상도식'을 형성하게 되고, 이 영상도식이 은유적 사상의 기반이 되어, 비신체적·비근육운동 영역으로 확장이 일어난다(임지룡 2008: 185-186).[07] 이를 도식화하면 다음과 같다.

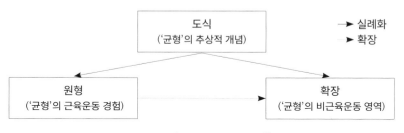

〈그림 7〉 '균형'의 범주 삼각형[08]

　　요컨대, 신체 및 신체적 경험에 바탕을 둔 반복되는 경험은 영상도식을 형성하고, 이 영상도식이 한편으로는 직접적으로 경험되는 물리적 개념, 신체적 개념을 발생시키고, 다른 한편으로는 은유적 확장[09]을 통하여 간접적으로 형성되는 추상적 경험을 발생시키는데, 추상적 개념도 궁극적으로는 신체적 경험에 동기화된 것이다(임지룡 2007: 5 참조).

07　Johnson(1987)에서 제시한 영상도식의 목록은 다음과 같다. 그릇(CONTAINER), 차단(BLOCKAGE), 능력 부여(ENABLEMENT), 경로(PATH), 주기(CYCLE), 부분-전체(PART-WHOLE), 충만-공허(FULL-EMPTY), 반복(ITERATION), 표면(SURFACE), 균형(BALANCE), 대응력(COUNTERFORCE), 흡인(ATTRACTION), 연결(LINK), 원-근(NEAR-FAR), 병합(MERGING), 부합(MATCHING), 접촉(CONTACT), 대상(OBJECT), 강제(COM-PULSION), 제약의 제거(RESTRAINT REMOVAL), 질량-계산(MASS-COUNT), 중심-주변(CENTER-PERIPHERY), 척도(SCLAE), 분할(SPLITTING), 덧씌우기(SUPERIMPOSI-TION), 과정(PROCESS), 수집(COLLECTION)이 있다(노양진 2000: 246 재인용).

08　Langacker(1987: 369)에 따르면, 한 낱말의 다양한 의미들은 유사성을 통하여 수평적으로 확장의 관계를 맺으며, 공통성을 통하여 수직적으로 도식의 관계를 맺는다.

09　영상도식은 은유적 사상(metaphorical mapping)의 근원이 된다(Lakoff 1987: 283, 김동환 2013: 120 참조).

2.2.2. 개념적 환유

신체화의 의미 확장은 또 '개념적 환유'와 '개념적 은유'에 의해 수행된다(임지룡 2007: 5). 개념적 환유는 개념적인 차원에 속하는 것으로 인간의 주의 능력, 참조점 능력이 관여하고 있다. '주의'란 몇 가지 대상 중 하나 또는 소수의 것에다가 의식을 초점화하여 집중하는 심리작용을 말한다. 이는 선택적 주의(selective attention)와 집중적 주의(focal attention)가 있는데, 집중적 주의의 경우 인지언어학에서 참조점의 개념에 반영되어 있다(Y. Tsuji 편 2002, 임지룡 외 옮김 2004: 210). 이를 인간의 '참조점' 능력이라 일컫는다.

환유의 정의에 대해 Kövecses & Radden(1998), Radden & Kövecses(1999)는 동일한 틀, 영역, 이상적 인지모형 속의 한 개념적 요소나 실체(사물, 사건, 특성), 즉 매체(vehicle)가 다른 개념적 실체(사물, 사건, 특성), 즉 목표에 정신적 접근을 제공하는 인지 과정이다(임지룡 외 옮김 2010: 174). Langacker(1993: 6)는 참조점 관계(reference-point relation)로 〈그림 8〉과 같이 제시하고 있다.

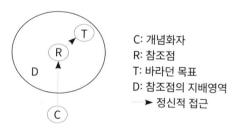

〈그림 8〉 참조점 관계

〈그림 8〉에서 매체의 역할을 하는 참조점 R은 지각적 과정에서 현저한 존재이다.[10] 이러한 환유의 '매체-목표' 사상 과정에서 '매체'는 이해, 기억,

---

10 Radden & Kövecses(1999: 44-52)에 따르면, 환유의 매체 선택을 지배하는 것을 '상대

인식의 상황에서 특정한 목표에 이르는 길을 제공하고 점화하는 지시점이다(임지룡 2008: 208). 특히 매체로부터 목표로의 접근 가능성은 '환유적 연결의 세기(strength of the metonymic link)'와 관련이 있는데, 환유적 연결의 세기는 매체와 목표 간의 개념적 거리와 매체의 현저성에 달려 있다(Panther & Thornburg 1998, 김동환 2013: 196 재인용).

개념적 환유의 유형은 세 가지로 대별된다(Kövecses & Radden 1998, 임지룡·김동환 옮김 2008: 335, 김동환 2013: 218 참조).[11]

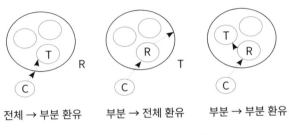

전체 → 부분 환유 　부분 → 전체 환유 　부분 → 부분 환유

〈그림 9〉 환유의 세 가지 유형[12]

적 현저성의 원리(principles of relative salience)'라 하고 두 가지 하위 원리를 제시하였다. 하나는 현저성의 인지적 원리로, 인간 경험에 있어서 '인간>비인간, 주관적>객관적, 구체적>추상적, 상호작용적>비상호작용적, 기능적>비기능적', 지각적 선택에 있어서 '즉각적>비즉각적, 발생적>비발생적, 더 많은>더 적은, 지배적>덜 지배적, 좋은 게슈탈트>나쁜 게슈탈트, 경계 지어진>경계 지어지지 않은, 특정적>총칭적', 문화적 선호에 있어서 '판에 박힌>판에 박히지 않은, 이상적>비이상적, 전형적>비전형적, 중심적>주변적, 처음·마지막>중간, 기본적>비기본적, 중요한>덜 중요한, 흔한>덜 흔한, 드문>덜 드문'이다. 다른 하나는 현저성의 의사소통적 원리로 명료성의 원리에서 '명확한>모호한', 적절성의 원리에서 '적절한>부적절한', 경쟁적 동기에서 '수사적 효과' 및 '사회-의사소통적 효과'이다(임지룡 2008: 208 재인용).

11 전체-부분 환유는 한 인지모형에서 전체와 부분 사이에 입각한 환유이지만, 부분-부분 환유는 전체 인지모형을 구성하는 부분들 사이의 관계에 입각한 환유이다(김동환 2013: 222).

12 그림은 참조점 관계를 추가하여 재구성한 것이다.

구체적인 예를 들어 설명하면 다음과 같다.

(6) 연필에 침을 묻혀가며 편지를 쓰고 있었다. (임지룡 2008: 200 인용).
(7) 대금과 피아노의 만남. (임지룡 2008: 198 인용)
(8) 포트가 끓고 있다.

예문 (6), (7), (8)은 세 가지 유형을 나타내는 구체적 용례이다. 예문 (6)은 '연필'이 '연필심'을 지칭하는 것으로 '전체-부분' 환유에 속하고, 예문 (7)은 '대금'은 '국악', '피아노'는 '양악'을 지칭하는 '부분-전체' 환유에 속하며, 예문 (8)은 포함 인지모형에서 그릇과 내용물의 관계인데, '포트'는 '포트 속에 있는 물'을 지칭하는 것으로 그릇으로 그릇속의 내용물을 가리키는 경우이다. 이것이 더 큰 포함 인지모형에서 부분들 사이의 관계를 가리킨다고 하여 '부분-부분' 환유에 포함시켰다. 하지만 부분-부분 관계의 경우 상황에 따라 전체에서 부분, 또는 부분에서 전체의 유형으로 볼 수 있다. 이런 유형을 임지룡(2008: 204)에서는 '상호전이 양상'으로 다루고 있다.

예문 (6), (7), (8) 같은 표현은 일상 언어생활에 널리 편재되어 있고 언중들은 이를 아무런 어려움 없이 이해한다. 이는 인간의 참조점 능력에 기반을 두고 있다. 즉, 우리는 끓고 있는 포트를 제일 먼저 시각적으로 지각하게 되는데, 먼저 지각되는 것이 포트의 외부에 있는 포트의 모습이다. 이는 즉각적으로 지각되는 것이 비즉각적으로 지각되는 것보다 더 현저하다는 원리로 '포트'가 참조점이 되어 '포트 속의 물'을 대신하여 표현한 것이다. 이런 현상은 중국어에도 마찬가지이다. 개념적 환유 기제는 두 언어에 공통적으로 존재한다.

감정의 개념화는 이러한 환유를 고려하지 않고서는 이해할 수 없다. 감각어는 신체 부위와 결합하여 형성된 생리적 경험을 통해 심리적 경험을 표현하고 있다. 이는 생리적 반응 및 신체적 증상이 그 감정을 대신한다는 것으로 Ungerer & Schmid(1996)에서는 생리적 환유(physiological metonymy)라고 일컫는다. 이 책에서도 살펴보게 되듯이, '눈시울이 뜨겁다'가 '감동', '낯이 뜨겁다'가 '부끄러움'을 표현하는 양상이 바로 개념적 환유에 의한 확장이다.

2.2.3. 개념적 은유

개념적 은유도 개념적 환유와 마찬가지로 개념적인 차원에 속하는 것으로 인간의 인지능력을 가리킨다. 인간은 유사성을 지각하거나 유사성을 발견하여 유추, 추론할 수 있는 능력을 갖추고 있다. 즉 한 사물을 다른 사물에 빗대어 생각할 수 있는 능력, 한 사물이 다른 사물로 대신하여 생각하기도 하는 능력을 갖고 있다.

Lakoff & Johnson(1980)은 은유를 '근원영역(source domain)'에서 '목표영역(target domain)'으로의 체계적인 인지사상(cognitive mapping)이라고 정의했다. 여기서 '근원영역'은 우리의 일상경험에서부터 나온 구체적·물리적이며 명확하고 구조화된 경험이다. 한편 '목표영역'은 표현하려는 영역으로서 추상적·비물리적이며, 불명확하고 구조화되지 않은 경험이다. 그러므로 은유는 우리에게 익숙한 근원영역으로써 낯선 목표영역을 개념화하는 인지책략이다(임지룡 1997: 174).

개념적 은유는 세 가지로 대별된다. '구조적 은유(structural metaphor)', '존재론적 은유(ontological metaphor)', '방향적 은유(orientational metaphor)'이다(Lakoff & Johnson 1980: 3-21, 임지룡 1992: 177-188 참조). 구체적으로 살펴보면 다음과 같다.

먼저, '구조적 은유'는 한 개념이 다른 개념에 의해 은유적으로 구조화

한중 감각어의 신체화 연구

되는 경우를 일컫는데, '사랑'을 '여행'의 관점에서 개념화하는 것을 예로 들면, '여행'은 '출발'이 있고 '도착'이 있다. 이는 '사랑'의 '만남', '결혼'과 사상된다. '만남'은 '사랑'의 출발점이 되고 '결혼'은 '사랑'이 도달해야 할 목적지가 될 수 있다. 언어적 표현으로 '열애 시작한 지 5일, 열애 5년 끝에 드디어 결혼' 등이 있다. 이들의 사상되는 모습을 다음과 같이 도식화할 수 있다.

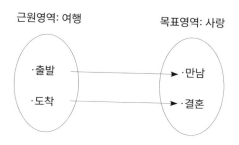

〈그림 10〉 '사랑은 여행이다' 은유적 사상

'방향적 은유'는 공간적 방향과 관련된 것으로 상호관계 아래 하나의 전체적 개념 구조를 이루는 것을 말한다. 예컨대, '많음은 위이다'의 경우, 일상생활에서 아파트를 보면 아파트가 높으면 높을수록 층이 많아지는 것을 경험한다. 뿐만 아니라 컵에 물을 부으면 부을수록 수면이 올라가거나 물건을 쌓으면 쌓을수록 더미가 높아지고 양이 많아지는 일상적인 경험을 하게 된다. 이러한 일상적인 경험에 바탕을 두고 척도 상 '위'는 많은 '양', '아래'는 적은 '양'을 나타낸다. '많음은 위이다'가 사상되는 모습을 다음과 같이 도식화할 수 있다. 언어적 표현으로는 '물가가 오르다/내리다, 신분이 높다/낮다' 등이 있다.

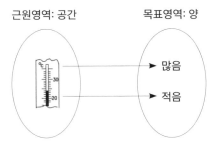

근원영역: 공간　　　　목표영역: 양

많음

적음

〈그림 11〉 '많음은 위이다' 은유적 사상

　'존재론적 은유'[13]는 눈에 보이지 않는 추상적인 경험을 구체적인 존재, 곧 사물에 비유하는 것이다. 곧 윤곽이 없는 곳에 뚜렷한 윤곽을 부여하는 유형이다. 예컨대 '사랑'의 경우 '사랑'은 '여행'의 관점에서뿐만 아니라 다른 구체적인 존재에도 비유한다.

　(9) a. 사랑을 주고받다.
　　　 b. 시청자들의 뜨거운 사랑을 받았다.

　예문 (9)는 눈에 보이지 않는 추상적인 실체 '사랑'을 주고받을 수 있는 사물처럼 표현하거나 구체적인 사물의 특성을 지니고 있는 것처럼 표현하고 있다. 이는 존재론적 은유에 기초를 둔 것이다.
　개념적 은유가 기초를 두는 경험은 신체적일 뿐만 아니라 지각적·인지적·생물학적·문화적일 수도 있다. 두 경험 영역 간의 상호연결성은 경험의 상관성, 두 영역 간의 지각적 유사성, 구조적 유사성, 기능적 유사성, 속성들 간의 유사성 등과 같이 여러 가지 유형일 수 있다.

13　Lakoff & Johnson(1980/2003: 25)에서는 일단 우리의 경험을 실체나 물질로 식별할 수 있다면, 우리는 그것을 가리키고, 범주화하고, 분류하고, 양화할 수 있다. 그리고 이 방법으로 그것에 대해 추론할 수 있다(김동환·김주식 옮김 2008: 57 재인용).

　　　　　　　　　　　　한중 감각어의 신체화 연구

개념적 은유의 언어적 표현은 일상 언어에 널리 퍼져있다. 또 다른 예로 '생각'을 들 수 있다.

(10)　a. 생각의 씨앗이 심긴 것이고, 싹이 튼 것이다.
　　　b. 생각의 줄기는 같으면서도 형태는 서로 다른 생각의 특성을 고려해야 한다.
　　　c. 생각에 뿌리를 내리다.
　　　d. 어느 정도 생각이 무르익었다.
　　　e. 생각에도 꽃이 핀다.
　　　f. 한 가지 생각이 열매를 맺으려면 평균 5년에서 7년이 걸린다.
　　　g. 내 생각이 시들고 초라해지는 순간.

'식물'에 대해 우리는 일반적인 지식으로 식물의 과정에 대한 지식을 갖추고 있다. 즉 식물은 씨앗이 있고, 씨앗이 발아하여 뿌리, 줄기, 잎을 형성하며, 꽃이 피고, 열매를 맺으며, 마지막에는 시들어지는 일련의 과정을 겪는다. 이러한 식물의 생장 과정이 인간의 '생각'의 과정과 구조적으로 유사하여 식물에 대한 지식을 동원하여 추상적인 '생각'을 이해하고 있다. 이는 인간이 유사성을 지각하거나 유사성을 발견하여 그것을 유추, 추론할 수 있는 능력을 갖추고 있기 때문에 가능한 것이다.

감각어가 한 감각에서 다른 감각 영역으로 확장되는 공감각적 의미 확장이든, 감각어가 추상적인 영역으로 확장되는 추상적 의미 확장이든 개념적 은유는 의미를 창조하고 확대하는 기제로서 중요한 역할을 하고 있다.

개념적 환유와 개념적 은유는 독립적으로 작용하기도 하고 복합적으로 작용하기도 한다. 사실 은유와 환유의 경계는 불분명하다. 신현숙(2005: 132)은 실제 언어 현상에서는 은유와 환유를 명시적으로 구분하기 어렵고 은유나 환유로 명명하는 것만으로 언어 현상을 이해하거나 설명하기 어렵다고 지적한 바 있다. 문화마다 선호하는 인지과정도 다를 수 있다. 언어는 언어사용자의 체험적 배경, 사회 문화적 관습에 의해 영향을 받기 때문에 동일한 상황을 개념화하기 위해 몇 가지 해석 작용(construal operation)을 사용할 수 있는데 그 가운데 개념적 은유, 개념적 환유가 있다.

2.2.4. 범주화

우리의 생존 능력 중 하나가 주변 사물과 사건을 범주화할 수 있는 능력이다. 적어도 성별에 있어서는 남자와 여자, 생존에 있어서 먹을 수 있는 것과 먹을 수 없는 것으로 범주화하여 인식한다. '범주화'란 사물이나 사태를 동일화(identification) 또는 차별화(differentiation)하여 공통성이나 관계성에 다라 일반화(generalization)함으로써 통합하는 인지활동을 말하며, 그 심리적 산물을 '범주'라고 부른다(Y. Tsuji 편 2002, 임지룡 외 옮김 2004: 80).

언어의 모습도 범주화의 산물이다. 이 글에서 연구 대상을 명사, 형용사, 동사로 품사유형별로 대별하여 나눈 것도 이런 인지능력이 기반이 되기 때문이다. 언어의 원리가 세상사의 원리와 상통하듯이, 인간이 세계를 범주로 나누는 것은 동시에 언어를 범주로 나누는 것과도 상통하기 때문이다.[14]

고전적 범주와는 달리 인지언어학에서는 원형범주(prototype category)를 지향하고 있다. 원형범주의 두 가지 특성을 살펴보면 다음과 같다.

---

14 임지룡(2012: 377)은 인지언어학의 성격을 다섯 가지 특징으로 파악한 바 있다.
　a. 언어의 원리·현상·지식은 세상사의 원리·현상·지식과 상통한다.
　b. 범주 구성원(즉 원형과 주변 요소)은 비대칭적이다.
　c. 사고 및 인지는 구체적(또는 신체적)인 데서 추상적(또는 심리적)으로 확장된다.
　d. 형식(또는 형태·구조)과 내용(또는 기능·의미)은 자의적인 것만이 아니라 도상적, 동기화되어 있다.
　e. 의미는 해석이다.

　　　　　　　　　　　　　　한중 감각어의 신체화 연구

하나는 가족닮음의 원리로 범주 구성원 간에는 경계가 불분명하다는 것이다. 이는 '스미스 형제'의 사진이 잘 보여주고 있다.

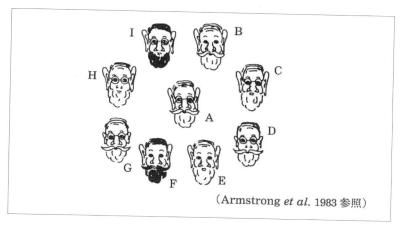

〈그림 12〉 스미스 형제

〈그림 12〉의 스미스 형제 사진을 보면 A에서 I까지 모든 구성들이 갖는 공통된 속성이 존재하지 않음을 알 수 있다. A와 B는 안경의 차이, B와 C는 팔자수염의 차이가 있다. 그러나 C는 안경을 낀 점에서 A와 같다. C와 D는 귀와 코의 크기, 팔자수염에서 차이가 있다. D는 안경, 귀, 코가 B와 다르지만, A와는 안경, 수염, 머리카락이 같다. 이는 스미스 형제들 간에 인접요소끼리 공통된 속성이 발견되지만, 모든 구성원에 공통된 속성은 존재하지 않음을 알 수 있다. 원형을 A라고 했을 때, B-I 사이에는 A를 중심으로 부분적으로 공통된 속성이 연쇄적인 구조를 이루고 있다는 것이다 (Armstrong et al 1983, 吉村 2011: 39 참조). 온감어의 경우 경계가 불분명한 연속체(continuum)로 되어 있다.

범주화 능력은 사회나 문화적인 관습에 의해 강화되기도 한다. 외부 세계뿐만 아니라 신념이나 마음에 의한 내적인 것도 범주화한다. 이는 유명한 저서 『여자, 불, 위험한 것들』에서 잘 알려져 있다. 디어발어 명사의 부류에 여성, 불, 위험한 것들이 동일한 범주에 속한다는 것인데, Lakoff는 이에 대해 설명한다. 여자는 신화와 신념 원리에 기초해서 태양에 대응한다. 따라서 태양은 여자와 동일한 범주 속에 있다. 불은 태양과 동일한 경험 영역 속에 있다. 그래서 불은 열, 빛남이라는 특정한 특성을 태양과 공유한다. 이것은 경험 영역 원리에 기초한 것이다. 불은 위험하기 때문에 다른 위험한 물건들과 같은 범주 속에 있다. 이처럼 디어발 사람들은 여자, 불, 위험한 물건들이 속하는 특별한 명사의 부류를 가지게 된다. 이는 다른 민족들에게는 이상할 수 있어, 범주화 역시 사회·문화적 관습의 영향을 받음을 알 수 있다.

이는 이 책에서 살펴보게 될 미감어의 감정 전이 양상에도 반영되어 있다. 한국어의 경우 '화'를 개념화할 때 '뜨겁다'와 '차갑다'를 모두 이용한다. 반면, 중국어에서는 '뜨겁다'로 개념화한다. 이는 한국어 언중들이 '차갑다'와 '뜨겁다'에 대해 어떤 공통적인 특성을 파악하고 있기에 '화'를 개념화하는 데 있어서 같은 부류에 속하는 것으로 간주한다.

요컨대, 범주화는 개념형성에 작용하는 인지양식인데, 그에 따르면 범주는 무엇보다 신체감각(시각·청각·촉각 등)이라는 생물적 능력에 기초한 대상 파악이고, 지식의 저장과 창조적 이용에 빠뜨릴 수 없는 인지활동이며 언어에서는 필수적인 구성요건이다(Y. Tsuji 편 2002, 임지룡 외 옮김 2004: 81, 128)

2.3. 신체화에 기초한 감각어의 의미 확장

'신체화' 관점에 따르면 언어의 의미 구조는 개념적 구조의 표명으로 인간의 신체적 경험이 반영되어 있다. 개념적 구조는 본질적으로 신체화되어 있는데 이 구조를 밝혀내는 한 가지 방식이 의미 구조를 파악하는 것이다.[15] 이에 한중 감각어의 의미 구조를 규명함으로써 사고적 차원에 속하는 개념적 구조의 일부를 밝힐 수 있다.

감각어의 의미 확장의 신비를 밝히기 위해서는 한중 감각어의 의미 구조를 정확하게 파악하는 것이 선결 조건이다. 이를 위해서는 먼저 한중 감각어의 '원형 의미(prototype meaning)'[16]를 알아보고, 다음으로 원형 의미가 여러 국면(다양한 문맥 또는 상황)에 적용됨으로써 일어나는 '확장 의미(extended meaning)'를 살펴 봐야 원형 의미에서 확장 의미로 변화하는 확장 양상을 밝힐 수 있다.

(11) 감각어의 의미 구조

(11)에서처럼 감각어의 의미 구조는 원형 의미와 확장 의미가 공존하고 있는데, 원형 의미는 범주를 대표할 수 있는 기본적이고 전형적인 의미로 감각적·물리적 경험을 통해 얻은 감각적 의미를 가리킨다. 우리는 감각어

15　인지언어학의 관점에 따르면 언어는 개념적 조직을 연구하기 위한 도구이다.

16　'원형 의미'란 다의적 범주를 대표할 수 있는 기본적이고 전형적인 의미를 말하는데(임지룡 1997: 239), 일반적으로 사전에 등재된 첫 번째 의미항목을 원형 의미로 간주한다. 보다 나은 객관성을 확보하기 위해 이 책에서는 국립국어원의『표준어대사전(이하 '표준')』과 연세대학교 언어정보개발원연구원에서 개발한『연세한국어사전(이하 '연세')』을 중심으로 원형 의미를 확정하고 두 사전의 처리 방식을 종합하여 제시하였음을 미리 밝혀둔다. 다만 두 사전의 처리 방식이 다를 경우 필요시 차이점을 언급한다. 한편, 중국어는 중국사회과학원 언어연구소에서 편집한『現代漢語詞典(이하 '現漢')』과 상하이사서출판사에서 출간한『現代漢語大詞典(이하 '大詞典')』을 참조하였다. 그리고 전문용어나 북한말 등은 논의에서 제외하였다.

의 원형 의미 분석을 통해 생물학적 능력에 기반을 두고 겪게 되는 원초적인 감각 경험, 즉 신체적 경험이 어떠한지를 살펴볼 수 있다. 감각의 경우 특정 자극을 지각하는 뇌 부위가 각각 다르다. 따라서 외부 세계로부터 지각된 정보에 따라 감각의 유형에 대해 판단하고, 그다음 지각된 감각의 양(정도), 감각의 질(만족도)에 대한 판단이 잇따르는 등 일상적인 신체적 경험을 겪게 된다. 이러한 원초적인 신체적 경험이 의미 확장의 진원지로 작용하고 새롭고 추상적인 대상을 이해하는 준거가 된다. 그리고 체험주의 견해에 따르면 언어는 외부 세계에 있는 사물이 아닌 개념화자의 마음속에 있는 개념을 지시한다(Evans & Green 2006, 임지룡·김동환 옮김 2008: 169). 즉 의미를 실재에 대한 인간의 해석에 의해 기술하기 때문에 감각어의 신체적 경험[17]을 다음과 같이 도식화할 수 있다.

---

17 배해수(1982: 1)에 따르면, 인간은 맛을 대할 때, 우선 그 존재의 유무를 지각하게 되고, 그 다음으로 그 맛에 대한 판단을 내리게 되며 판단은 맛의 유형을 구별하는 판단과, 그 맛이 지각자의 기호에 어떻게 상응하는가를 결정하는 판단으로 나뉜다. 고창운(2006: 7)은 맛의 지각 과정을 두 가지로 나누어 살펴보았는데, 하나는 음식물을 섭취했을 때의 맛의 유형에 대한 판단, 그 다음에 맛의 질(〈만족〉 또는 〈불만족〉)에 대한 판단이 일어나는 것으로 보았다. 이와 같은 지각 과정은 맛뿐만 아니라 다른 감각에도 공통적으로 작용한다. 이 책에서 고찰하는 감각어가 형용사로 구체화되어 있다는 것은 그 자극이 이미 존재함을 전제한다. 그리고 언어화할 수 있다는 것은 무엇보다 한중 언어사용자가 감각을 지각할 수 있는 생물학적 능력을 갖고 있기 때문에 가능한 것이다. 이런 생물학적 능력에 기반을 두고 지각된 정보를 언어화하는데 이 책에서는 기본적으로 감각어가 감각의 유형, 감각의 양(정도), 감각의 질(만족도) 세 가지 공통적인 경험적 특성이 반영되어 있다고 본다.

〈그림 13〉 감각어의 신체적 경험

물론 모든 감각어가 이 세 가지 경험적 특성이 공통적으로 반영되는 것은 아니다. 이런 구체적인 신체적 경험을 통해 얻은 감각적 의미를 나타내는 감각어가 다양한 문맥이나 상황에 적용됨으로써 의미가 확장되는데 크게 두 가지 국면으로 대별할 수 있다. 한 가지 국면은 감각어가 감각 영역에서 다른 감각 영역으로 확장되는 이른바 공감각적 의미 확장이고, 다른 한 가지 국면은 감각어가 감각 영역에서 추상적인 영역으로 확장되는 이른바 추상적 의미 확장이다. 의미 확장이 일어나는 두 가지 국면을 도식화하여 제시하면 다음과 같다.

〈그림 14〉 의미 확장이 일어나는 두 국면

〈그림 14〉에서 보다시피, 첫 번째 국면은 공감각적 의미 확장이다. '공감각(synaesthesia)'은 그리스어 'syn(together)'과 'aisthesis(sensation)'의 결합에 의해 이루어진 용어로서 낱말 자체로는 감각을 함께 느낀다는 의미를 지닌다(김중현 2001: 24, 이종열 2008: 294 참조). '공감각'은 한 감각어가

다른 감각 영역에 적용됨으로써 지시의 영역이 확장되어 감각어가 확장 의미를 획득한다. 이러한 공감각 현상은 생리적인 현상임과 동시에 심리적인 현상이다(趙艶芳 2000: 43).

(12) a. 박하의 시원한 맛
b. 민트의 달콤한 색

예문 (12a)는 촉각적 경험에 속하는 '시원하다'가 미각적 경험에 속하는 '맛'을 수식하여 이루어진 공감각적 의미 확장이고, 예문 (12b)는 미각적 경험에 속하는 '달콤하다'가 시각적 경험에 속하는 '색'을 수식하여 이루어진 공감각적 의미 확장이다. (12a)의 경우, '시원한 맛'은 실제로 우리가 박하를 먹었을 때 입 안 점막의 온도가 낮아지기 때문에 실제로 시원해지는 느낌을 받은 것으로, 박하의 성분인 멘톨이 차가움을 느끼는 신경을 직접 자극한 것으로(최현석 2013: 259) 생리적인 현상에 속한다고 할 수 있다. 한편 (12b)의 경우 '달콤한 색'은 '달콤하다'와 '색' 사이에 예문 (12a)와 같은 관련 동기를 객관적으로 밝히기 어렵다. 하지만 언중들은 자연스럽게 이와 같은 표현을 하고 있다. 이는 언중들이 심리적으로 미각적 경험 '달콤하다'와 '색'의 경험 간에 '기분 좋음'과 같은 유사성을 지각하였기 때문에 먹기에 기분 좋은 '달콤하다'를 통해 보기에 기분 좋은 '색'을 구체화하여 표현한 것이다. 이종열(2008: 295)에서는 유아의 공감각적 표현을 살펴보면서 '감각의 전이'가 발생한 표현이 있는가 하면, '감각의 융합'으로 이해할 수 있는 공감각적 표현이 있다고 지적한 바 있다. 예문 (12)의 경우 (12a)는 '감각의 융합'으로 볼 수 있고, (12b)는 '감각의 전이'라고 볼 수 있다.

어떤 경우든 공감각적 의미 확장은 일괄적으로 지시 영역의 확장으로 인해 다의성을 획득하는 수단으로 볼 수 있다. 다시 말해, '시원한 맛' 같은 경우 '시원하다'가 원래 지시하는 것은 '온도'인데 지시 영역이 '온도'에서 '맛'으로 확장되어 공감각적 표현을 이루면서 다의성을 획득하였고, 맛은 '시원하다'를 통해 구체화되어 표현되었다. 즉 지시 영역이 '온도'에서 '맛'으로 확장되었다. 이렇게 이루어진 공감각적 표현은 인간의 신체 및 신체적 경험에서 비롯된다. 종래의 연구에서는 이를 하나의 수사적 기법으로만 간주하였지만 인지언어학에서는 공감각적 의미 확장도 인간의 신체적 경험이나 인지적 경향성이 반영되어 있다고 본다. 이에 이 책에서는 '신체화'의 관점에서 서로 다른 감각 간의 관련성을 살펴볼 것이다.

공감각적 의미 확장의 경우 연구자의 대상 범위에 따라 그 연구 결과도 가변적으로 나타나고 있다. 이는 한 감각에서 다른 감각으로 확장되는 양상의 존재 여부를 좌지우지하게 되는데, 학자에 따라 그 연구 결과가 부분적으로 상반되게 나오기도 한다. 이는 한국어와 중국어의 선행 연구에서 모두 존재하는 문제점인데 이로 인해 정확한 공감각적 특성을 파악하기가 쉽지 않다.

이 책에서는 형용사로 표상된 감각어가 다른 감각으로 확장되는 공감각적 표현을 고찰할 것인데, 이러한 한계점(문제점)을 보완하기 위해, 목표 영역의 대표적인 구성 요소를 선정하여 살펴볼 것이다. 물론 이렇게 범위를 한정함으로써 광범위한 양상에 대해 전반적으로 고찰할 수 없는 아쉬움이 있지만, 현실적으로 범위에 대한 분류 기준이 불분명하는 등 문제로 인해 전반적인 양상에 대한 객관적인 파악이 어렵다. 따라서 일정한 범위를 한정하여 다루는 방법을 택했는데, 적어도 한정된 범위에서 고찰된 감각어의 특징은 일관성, 객관성을 확보할 수 있을 것으로 판단된다. 무엇보다 이 책에서 고찰하는 공감각적 의미 확장은 양상의 '다소(多少)'보다는 '유무(有無)'에 초점이 있고 의미가 확장되는 동기를 '신체화'에서 찾는 것이 주된 목적이기 때문에 한정된 범위에서도 충분히 경향성 및 관련 내용을 파악할 수 있다고 판단된다. 이에 공감각적 의미 확장이 한 감각 영역에서 다른 감각 영역으로의 확장으로 하고, 목표 영역을 그 영역을 대표하는 특정 자극 '색(빛), 소리, 맛, 냄새, 온도'/'(顔)色, 聲音, 氣味/味道, 味道/滋味, 溫度'로 한정한다.

두 번째 국면은 추상적 의미 확장이다. 추상적인 의미로 확장되는 양상은 대표적으로 두 가지로 대별할 수 있는데, 하나는 특정한 신체 부위와 결합한 감각 경험이 '환유'의 기제를 통해 확장되어 추상적인 개념을 표현하고 이해하는 토대가 되는 것이고, 다른 하나는 감각 경험이 '은유'의 기제를 통해 확장되어 추상적인 개념을 표현하고 이해하는 토대가 되는 것이다. 환유와 은유는 명백하게 구분하기 어렵지만, 신체 부위와 결합하여 일어나는 의미 확장은 신체적 반응 또는 신체적 증상이 관련 개념을 대신하여 표현하는 것으로 환유 기제가 작용 혹은 관여한다고 할 수 있다.

인지언어학의 체험주의에 따르면, 우리 경험[18]에는 신체적·물리적 층위와 정신적·추상적 층위가 존재하며, 정신적·추상적 층위의 경험이 신체적·물리적 층위의 경험에 근거하고, 신체적·물리적 층위에 의해 강력하게 제약된다고 주장한다(Johnson, M 1992, 노양진 2013: 63, 임혜원 2013: 29). 인간 마음의 작용(정신적 활동)이 몸의 활동(신체적 경험)에서 비롯된다는 것이다. 이는 인간의 개념화 능력 중에 가장 근본적인 특성을 반영한다.

경험의 범주는 두 가지로 대별할 수 있다. 하나는 감각·지각을 통해서 얻게 되는 감각 경험이고 다른 하나는 내성적 경험(introspective experience)이나 주관적 경험(subjective experience)이다. 주관적 경험은 본질적으로 주관적이거나 내적인 것으로서, 감정, 의식, 그리고 지속성과 동시성 등의 인식과 같은 시간의 경험을 포함한다. 인간 개념화 능력 중에서 가장 근본

---

18 임지룡(1997: 161)에 따르면 '경험'이란 우리 몸의 성질, 유전적으로 계승된 능력, 세계 속에서 몸을 사용하는 행동 양식, 사회 문화적 조직 등에 걸친 광범위한 인간 경험의 총체를 뜻한다.

적인 한 가지 특성이 주관적 경험과 관련 있는 개념 또는 영역을 감각 경험에서 도출되는 개념을 통해 구조화하는 경향이다. 이것은 개념적 은유의 현상에서 명백하게 드러난다(Evans & Green 2006, 임지룡·김동환 옮김 2008: 70). 따라서 감각어의 의미 구조 분석을 통해 한중 언어사용자의 개념화 능력도 엿볼 수 있다.

이 책의 3장부터는 구체적으로 촉각어, 미각어, 후각어, 청각어, 시각어 순으로 의미 구조를 파악하고, 의미가 확장되는 양상을 살펴보고자 한다.

3. 한중 촉각어의 신체화 양상

3.1. 촉각의 특징

촉각은 물리적 에너지에 의해 형성된 감각으로 물리적 감각에 속하고 직접 또는 간접적인 접촉을 요하는 감각으로 가장 원초적인 감각이다. 이런 특징으로 인해 촉각은 흔히 가장 낮은 차원에 속하는 감각이라 일컫는다. 여기에서는 촉각 가운데 온도감각을 주로 살펴보는데, 온도감각은 온도 자극을 수용함으로써 일어나는 피부감각으로, '온각'과 '냉각'으로 분화되며, 그 감각점[01]은 '온점'과 '냉점'으로 구별된다. 온각과 냉각은 정상 피부 온도를 변화시키는 대상에 의해 생긴다(Neil R. Carlson, 김현택 외 옮김 1997: 267).

온도를 감각하는 수용체가 밝혀지기 시작한 것은 1997년 이후 극히 최근이다. 현재 여섯 종류의 수용체가 알려졌는데, 이들 수용체는 반응하는 온도가 서로 달라서 각기 뜨거움, 따뜻함, 시원함, 차가움 등에 반응한다. 제일 먼저 밝혀진 온도수용체는 42°C 이상의 뜨거운 온도에 반응하는 수용체다. 이 수용체는 고추에 들어 있는 화학물질 캡사이신에도 반응을 하

---

01 『표준』에 의하면, '감각점'이란 피부에 흩어져 있으면서 압력이나 온도를 느끼는 자리로 통각점, 압점, 냉점, 온점이 있다.

기 때문에 캡사이신 수용체라고도 불린다. 25℃ 이하의 온도를 감지하는 한 수용체는 박하에 들어 있는 멘톨에도 반응을 한다. 그래서 매운 고추를 먹으면 화끈거리고, 박하를 먹으면 시원함을 느낀다(최현석 2013: 276-277 참조).

촉각은 감각 기능 외에 방어 기능, 보호 기능을 한다. 물체의 날카로운 정도를 식별하거나 외부 물질, 예컨대 모기와의 접촉으로 생긴 상황을 더 이상 유발하지 않게끔 조치를 취하는 효과가 있다.

온도감각은 상대적인 것이다. 어느 정도 더워야 더운 것인지, 어느 정도 따뜻해야 따뜻한 것인지, 또한 사람에 따라 덥다거나 따뜻하다고 느끼는 체험 상의 차이가 있지만 전반적으로 언어공동체에서 상대적인 공통성을 띠고 있다. 이러한 촉각의 특징이 언어적 범주를 형성하는 데 제약을 가하고 있고, 의미가 확장되는 데 영향을 미친다. 이는 촉각이 객관적이고 지적인 영역보다 주관적이고 심리적인 영역으로 더 활발하게 확장되는 것과 밀접한 관련성을 지니고 있음을 의미한다.

촉각의 언어적 표상인 촉각어의 경우 어휘 분화 방식이 한국어와 중국어 간에 차이가 현저하여 일대일로 대응시켜 분석하기가 어렵다. 또한 온도감각이 상대적인 것이어서 동일한 어휘 형태가 서로 다른 온도를 지칭할 때도 있고 서로 다른 어휘가 같은 온도를 지칭할 때도 있어,[02] 어휘 분화 방식의 경계가 불분명한 연속체(continuum)로 되어 있다. 하지만 대체로 '높은 온도-높은 온도와 낮은 온도 사이의 온도-낮은 온도'로 도식화할 수 있고, 공통적으로 '온각'과 '냉각'으로 분화되기 때문에, 이 책에서는 '온각'과 '냉각'으로 나눠 촉각어의 의미 구조를 파악하고 의미가 확장되는 양상을 살펴보고자 한다.

---

02 예컨대, '溫室(온실)' 같은 경우 영어에서는 hot spring으로 중국어 '溫'보다 높은 온도인 hot를 선택하여 명명하였다.

'온각'의 언어적 표상으로 한국어는 대표적으로 '덥다, 뜨겁다, 따뜻하다, 뜨뜻하다, 미지근하다'가 있고, 중국어는 '熱, 暖, 溫' 등이 포함된다.

3.2. 촉각어의 원형 의미

3.2.1. 온각어

㉠ '덥다', '뜨겁다'와 '熱'

한국어의 '덥다', '뜨겁다'는 대체로 중국어의 '熱'와 상응한다. 〈표 5〉에서 보는 바와 같이, '덥다'로 기온의 온도가 높은 상태를, '뜨겁다'로 사물의 온도가 높은 상태를, '熱'로 기온이나 사물의 온도가 높은 상태를 표현하고 있다. 다만 '덥다'와 '뜨겁다'의 경우 '덥다'는 '생리적 온도'에서 '물리적 온도'로 사용 영역이 확장되었고, '뜨겁다'는 '물리적 온도'에서 '생리적 온도'로 두루 지시할 수 있다.

〈표 5〉 '덥다', '뜨겁다'와 '熱'의 원형 의미

어휘	원형 의미
덥다	① (몸으로 느끼기에) 기온이 높다. ② 사물의 온도가 높다.
뜨겁다	① 손이나 몸에 상당한 자극을 느낄 정도로 온도가 높다. ② 사람의 몸이 정상보다 열이 높다.
熱	溫度高 ; 感覺溫度高。

이 책에서는 이들을 모두 원형적인 용법에 포함시켜 다루고자 한다. 그 이유는 '덥다'나 '뜨겁다'가 모두 우리의 몸(피부)을 통해 느끼는 촉각적 경

한중 감각어의 신체화 연구

험이고 기체, 액체, 고체로 인한 피부 온도의 변화로, 차이점은 피부 온도를 변화시키는 대상이 기체, 액체, 고체에 따라 다르다는 것이기 때문이다. 구체적인 용례를 통해 살펴보면 다음과 같다.

> (13) a. 불 앞에서 일을 했더니 더워서 못 견디겠다.
> b. 더운 여름보다 추운 겨울이 좋다.
> (14) a. 더운 국물이라도 한술 뜨시고 나가시죠.
> b. 난 더운 음식보다는 차가운 음식을 더 좋아해.

예문 (13), (14)는 '덥다'의 원형적인 용법들이다. 예문 (13)은 '불', '날씨' 등의 온도가 높음을, 예문 (14)는 '국물', '음식' 등 대상물의 온도가 높음을 의미한다. 예문 (13), (14)에서 (13)의 '덥다'는 (13b)처럼 '춥다'와 대립관계를 이루고 있고, (14)의 '덥다'는 (14b)처럼 '차갑다'와 대립관계를 이루고 있다. 즉 '덥다'가 기후 온도를 표현할 때는 '춥다'와 대립관계를 형성하고 있고, 사물 온도를 표현할 때는 '차갑다'와 대립관계를 형성하고 있다.

다만 '덥다'가 사물 온도의 높음을 의미할 때는 통사적으로(주로 '더운'의 꼴로 쓰임)나 사용빈도[03]에서 제한적인 면이 있다.[04] '덥다'는 생리적으로 감지되는 경험과 구체적인 사물에 대한 물리적 경험을 나타내고 있고 온도의 수치(정도)가 '높음'을 나타낸다. 이런 온도가 예문 (13a)처럼 일정한 기준을 넘어서게 되면 견디기 어렵게 되어 온도의 질에 대한 '불만족' 또는 '불

03　『한국어 기본어휘 의미빈도』에 따르면, 기후 온도의 '덥다'는 90.5%, 사물 온도의 '덥다' 는 8.1%에 해당한다고 한다(서상규 2014: 171).

04　엄밀히 말하면 이는 '덥다'가 기후 온도를 표현하는 데서 사물 온도를 표현하는 데까지 의미가 확장되었다. 따라서 두 의미 간에 '구조적 비대칭성(structural asymmetry)'이 존재한다. 이 책에서는 촉각 영역에서 다른 감각이나 추상적인 영역으로 확장되는 양상에 초점을 두어 고찰하는 것이기 때문에 '덥다'가 기후에서 사물로 의미가 확장되었지만 모두 촉각 영역에 속하는 것으로 원형 의미에서 같이 다루었다.

쾌함'을 불러일으키고, 상황에 따라 또 예문 (14a)처럼 추운 환경에서 '국물'이 '덥다'는 것은 몸을 녹여 추위에 맞설 수 있게 되어 '만족' 또는 '유쾌함'을 불러일으킨다. 기후일 경우는 부정적인 감각 가치를, 음식일 경우는 긍정적인 감각 가치를 지닌다고 할 수 있다.

(15) 뜨거운 물/국물/다리미
(16) 뜨거운 햇볕/태양/불길
(17) a. 열이 나서 머리가 뜨겁다.
　　　b. 열이 나니까 몸이 불덩이처럼 뜨겁다.
　　　c. 어머니는 뜨거운 이마에 볼을 가져다 대었다.
　　　d. 눈시울이 뜨겁다.
　　　e. 얼굴이 뜨겁다.

예문 (15), (16), (17)은 '뜨겁다'의 용법들이다. 예문 (15)는 '물', '국물', '다리미' 등을 접촉했을 때 감지되는 높은 온도를, 예문 (16)은 '햇볕', '태양', '불길' 등으로 인해 몸이 느끼는 온도가 높을 때 사용되는 것이다. 사물의 온도가 높음을 표현할 때 사용되는 '뜨겁다'는 '차갑다'와 대립 관계를 이루고 있다.

예문 (17)은 신체 부위 '머리', '몸', '이마' 등 신체의 열이 정상보다 높다는 것을 '뜨겁다'를 통해 표현하고 있다. 유의할 점은 신체의 모든 부위가 활용되는 것은 아니다. '뜨겁다'는 구체적인 사물에 대한 물리적 경험과 생리적으로 감지되는 경험을 나타내고 있고 온도의 수치(정도)는 '높음'이다. '뜨겁다'도 '덥다'와 마찬가지로 특정 기준에 따라 온도의 질에 대한 '만족' 또는 '불만족'을 불러일으킨다.

(18) a. 熱水。(뜨거운 물/더운 물)
　　　b. 熱毛巾。(뜨거운 수건)

c. 今天夏天熱。 (올 여름은 덥다.)

d. 屋子里很熱。 (방안이 매우 덥다.)

(19) a. 我漸漸地感到腦袋熱。 (나는 점점 머리가 뜨거운 것을 느꼈다.)

b. 跑后身体很熱, 也不要馬上洗澡。 (뛴 후 몸이 열이 나도/뜨거워도 바로 샤워하지 말아야 한다.)

c. 額頭熱 但是不發燒。 (이마는 뜨거운데 열은 나지 않는다.)

예문 (18), (19)는 중국어의 용법이다. 예문 (18)은 '水(물)', '毛巾(수건)'의 온도나 '夏天(여름)' 등 날씨의 온도가 높을 때, 또는 밀폐된 공간에서 느끼는 공기의 온도가 높을 때 '熱'를 통해 기술하고 있다.

예문 (19)는 신체 부위 '머리', '몸', '이마' 등 신체의 열이 정상보다 높을 때 '熱'를 통해 표현하고 있다.

한국어와 달리, 중국어 '熱'는 생리적 온도와 물리적 온도[05], 즉 이분체계로 나누지 않고 하나의 형태 '熱'를 통해 두루 표현되고 있다. 따라서 '熱'와 한국어 '덥다', '뜨겁다'의 관련 대응을 보면, 날씨나 기후 온도를 표현할 때는 '덥다'와 대체로 대응하고, 사물의 온도의 높음을 표현할 때는 '뜨겁다'나 '덥다' 모두와 대응할 수 있다. 이는 예문 (18)의 관련 번역을 통해서도 확인할 수 있다.[06]

---

05 물리적 온도와 생리적 온도에서 전자는 물체(사물)의 온도가 인간의 피부에 닿았을 때 느끼는 부분적인 온도감각을 말하고, 후자는 신체 전체에서 느끼는 온도감각임을 말한다. 그리고 전자는 고체와 액체에 대한 온도 표현이고, 후자는 주로 기후 온도이다(천시권 1980: 7). 앞서 언급하였듯이, 생리적 온도도 정상 피부온도를 변화시키는 대상에 의해 생긴다.

06 사물의 온도가 높음을 표현할 때 중국어는 '熱'뿐만 아니라 '燙(지나치게 뜨겁다.)'으로도 표현할 수 있다. 예컨대,

(2) a. 茶非常的燙。 (차는 매우 뜨겁다.)

b. 這水太燙。 (이 물이 너무 뜨겁다.)

c. 他不能吃燙的東西。 (그는 너무 뜨거운 것을 먹지 못한다.)

요컨대, 한국어의 '덥다'와 '뜨겁다', 중국어의 '熱'는 모두 감각기관을 통해서 비로소 인지가 가능한 촉각적 경험인데, 정상 피부 온도를 변화시키는 대상에 의해 얻은 구체적인 감각 경험이라는 점에서는 두 언어가 공통적이다. 사물의 온도가 높거나 기후 온도가 높을 때 또는 몸의 열이 정상보다 수치가 높은 온도의 양(정도)에 대한 물리적 경험, 생리적 경험이 두 언어 간에 보편적이다. 그리고 온도의 질에 있어서 한중 모두 일정한 기준이나 상황에 따라 만족이나 불만족한 느낌을 일상적으로 경험한다.

신체적 경험은 유사한데 언어적 표상이 두 언어 간에 차이가 있다. 기후 온도의 높음을 표현할 때는 '덥다'가, 사물의 온도의 높음을 표현할 때는 '뜨겁다'가, 몸의 열이 수치가 정상보다 높음을 표현할 때는 '뜨겁다'로 표상되는데, 중국어는 하나의 형태 '熱'로 표상한다는 점에서 차이가 있다. 이는 결국 언어사용자가 세계의 양상을 이해하는 방법, 실재에 대한 인간의 해석이 언어마다 차이가 있음을 의미한다.

ⓒ '따뜻하다, 뜨뜻하다, 미지근하다'와 '暖, 溫'

〈표 6〉 '따뜻/뜨뜻하다, 미지근하다'와 '暖', '溫'의 원형 의미

어휘	원형 의미
따뜻하다	덥지 않을 정도로 온도가 알맞게 높다.
뜨뜻하다	뜨겁지 않을 정도로 온도가 알맞게 높다.

---

d. 開水真燙。(끓인 물이 몹시 뜨겁군!)

예문 ⑵에서 보듯이, '차'나 '물', '음식' 등이 지나치게 뜨거울 때 '燙'을 통해 표현되는데, '燙'의 경우는 원래 '데우다'는 동사의 의미가 원형적이다. 형용사적 용법은 동사의 용법에서 확장되어 사용된 것으로 물체의 온도에만 사용한다. 이 책에서는 일차적으로 품사가 형용사로 실현된 감각어만 다루고 있어 '燙'은 논외로 한다.

한중 감각어의 신체화 연구

미지근하다		『표준』: 더운 기운이 조금 있는 듯하다. 『연세』: 차지도 뜨겁지도 않다.
暖(和)		(气候)不冷也不太熱。溫暖, 暖和。
溫	溫和1(wēnhé)	(气候)不冷不熱。
	溫和2(wēn·huo)	(物体)不冷不熱。

　한국어 '따뜻하다, 뜨뜻하다, 미지근하다'는 대체로 중국어의 '暖(和), 溫(溫和1, 溫和2)'과 상응한다. 구체적인 용례를 통해 살펴보기로 한다.

> (20) a. 따뜻한 기후/방
> 　　　b. 따뜻한 아랫목에 눕다.
> (21) a. 빈속에 따뜻한 숭늉과 밥/따뜻한 커피
> 　　　b. 따뜻한 물에 샤워를 한 뒤 오후 10시 잠자리에 드는 것이 좋다.

　예문 (20), (21)은 '따뜻하다'의 용법들이다. 사전에서는 '덥지 않을 정도'로 온도가 알맞게 높다는 의미로 예문 (20)과 같이 '기후', '방 안의 공기 온도', '아랫목' 등의 온도가 기분 좋을 만큼 조금 높다는 것을 의미하고 있다. 예문 (21)은 '숭늉', '커피', '물' 등 사물의 온도를 표현할 때도 사용되는 것으로, 기후일 경우에는 '덥다'보다 낮은 온도이고, 사물의 경우에는 '뜨겁다'보다 낮은 온도로, '덥지 않을 정도'로 한정한다기보다 '온도가 알맞게 높다'는 기술 방식이 더 나을 것이다. 기후 온도뿐만 아니라 고체나 액체에도 사용되기 때문이다. 일찍이 천시권(1980: 8)에서는 고체나 액체에는 마땅히 '뜨뜻하다'가 와야 할 것인데 현실적으로 '따뜻하다'가 쓰이고 있다고 지적한 바 있다. 온도의 질과 관련하여 '따뜻하다'는 항상 만족 또는 유쾌함을 불러일으킨다.

(22) a. 뜨뜻한 방에서 몸을 녹이고 나니 잠이 솔솔 오기 시작했다.

     b. 다시 심심해진 나는 뜨뜻한 아랫목에 드러누웠다.

(23) a. 뜨뜻한 액체가 기분 좋게 식도를 타고 내려갔습니다.

     b. 탕 안의 물은 피로를 말끔히 씻어 줄 만큼 뜨뜻했다.

예문 (22), (23)은 '뜨뜻하다'의 용법들이다. 사전에서는 '뜨겁지 않을 정도'로 온도가 알맞게 높다는 의미로, 예문 (22)와 같이 '방', '아랫목' 등의 온도가 알맞게 높다는 것을 표현하고 있다. 예문 (23)은 '액체', '물' 등의 온도가 알맞게 높다는 것을 표현하고 있다. 고체나 액체의 온도의 질과 관련하여 '뜨뜻하다'는 항상 만족한 태도를 불러일으킨다.

(24) a. 국이 식어 미지근하다.

     b. 밥은 미지근하게 식어 있었지만 뜨거운 물이 있었다.

     c. 방바닥이 뜨겁지 않고 미지근하다.

     d. 여름 햇살의 열기가 다 바랜 가을 햇살은 미지근한 온기를 담고 있었다.

예문 (24)의 '미지근하다'의 경우 두 사전에서 기술된 의미가 조금 다른 양상을 보이고 있는데, 『표준』은 더운 기운이 조금 있는 것으로, 『연세』는 차지도 뜨겁지도 아니한 중간 온도를 의미하는 것으로 기술되어 있다. 이는 같은 개념이 다른 방식으로 기술되었다. 대체로 뜨겁지도 차갑지도 아니한 중간 단계의 온도인데 척도 상 뜨거운 쪽에 조금 기울인 듯하다. '미지근하다'의 경우는 질과 관련하여 상황에 따라 만족 또는 불만족을 불러일으킨다.

(25) a. 天暖了, 不用穿大衣了。(날씨가 따뜻해져서 외투를 입지 않아도 된다.)

     b. 春暖花開。(봄날은 따뜻하고, 꽃이 피어 경치가 아름답다.)

c. 北京一過三月, 天氣就暖和了。 (베이징은 3월이 지나면 날씨가 따뜻해진다.)

d. 南方比北方暖和。 (남방이 북방보다 따뜻하다.)

e. 暖和的屋子。 (따뜻한 방.)

예문 (25)는 '天(날씨)'나 '屋子(방)' 등의 온도가 그렇게 덥지도 않고 춥지도 아니한 온도를 표현하는 데 사용된 것으로 생리적 온도에만 사용된다. 대체로 한국어의 '따뜻하다'와 상응한다. 온도의 질과 관련하여 '暖', '暖和'는 항상 만족함을 불러일으킨다.

(26) a. 用溫水洗把臉。 (미지근한 물로 세안했다.)

b. 粥還溫和着呢, 快喝吧！ (죽이 아직 따뜻하니 빨리 드세요!)

c. 氣候溫和, 四季如春。 (기후가 온화하고 사계가 봄 같다.)

d. 天氣溫暖。 (날씨가 따뜻하다.)

예문 (26)은 사물이나 기후의 온도를 표현하는 데 사용된 것으로 '물'의 경우면 차갑지도 뜨겁지도 아니한 상태, '날씨' 같은 기후의 온도일 때는 덥지도 춥지도 아니한 상태를 표현할 때 사용된다.

여기에 흥미로운 것은 중국어에 '溫和'가 'wēnhé'라고 발음할 때는 생리적 온도에 사용되고, 'wēn·huo'라고 발음할 때는 물리적 온도에 사용되어 정연한 이분체계를 이루고 있다. 한국어와는 달리 두 어휘가 분화된 것이 아니라, 하나의 어휘에 성조와 발음을 달리하여 표현한 것인데, 이는 성조(聲調)언어로서의 중국어의 특징이라고 할 수 있다. 한국어와의 대응관계를 보면, 사물의 경우는 '미지근하다', '따뜻하다'와 상응하고, 기후의 경우는 '따뜻하다'와 대체로 상응한다. 온도의 질과 관련하여 중국어도 항상 만족 또는 유쾌함을 불러일으킨다.

요컨대, '따뜻하다, 뜨뜻하다, 미지근하다'와 '暖(和)', '溫(和)'도 한중 두 언어 모두 감각기관을 통해서야 비로소 인지가 가능한 촉각적 경험이라는 점에서 두 언어 모두 공통적이다. 그리고 두 언어 모두 사물의 온도나 기후의 온도의 '덥다'나 '뜨겁다', '熱'보다 낮은 온도 개념을 가리킨다. 온도의 질과 관련하여 '미지근하다'를 제외한 나머지는 모두 만족한 느낌을 불러일으키고, '미지근하다'는 상황이나 기준에 따라 만족 또는 불만족을 불러일으킨다.

신체적 경험은 유사한데 언어적 표상이 두 언어 간에 차이가 있다. 기후 온도를 표현할 때는 '따뜻하다', '暖(和)', 사물의 온도를 표현할 때는 '따뜻하다, 뜨뜻하다, 미지근하다', '溫(和)'로 표현한다는 점에서 차이가 있다.

3.2.2. 냉각어

냉각어의 경우 대표적으로 한국어는 '춥다, 차갑다, 시원하다, 서늘하다', 중국어는 '冷, 涼(사물 온도의 경우만)'이 포함된다.

ⓒ '춥다', '차갑다'와 '冷', '涼'

〈표 7〉 '춥다', '차갑다'와 '冷', '涼'의 원형 의미

어휘	원형 의미
춥다	기온이 낮거나 기타의 이유로 몸에 느끼는 기운이 차다.
차갑다	촉감이 서늘하고 썩 찬 느낌이 있다.
冷	溫度低；感覺溫度低。
涼	溫度低；冷。

한국어의 '춥다', '차갑다'는 대체로 중국어의 '冷', '涼(사물의 온도일 때만)'과 상응한다. 구체적인 용례를 통해 살펴보면 다음과 같다.

(27) a. 지금 바깥 날씨는 몹시 춥습니다.
  b. 방안이 너무 춥다.
  c. 온몸이 얼어붙은 듯이 추웠다.

예문 (27)은 '날씨', '방안의 공기' 등으로 인해 몸에 느끼는 온도가 낮을 때 '춥다'를 통해 표현한다. '춥다'가 '덥다'와 대립관계를 이루는데, 앞서 살펴본 '덥다'는 '생리적 온도'와 '물리적 온도' 모두를 지시할 수 있지만, '춥다'는 '생리적 온도'만 지시할 수 있다는 점에서 차이가 있다. 온도의 질과 관련하여 '춥다'는 항상 불만족 또는 불쾌감을 불러일으킨다. 이 점도 '덥다'와 차이가 있다.

(28) a. 차갑게 식은 커피.
  b. 차가운 물 좀 줘.
  c. 바닷물이 너무 차가워서 들어갈 수 없다.
(29) a. 차가운 날씨에도 광장에는 사람들이 많이 모였다.
  b. 얼음같이 차가운 바람과 길고 외로운 밤이 찾아왔다.
  c. 방이 너무 차가워서 잠을 잘 수가 없다.
(30) a. 영주 손이 참 차갑다고 윤석은 생각했다.
  b. 손발이 차갑다.
  c. 발이 차갑다.

예문 (28), (29), (30)은 '차갑다'의 용법들이다. 예문 (28)은 '커피', '물', '바닷물'의 온도가 낮음을, 예문 (29)는 '날씨', '바람', '방의 공기' 등의 온도가 낮음을 표현하고 있다.

예문 (30)은 신체 부위 '손', '손발', '발'의 온도가 낮음을 '차갑다'를 통해 표현하고 있다. 온도의 질과 관련하여 '차갑다'는 기준 또는 상황에 따라 만족 또는 불만족인 태도를 보인다. 더운 날씨에 마시는 차가운 물, 추울 때 마시는 차가운 커피나 차가운 방에서 자는 등 일상적인 경험을 생각해 보면 자연스럽게 이해된다.

> (31) a. 天氣很冷。 (날씨가 몹시 춥다.)
>   b. 北京的冬天比山西冷。 (베이징의 겨울은 산서(山西)보다 춥다.)
>   c. 這屋子太冷了。 (이 방이 너무 춥다.)
>   d. 冷得發抖。 (추워서 떨고 있다.)
>   e. 冷水。 (차가운 물.)
> (32) a. 脚冷。 (발이 차갑다/시리다.)
>   b. 手冷。 (손이 차갑다/시리다.)

예문 (31), (32)는 중국어 '冷'의 용법들이다. 예문 (31)은 '날씨', '방의 공기 온도', '물' 등의 온도가 낮을 때, 표현하고 있다.

예문 (32)는 신체 부위 '발', '손' 등에 느끼는 온도가 낮을 때 '冷'을 통해 표현하고 있다. 그리고 예문 (32)에서 보다시피, 중국어 '冷'은 한국어와 달리 생리적 온도와 물리적 온도, 즉 이분체계로 나누지 않고 하나의 형태 '冷'를 통해 기술되고 있다. 물리적 온도의 경우는 예문 (33)과 같이 '涼'을 통해 표현되기도 한다. '涼'은 사물의 온도를 지시할 때만 '冷'과 같은 정도의 뜻으로 사용할 수 있다. 온도의 질과 관련하여 기준이나 상황에 따라 만족 또는 불만족한 태도를 보인다.

> (33) a. 涼水。 (차가운 물)
>   b. 涼飯。 (차가운/식은 밥)
> (34) a. 脚丫子挺涼的。 (발이 차갑다/시리다.)
>   b. 手涼。 (손이 차갑다.)
>   c. 手脚涼是因为穿太少了。 (손발이 차가운 것은 옷을 적게 입어서이다.)

예문 (33), (34)의 '涼'은 날씨의 상태를 표현할 때는 '冷'보다 낮은 정도의 온도를 가리키지만, 앞서 언급하였듯이 사물의 온도 상태를 표현할 때는 '冷(차갑다)'와 같은 정도로 사용한다. 이는 예문 (31e), (33a)의 번역을 통해서도 확인할 수 있다. 온도의 질과 관련하여 '涼'도 '冷'과 마찬가지로 기준이나 상황에 따라 만족 또는 불만족을 불러일으킨다.

요컨대, '춥다, 차갑다'와 '冷', 涼'의 경우 두 언어 모두 어떤 외부적인 자극으로 인해 몸에 느끼는 온도가 낮음을 표현할 때 사용되는데 감각기관을 통해서야 비로소 인지가 가능한 촉각적 경험이라는 점에서 두 언어 모두 공통적이다. 온도의 양(정도)은 모두 낮은 수치를 가리키고, 질과 관련해서는 '춥다'를 제외한 나머지는 기준이나 상황에 따라 만족 또는 불만족을 불러일으킨다는 점에서 두 언어 모두 공통적이다. 한국어의 '춥다'는 항상 불만족 또는 불쾌감을 불러일으킨다.

신체적 경험은 유사한데 언어적 표상이 두 언어 간에 차이가 있다. 기후의 온도의 낮음을 표현할 때는 '춥다'가 '冷'과 대체로 상응하고, 사물의 온도의 낮음을 표현할 때는 '冷', '涼' 모두와 상응할 수 있다. 결국 언어적 수단이 다르게 표상되었다는 것은 언어사용자의 범주화 능력이 다름을 의미한다.

ㄹ '시원하다', '서늘하다'와 '涼'

〈표 8〉 '시원하다', '서늘하다'와 '涼'의 원형 의미

어휘	원형 의미
시원하다	덥거나 춥지 아니하고 알맞게 서늘하다.
서늘하다	조금 차거나 추운 기운이 있다.
涼	溫度低(指天氣時), 比"冷"的程度淺。

한국어의 '시원하다', '서늘하다'는 대체로 날씨 상태를 표현하는 '涼(기

후 온도의 경우에만)'과 상응한다. 구체적인 용례를 통해 살펴보기로 한다.

> (35) a. 밤공기가 시원하게 느껴졌다.
>   b. 복도로 나와 시원한 바람을 쐬어야겠다.
> (36) a. 해가 지자 서늘한 바람이 불어 왔다.
>   b. 서늘한 날씨.

예문 (35), (36)은 '시원하다', '서늘하다'의 용법들이다. 예문 (35)는 몸에 느끼는 '밤공기', '바람' 등 온도가 조금 낮은 상태를 표현하고 있고, 예문 (36)은 '바람', '날씨'의 온도가 낮은 상태를 '서늘하다'를 통해 표현하고 있다. 질과 관련하여 '시원하다'의 경우는 항상 만족한 느낌을 불러일으키고, '서늘하다'의 경우는 기준이나 상황에 따라 만족 또는 불만족한 태도를 불러일으킨다. 더운 날씨에 서늘한 바람이 불면 기분이 좋아지고, 따뜻한 날씨가 서늘해지면 불쾌한 느낌을 불러일으키기도 하는 일상적인 경험을 생각해 보면 자연스럽게 이해된다.

> (37) a. 過了秋分天就涼了。(춘분이 지나면 날씨가 서늘해진다.)
>   b. 涼風。(서늘한/시원한 바람.)
>   c. 這兒很涼快。(여기는 아주 시원하다.)
>   d. 下了一陣雨, 天氣涼快多了。(비 내린 후 날씨가 시원해졌다.)
>   e. 涼床。(시원한 침대.)

예문 (37)은 중국어의 용법인데, '날씨', '바람', 비 내린 뒤의 날씨 상태, '침대' 등의 온도가 낮은 상태를 '涼'을 통해 기술되고 있다. 온도의 질과 관련하여 '涼'도 기준이나 상황에 따라 만족 또는 불만족을 불러일으킨다.

요컨대, '시원하다, 서늘하다'와 '涼'의 경우 두 언어 모두 어떤 외부적인 자극으로 인해 몸에 느끼는 온도가 낮음을 표현할 때 사용되는데 모두 감각기관을 통해서만 비로소 인지가 가능한 촉각적 경험이라는 점에서 두 언어 모두 공통적이다. 온도의 양(정도)은 모두 낮은 수치를 가리키는데 '춥다'나 '차갑다', '冷'보다 낮은 수치를 가리키는 점에서 공통적이다. 질과 관련해서는 '시원하다'는 항상 만족감을 불러일으키고, '서늘하다', '涼'은 기준이나 상황에 따라 만족 또는 불만족을 불러일으킨다.

　　신체적 경험은 유사한데 언어적 표상이 두 언어 간에 차이가 있다. '시원하다, 서늘하다'가 대체로 '涼'과 상응하는데 문맥에 따라 다르게 대응할 수도 있다.

3.2.3. 정리

　　지금까지 한중 촉각어의 원형 의미를 살펴보았는데, 살펴본 내용을 종합적으로 정리하여 제시해 보면 다음과 같다.

　　첫째, 어휘 분화에 있어서 한중 촉각어의 대응 관계를 정리하면 다음과 같다.

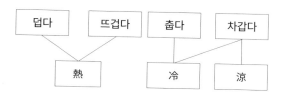

〈그림 15〉 촉각어의 대응 관계(1)

　　〈그림 15〉는 높은 온도와 낮은 온도 개념의 언어적 표상이다. 대체로 기후 온도의 높음을 표현할 때 한국어의 '덥다'는 '熱'와 대응하고, 사물의 온도의 높음을 표현할 때 '뜨겁다'가 '熱'에 대응한다. 다시 말해, 중국어의 '熱'은 물리적 온도나 생리적 온도를 구분하지 않고 하나의 형태로 표현한다.

낮은 온도 개념의 언어적 표상일 경우, '冷'은 기후 온도의 낮음을 표현할 때는 한국어의 '춥다'와 대응하고, 사물의 온도의 높음을 표현할 때는 '차갑다'와 대응한다. '涼'의 경우 기후 온도를 표현할 때는 겨울의 '冷'이 가을의 '涼'보다 온도가 낮지만, 사물의 온도의 낮음을 표현할 때는 '冷水', '涼水'에서처럼 같은 정도의 온도를 나타낸다.

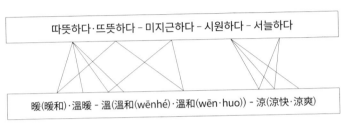

<그림 16> 촉각어의 대응 관계(2)

<그림 16>은 중간 단계의 온도 개념의 언어적 표상이다. 보다시피 한국어와 중국어에 교차 대응 현상이 많은데, 이는 이들이 정도성을 띤 형용사이기 때문이라고 본다. 온도 간의 경계가 불분명하여 그 경계선을 명확히 그을 수 없다. 이것이 언어적 표현에도 영향을 주어, 언어적 표현까지 모호한 어휘장을 형성하고 있다. 그리고 한국어는 온도감각어가 생리적 온도와 물리적 온도 이분체계로 나누어지지만, 두루 사용할 수 있다는 점이 특징적이고, 중국어는 이분체계를 고수하지 않지만, 개별 어휘에 있어서 성조로 생리적 온도와 물리적 온도를 구별하는 점에서 특징적이다.

둘째, 온도의 질과 관련하여 살펴보면, ㉠의 경우는 한중 모두 상황이나 기준에 따라 만족 또는 불만족을, ㉡의 경우는 '미지근하다'를 제외한 나머지가 모두 긍정적인 감각 가치를 지니고 있고, ㉢의 경우는 '춥다'는 항상 불만족을, '차갑다'와 '冷'은 상황이나 기준에 따라 만족 또는 불만족을 불

러일으키며, ㉣의 경우 '시원하다'가 항상 긍정적인 감각 가치를 지니고 있고, '서늘하다'와 '涼'은 상황이나 기준에 따라 만족 또는 불만족을 불러일으킨다.

3.3. 촉각어의 공감각적 의미

공감각적 의미 확장은 촉각어가 촉각 영역에서 다른 감각 영역으로 확장되는 경우에 사용됨으로써 일어나는 확장 의미이다. 촉각어의 경우 다른 감각 영역으로 확장되는 경우 논리적으로는 시각, 청각, 후각, 미각이 있다. 구체적인 예문을 통해 공감각적 의미 확장 양상을 살펴보고자 한다.

3.3.1. 촉각 → 시각

한중 촉각어가 시각 영역의 대표적인 속성명사 한국어 '색'과 중국어 '(顔)色'을 수식하거나 서술하는 용례는 다음과 같다.

> (38) a. 눈가는 겨울의 긴장감을 느끼게 하는 차가운 색상으로 표현하고 입술과 볼에는 따뜻한 색을 사용한다.
> b. 도형화한 풍경들이 차가운 색과 뜨거운 색으로 나뉘어 화폭 가운데서 충돌한다.
> c. 브라운, 퍼플 등 따뜻한 색이 가을에 어울린다.
> d. 한쪽 벽면에 그림 대신 시원한 색과 무늬의 예쁜 천을 비스듬히 걸어 놓는 것만으로도 집안을 개성적으로 만들 수 있다고 그는 말한다.
> e. 푸른색은 서늘하다.
> f. 파랑은 항상 차갑고 빨강은 항상 따뜻하다. (김용경 2001: 32 인용)
> g. 노랑, 빨강 등 따뜻하거나 뜨거운 색.

예문 (38)은 촉각어 '차갑다, 뜨겁다, 따뜻하다, 시원하다, 서늘하다' 등이 시각 영역으로 확장되어 사용되었다.[07] 화장이나 풍경, 옷, 천, 그림 등 눈으로 볼 수 있는 물체를 형용할 때 사용된 것으로, 생리적인 '춥다'나 '덥다', '미지근하다'의 의미 확장이 제한적인 면으로 보아 '색'을 수식하는 경우 구체적인 사물의 온도를 표현하는 '뜨겁다, 차갑다, 따뜻하다'가 더 자연스럽게 확장되어 사용되는 경향성이 있다고 할 수 있다. 김용경(2001: 32)에서는 색채감을 나타내는 표현에는 '차갑다-따뜻하다-뜨겁다'로 삼분되지 않고 '차갑다-따뜻하다'로 이분되고 있는 것이 특징이라고 지적한 바 있는데, 예문 (38b), (38g)에서 보다시피 '차갑다-따뜻하다'뿐만 아니라 '차갑다-뜨겁다'로도 이분되고 있음을 알 수 있다.

> (39) a. 陽光那時候更像是溫和的顏色塗抹在我們身上。(그때 햇빛은 우리 몸에 칠해진 따뜻한 색과 더 가까웠다.)
> b. 紅色是溫暖的顏色。(붉은색은 따뜻한 색이다.)
> c. 家具的顏色由暖色向冷色發展, 也是人们追求安静祥和的心態反映。(가구는 따뜻한 색에서 차가운 색으로 발전하는 것도 사람들이 조용함을 추구하는 태도의 반영이다.)

예문 (39)는 촉각어 '溫和, 溫暖, 暖, 冷'이 시각 영역으로 확장되어 사용되었다.

한국어와 다른 점은 '熱(뜨겁다)'의 용례가 추출되지 않았다. 예컨대, '붉은색'과 관련하여 한국어는 '뜨겁다', '따뜻하다'가 모두 쓰이는 반면, 중국어는 대체로 '따뜻하다'에 대응하는 '溫和, 暖'이 사용되었음을 알 수 있다.

---

07 21세기 세종계획 말뭉치(총 1000만 어절)와 고려대학교 Trends21 말뭉치(총 6억 어절 해당)에서 모두 검색한 결과 관련 용례가 추출되지 않았다는 것은 확장 양상이 거의 존재하지 않는다고 볼 수 있다. 21세기 세종 계획 말뭉치가 훨씬 광범위한 규모를 갖추고 있지만, Trends21는 2000년부터 2013년에 이르는 모든 기사를 포함하고 있기 때문에 좀 더 새로운 언어생활 자료이다.

한중 감각어의 신체화 연구

그리고 '푸른색'의 경우도 한국어는 '차갑다', '서늘하다'가 모두 사용되는 반면, 중국어는 '冷'으로만 표현하고 있다는 점에서 두 언어 간에 차이가 있음을 알 수 있다.

요컨대, 예문 (38), (39)는 촉각적 경험과 시각적 경험의 관련된 속성들 사이에 유사성 혹은 인접성을 지각한 것으로, '색'에 대한 느낌을 촉각적 경험에 속하는 감각어를 통해 기술되고 있다.

3.3.2. 촉각 → 청각

한중 촉각어가 청각 영역의 대표적인 속성명사 한국어 '소리'와 중국어 '聲音'을 수식하거나 서술하는 용례는 다음과 같다.

> (40) a. 이렇게 더우니 시냇물인들 서늘한 소리를 내어 보는 재간도 없으리라.
> b. 아내는 멱살이라도 흔들어 주고 싶게 서늘한 목소리로 대답했다.
> c. 절 주위 설산봉우리 눈이 북풍에 흩날릴 때 덩달아 흔들리는 풍경 소리만큼 추운 소리도 없겠다.
> d. 컴퓨터 자판의 차가운 소리만 들리는 요즘, 종이 위에 사각사각 써 내려 가는 소리가 그립습니다.
> e. (교향악단)포근하고 따뜻한 소리를 만들어낸다.
> f. 그에 비하면 몇몇 인사의 과거 발언을 단순히 나열했을 뿐인 MB의 기자회견은 솔직히 '비판' 축에도 끼기 어려운 미지근한 소리다.

예문 (40)은 촉각어 '서늘하다, 춥다, 차갑다, 따뜻하다, 미지근하다'가 청각 영역으로 확장되었다. 이는 촉각 기관으로 인지하는 감각을 통해 '소리'를 표현하고 있다. 자연의 '소리'일 수 있고, 인간의 말을 전달하는 '소리'일 수 있다. 예문 (40c) 같은 경우는 실제로 겨울에 부는 바람, 윙윙 부는 소리와 겨울이 주는 추움과의 경험에서 '추운 소리'와 같은 표현이 나타난 것이다. 반면 예문 (40e) 같은 경우는 '소리'가 주는 느낌과 '따뜻하다'에 대한 느낌이 유사하게 지각되기 때문에 나타난 표현이다.

> (41) a. 乞兒的呻吟是一種比寒風更冷的聲音。(거지의 신음 소리는 한풍보다 더 차가운 소리이다.)
> 　　 b. 他用溫和的聲音對覺新說：“大哥，我當然愛你。”(그는 따뜻한 목소리로 覺新에게 "형, 당연히 사랑합니다."고 하였다.)
> 　　 c. 身後傳來一個冷冷的聲音："去哪里？"(뒤에서 차가운 소리가 들렸다. "어디가?")
> 　　 d. 讓人感覺溫暖的聲音。(따뜻함을 느끼게 하는 목소리.)
> 　　 e. "只許吃一點。"章明清拿着筷子，用較溫和的聲音說。("조금만 먹어." 章明清은 젓가락을 들고 따뜻한 목소리로 말하였다.)

　예문 (41)은 촉각어 '冷, 溫和, 溫暖'이 청각 영역으로 확장되어 사용되었다. 역시 촉각적 경험과 청각적 경험의 관련된 속성들 사이에서 유사성 혹은 인접성을 지각한 비유 표현이다. 촉각이 가장 낮은 차원에 속하는 감각으로 낮은 차원에 속하는 감각어가 높은 차원에 속하는 감각어를 수식하는 일반적인 경향성을 고려할 때, 청각으로의 확장은 자연스럽다고 할 수 있다. 중국어의 경우 자연의 '소리'보다 인간의 '聲音(목소리)'에 대한 느낌을 표현할 때 더 활발하게 이용된다.

　요컨대, 예문 (40), (41)은 촉각적 경험과 청각적 경험의 관련된 속성들 사이에 유사성 혹은 인접성을 지각한 것으로, '소리'에 대한 느낌을 촉각적 경험에 속하는 감각어를 통해 기술되고 있다. 다만 '소리'의 경우 중국어는 한국어와 달리 자연의 '소리'를 표현할 때 감각어를 통해 기술되는 양상이 제한적이었다.

3.3.3. 촉각 → 후각

한중 촉각어가 후각 영역의 대표적인 속성명사 한국어 '냄새'와 '氣味'를 수식하거나 서술하는 용례는 다음과 같다.

(42) a. 화목한 집은 따뜻한 냄새가 도는데 하도 좋아서 한참을 서서 그 냄새를 맡아요.
  b. 조그만 에스프레소 잔을 엄지와 중지만을 사용해 살랑 집어 드는 순간과 검지를 30도 비틀어 희수의 집 초인종을 산뜻하게 누르는 장면은 도회적이고 차가운 냄새를 풍긴다.
  c. 엄마의 코트자락에서 바깥거리의 차가운 바람 냄새가 옅게 펄럭였다.
  d. 서늘한 흙냄새와 피톤치드 향이 가슴을 파고들고, 당신은 놀란다.
  e. 숲에 들어서자 입 안에 박하라도 머금은 듯, 코로 들이쉬는 숨에서 시원한 냄새가 났다.

예문 (42)는 촉각 영역에 속하는 '따뜻하다, 차갑다, 시원하다'가 후각 영역에 속하는 '냄새'를 수식하여 이루어진 의미 확장이다. 정인수(1997)에서는 촉각형용사의 후각적 전이는 일어나지 않는다고 하였는데, 이에 대해 김중현(2001)에서는 그것은 '냄새'에만 국한되었기 때문인 것으로 보아, 실제로 '따뜻한 향기' 등은 촉각에서 후각으로의 사상으로 보아야 한다고 지적한 바 있다. 이 책에서는 '냄새'에 국한하였는데도 관련 용례들이 많이 사용된 점을 보아 촉각어가 후각 영역으로 확장되는 양상은 자연스럽게 일어나는 현상이라고 본다.

(43) a. 我認為這是世界上最令人感到愉快和溫暖的氣味。(나는 이것이 세상에서 사람으로 하여금 느끼는 가장 유쾌하고 따뜻한 냄새라고 생각한다.)
  b. 劉果就真切地在阿英身上聞到一股暖暖的味道。(刘果는 阿英의 몸에서 한 가닥의 따뜻한 냄새를 맡았다.)

예문 (43)은 촉각 영역에 속하는 '溫暖, 暖暖' 등이 후각 영역에 속하는 '氣味'를 수식하여 이루어진 것이다. 중국어의 경우 촉각어가 후각 영역으로 확장되는 용례는 많이 추출되지 않았다. 이와 같은 제한적인 수식 관계를 '불안정한 수식 관계'로 간주할 수 있다.

요컨대, 예문 (42), (43)은 촉각적 경험과 후각적 경험의 관련된 속성들 사이에 유사성 혹은 인접성을 지각한 것으로, '냄새'에 대한 느낌을 촉각적 경험에 속하는 감각어를 통해 기술하고 있다. 다만 활발한 정도를 보면 중국어보다 한국어가 더 활발하게 사용되고 있다는 점이다.

3.3.4. 촉각 → 미각

한중 촉각어가 미각 영역의 대표적인 속성명사 한국어 '맛'과 중국어 '滋味'를 수식하거나 서술하는 용례는 다음과 같다.

> (44) a. 오유와리[08]의 더운 맛이 참치의 시원한 맛과 조화를 이룬다.
> b. 그래도 매울 때면 '뜨거운 맛'을 잃은 미더덕을 톡 깨물면 된다.
> c. 달콤하고 차가운 맛의 유혹, 아이스 와인 맛을 보세요.
> d. 콩나물과 무의 담백하고 시원한 맛.
> e. 호박 스프는 뜨거운 호박 수프에 찹쌀 경단 대신 아이스크림을 넣어 뜨거운 맛과 차가운 맛을 조화시킨 메뉴.
> f. 매운 맛보다는 시원한 맛을 즐기는 것이다.
> g. 냉면의 서늘한 맛과 갈비의 고소하면서도 쫀득한 맛을 한입에서 동시에 맛볼 수 있다.

예문 (44)는 촉각적 경험에 속하는 '시원하다', '뜨겁다', '차갑다', '서늘

---

08 일본어 'お湯割り'인데, 소주나 위스키 등에 더운 물을 타서 묽게 하거나 또는 그런 음료를 가리킨다.

하다' 등이 미각 영역에 속하는 '맛'을 수식하여 이루어진 공감각적 표현이다. 촉각적 경험과 미각적 경험의 관련된 속성들 사이에 유사성 혹은 인접성을 지각한 비유 표현이다. 우리의 일상적인 경험을 생각해 보면, 촉각과 미각은 밀접한 관련성을 지니고 있다. 예컨대, 실제로 음식물을 섭취했을 때 맛과 온도감각을 동시에 접하게 되는 신체적 경험이 기반이 되고 있다.

> (45) a. 趕走熱辣辣的暑期, 享受涼津津的滋味。 (매서운 한여름을 좇아내고 시원한 맛을 누린다.)
>   b. 味道比較溫和點的含片。 (맛이 좀 온화한 구강정.)

예문 (45)는 촉각 영역에 속하는 '涼津津(서늘하다/시원하다), 溫和(따뜻하다)'가 미각 영역에 속하는 '滋味'를 수식하여 촉각어가 미각 영역으로 확장되어 사용되었다. 한국어와 달리 중국 말뭉치를 통해 검색한 결과 촉각어가 미각 영역으로 확장되는 양상은 제한적이었다.

요컨대, 예문 (44), (45)는 촉각적 경험과 미각적 경험의 관련된 속성들 사이에 유사성 혹은 인접성을 지각한 것으로, '맛'에 대한 느낌을 촉각적 경험에 속하는 감각어를 통해 기술하고 있다. 다만 활발한 정도를 보면 중국어보다 한국어가 더 활발하게 사용되고 있다는 점이다.

3.3.5. 정리

지금까지 촉각어가 촉각 영역에서 시각, 청각, 후각, 미각 영역으로 확장되는 양상을 살펴보았는데 한국어와 중국어 모두 촉각어가 시각, 청각, 후각, 미각 영역으로 의미가 확장되어 사용하고 있음을 알 수 있다.[09] 도식화

---

09   이론적으로 가능한 경우의 수는 다음과 같이 도식화할 수 있다(김중현 2001: 34 참조).

하면 다음과 같다.

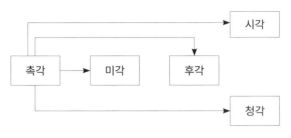

〈그림 17〉 한국 촉각어의 공감각적 의미 확장

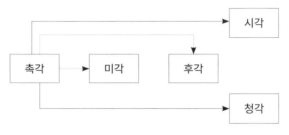

〈그림 18〉 중국 촉각어의 공감각적 의미 확장

〈그림 17〉과 〈그림 18〉을 통해 두 언어 간의 공통점과 차이점을 살펴보면 다음과 같다.

첫째, 두 언어 모두 '촉각→시각, 촉각→청각, 촉각→후각, 촉각→미각'으로 확장되어 사용됨을 확인할 수 있다. 이는 촉각이 가장 낮은 차원에 속하는 원초적인 감각으로 높은 차원에 속하는 감각을 수식하는 Williams(1976)의 일반적인 경향성과 일치한다.

둘째, 차이점은 확장되는 양상의 활발 정도, 개념의 언어적 표상으로 어휘의 선택에 있어서 차이점이 나타났다. 예컨대, '촉각→시각'에서는 비슷한 양상을 보였고, '촉각→청각, 촉각→후각, 촉각→미각'으로의 확장은 한

한중 감각어의 신체화 연구

국어가 중국어보다 상대적으로 생산적이었다. 이는 한국어의 경우 '맛'과 '냄새'로 두 영역을 대표하는 속성명사가 있는 반면, 중국어의 경우는 미각과 후각을 공통적으로 표현할 수 있는 속성명사 '味道'가 있기 때문에 개별 속성명사 '氣味'나 '滋味'의 경우 상대적으로 제한적일 수 있다. 무엇보다 중국어의 경우, 촉각에서 후각 영역으로, 촉각에서 미각 영역으로의 확장은 제한적이다. 상대적으로 '불완전한 수식 관계'에 놓여있다고 할 수 있다.

셋째, 어휘 선택의 차이에 있어서는 '붉은색'에 대한 느낌을 표현할 때 한국어는 '뜨겁다', '따뜻하다'가 모두 사용되는 반면, 중국어의 경우는 '暖(따뜻하다)'를 통해 표현하고 있다. 또한 '푸른색'에 대한 느낌을 표현할 때 한국어는 '차갑다', '서늘하다'가 모두 사용되는 반면, 중국어의 경우는 '冷(차갑다)'를 통해 표현하고 있다는 점에 두 언어 간에 차이가 있다.

넷째, 앞서 논의를 할 때 언급하였지만 촉각에서 청각으로의 확장이 두 언어 모두 존재하지만, 세부적으로 자연의 '소리'가 생산적인지, 인간의 '소리'가 생산적인지는 두 언어 간에 차이가 있다. 어휘의 선택이 다르다는 것은 결국 사고방식이 다름을 의미한다.

3.4. 촉각어의 추상적 의미

추상적인 의미 확장은 앞서 언급하였듯이, 두 가지로 대별할 수 있다. 이에 한국어와 중국어의 대조 분석의 편리를 위해 기술방법은 먼저 사전에 기술된 확장 의미를 제시하고, 실제 언어 사용을 통해 획득한 확장 의미를 분석할 것인데, 신체 부위와 결합하여 의미가 확장된 양상은 용례를 별도로 제시하여 분석할 것이다. 예컨대, 감각어가 모두 추상적인 '감정' 의미를 전달하는데, 하나는 신체 부위와 결합한 감각 경험을 통해 표현하고 있고, 다른 하나는 신체 부위가 나타나지 않은 감각 경험을 통해 표현하고 있다면, 동일하게 '감정' 의미를 전달하더라도 나누어 고찰하고자 한다. 이유는 신체 부위의 활성화 양상에 있어서 언어 간에 차이가 있기 때문에 두 언어 간의 특징을 더 면밀히 고찰하기 위해서 따로 다룰 것이다. 이는 궁극적으로 두 나라 언어사용자의 인지적 경향성의 차이를 반영한다. 다른 감각어도 마찬가지이다.

3.4.1. 온각어

먼저, '온각'에 속하는 촉각어가 확장되는 양상을 고찰하고자 한다.

㉠ '덥다', '뜨겁다'와 '熱'

〈표 9〉 '뜨겁다'와 '熱'의 확장 의미[10]

어휘	확장 의미
뜨겁다	① 무안하거나 부끄러워 얼굴이 몹시 화끈하다. ② 감정이나 열정 따위가 격렬하다.
熱	❶ 情誼深厚。 ❷ 指男女戀愛。 ❸ 形容非常羨慕或急切想得到。 ❹ 受很多人欢迎。

'뜨겁다'와 '熱'의 원형 의미가 확장되어 여러 가지 추상적인 의미로 사용된다. '덥다'의 경우 사전에서는 확장 의미가 제시되어 있지 않으나, 실제 언어사용을 살펴보면 역시 추상적인 의미를 표현하는 데 사용되고 있음

---

10 한국어는 『표준』과 『연세』, 중국어는 『現漢』, 『大詞典』에 기술된 확장 의미이다. 논의의 편리를 위해 확장 의미의 의미 항목 번호는 일련의 번호를 새로 달았다. 사전에 제시된 확장 의미 정보만으로는 확장 의미를 파악하기에 부족한 점이 있어 실제 언어 사용에서의 용례를 많이 들어 확장 의미를 확보하였다.

한중 감각어의 신체화 연구

을 확인할 수 있다. 구체적인 예문을 통해 살펴보면 다음과 같다.[11]

(46) a. 오랜만에 그들에게는 더운 피, 잘 익은 피의 리듬이 한자 한 자의 각운을 글씨에...
　　b. 아직도 우리 속에는 조국을 위해 목숨을 바쳤던 독립 운동가들의 더운 피가 흐르고 있다.

(47) a. 그녀는 덥기 시작한다. 그녀의 부끄러움은 거룩함으로 인계된다.
　　b. 저도 모르게 머릿속이 버르르 불 당긴 것처럼 확 더워지더니, 그만 옹구네는 온몸을 가눌 수 없도록 격렬하게 떨었다. (임지룡, 2006)

　예문 (46), (47)은 '덥다'가 추상적인 의미로 확장되어 사용되고 있는데, 추상적인 감정 '열정', '부끄러움', '화' 등 심리적 상태가 격렬함을 '덥다'와 관련지어 표현하고 있다. 이는 감정의 정도를 높은 온도의 '덥다'로 표현한 것으로 '덥다'를 통한 신체적인 상태에서 심리적인 상태로 의미가 확장된 것이라 하겠다. '덥다'는 것은 열의 수치가 높다는 것을 뜻한다. 즉 감정의 강도가 강함을 '열'의 수치가 높은 '덥다'를 통해 표현한 것이다.

　예문 (46)의 경우 '의지, 의욕' 등이 '강함' 등을 표현하고 있는데, 『표준』에

11　문맥에서 상태의 변화에 초점을 두느냐, 상태에 초점을 두느냐에 따라 동사적으로 혹은 형용사적으로 품사가 엇갈리는데, 이는 어디에 초점을 두느냐에 따라 달리 구체화한 것으로 원형 의미 자체는 달라지지 않는다. 예컨대, '얼굴이 뜨겁다'는 '얼굴'의 상태를 형용사 '뜨겁다'로, '얼굴이 뜨거워지다'는 '-어지다'와 결합하여 '얼굴' 상태의 변화를 표현한 것으로 품사로 따지면 형용사적 용법과 동사적 용법으로 나누어지지만, '뜨겁다'는 성질은 달라지지 않는다. 이 책에서는 문맥에서 상태의 변화에 초점을 두느냐, 상태에 초점을 두느냐에 따라 다를 뿐, 기본적으로 상태의 성질을 표현하는 '뜨겁다'이고, 무엇보다 '뜨겁다'가 상태를 지시하느냐, 상태의 변화를 지시하느냐에 논의의 초점이 있는 것이 아니라, 이러한 신체적 경험, 감각 경험에 기초하여 의미가 확장되는 양상을 고찰하는 것이기 때문에, 따로 구분하지 않는다. 다른 감각어도 마찬가지이다. '뜨거워지다'가 워낙 많이 사용되어 『표준』에서는 동사로 수록되어 있지만, '뜨거워지다'는 수록되어 있고 '서늘해지다'나 '조용해지다' 등은 수록되어 있지 않은데 이는 또 문제를 야기할 수 있다.

서는 '더운 피'와 같은 결합을 관용 표현으로 간주하고 있고, 『연세』에서는 관용 표현으로 등재되어 있지 않다. 두 사전의 처리 방식이 다른데, 이 책에서는 관용 표현의 형성도 신체적 경험 및 사회·문화적 경험에 바탕을 두고 확장된 것이기 때문에, 신체 부위와 결합한 표현들은 함께 다룰 것이다. '관용 표현'이라고 하는 것은 단지 많이 사용되어 그 용법이 굳어졌다는 것으로 관습화 정도가 높다는 것이지 신체적 경험에 기초하여 의미가 확장되는 점은 다른 신체 부위와 결합하여 의미가 확장된 양상과 별반 차이가 없다.[12]

> (48) a. 얼굴이 뜨거워 고개를 들 수 없었다.
>   b. 어머니는 영화의 선정적인 장면에 얼굴이 뜨거워 어쩔 줄 몰라 하셨다.
>   c. 잘못한 것이 생각나서 얼굴이 뜨거워졌다.
>   d. 어른들이 싸우다니 낯 뜨거운 줄 아세요.
>   e. 요즘은 대낮에 길거리 한복판에서 낯이 뜨거울 정도로 대담한 애정 표현을 하는 사람이 많아졌다.
> (49) a. 어머니의 정성을 생각하니 다시금 가슴이 뜨거워 눈물이 난다.
>   b. 손이 뜨겁다.

예문 (48), (49)는 신체 부위와 결합하여 추상적인 영역으로 의미가 확장된 것이다. 예문 (48)은 '얼굴, 낯'과 결합하여 '부끄러움', '창피함', '무안함' 등 감정 의미를 전달하고 있는데 의미 항목①이 이에 해당한다. 예문 (49)는 신체 부위 '가슴', '손'과 결합하여 '감동'이 '큼'을 '가슴이 뜨겁다'로, '민

---

12 사전마다 관용 표현의 처리 방식이 다르다. '낯이 뜨겁다'도 사전에 따라 관용 표현으로 처리한 것도 있고 관용 표현으로 간주하지 않은 것도 있어 관용 표현의 경계를 명확히 구분하기가 어렵다. 의미 확장의 방향이 '문자성→비유성→관용성'이라는 점에서 이 책은 관용 표현도 신체 및 신체적 경험에 바탕을 두고 의미가 확장되었기 때문에 특별히 관용 표현으로 한정하여 보지 않고 신체 부위와 결합한 감각적 반응으로 의미가 확장되기 때문에 같이 살펴본다. 관용 표현으로 굳어진 것은 단지 더 추상화되었다는 것이다.

한중 감각어의 신체화 연구

망함, 부끄러움'을 '손이 뜨겁다'로 표현하고 있다. '얼굴, 낯' 이외에도 '눈시울이 뜨겁다', '목울대가 뜨겁다'로 '기쁨'이나 '슬픔', '감동' 등 추상적이 감정을, '뱃속이 뜨겁다'로 '화'나 '기쁨' 등 추상적인 감정을 표현하고 있다. 신체 부위와 결합한 촉각적 경험이 신체적 상태에서 심리적 상태로 환유의 기제를 통해 의미가 확장되었다.

> (50) a. 뜨거운 눈물이 하염없이 쏟아졌다.
>   b. 뜨거운 박수를 부탁드립니다.
>   c. 그는 어떤 일을 맡겨도 해낼 수 있는 피가 뜨거운 사람이었다.
>   d. 그는 독특한 창법으로 국내에서도 팬들에게 뜨거운 사랑을 받았다.
>   e. 왜놈들에 대한 미움이 더욱 뜨거워지고 있다. (임지룡 2010: 45 인용)
>   f. 새삼스레 승학의 가슴에 노여움 비슷한 뜨거운 감정이 솟아오른다.
>   g. 일반인들은 뜨거운 감동으로 앙코르를 연발.
>   h. 뜨거운 애정이 없으면 가능하지 않다.

예문 (50)은 추상적인 개념 '슬픔, 감동, 열정, 사랑, 미움, 노여움' 등 감정을 '뜨겁다'과 관련지어 표현하고 있다. 의미 항목②가 이에 해당한다. 감정의 정도를 '뜨겁다'로 표현하고 있는데 이는 '뜨겁다'에 대한 물리적 경험이 추상적인 심리적 경험으로 의미가 확장되어 추상적인 의미를 전달한다. 예컨대 '사랑'과 관련지어 '뜨겁다'로 표현하고 있는데 '사랑'은 강렬한 속성을 지닌 감정이라고 할 수 있어, 이런 감정의 강렬함과 높은 온도나 열의 '뜨거움'이 유사하게 지각되기 때문에 '사랑'이라는 실체의 특성을 '뜨겁다'로 구체화한 것이다. 구체적인 어떤 사물의 물리적인 속성 '뜨거움'을 통해 '사랑'이라는 추상적인 실체의 특성을 이해할 수 있게 된다.

'감정' 외에도 인간의 '성격', '태도' 등을 '뜨거움'과 관련지어 나타나고 있다. 이는 사물의 속성이나 성질에서 인간의 속성이나 성질로 의미가 확장된 것이다.

(51) a. 불보다 뜨거운 마음씨에 감동.
    b. 한국에 온 건 처음이지만 한국 영화·드라마를 보면 한국인의 성격
       이 뜨겁다는 걸 알 수 있다.
    c. 차가운 물이 그의 뜨거운 성격을 조금은 식혀줬을 것이다.
    d. 사람들은 언제나 열이 많이 날 때 헛소리를 한다. 그러한 뜨거운 태도
       로 사람들에게 말하는 것은 적극적인 반응을 끌어내지 못할 것이다.

예문 (51)은 인간의 속성인 '마음씨', '성격', '태도' 등을 구체적인 물리적 속성인 '뜨거움'과 관련지어 나타나고 있다. 이는 사물의 물리적인 속성과 인간의 속성, 즉 성질이나 성격 사이에 유사성이 지각되어 의미가 확장된 것이다.

예문 (51c), (51d)의 경우, '성격'이나 '태도'가 좀 지나치다는 의미로 정도가 '과함, 지나침'을 의미한다. 이는 일상적인 경험을 생각해 보면 이해가 쉽다. 일상생활에서 음식이 뜨거우면 먹기 어렵거나 견디기 어려운 상태를 나타낼 때 사용되는 데에서 체험적 동기를 찾을 수 있다. 즉 인지 주체의 기준점을 초과하거나 균형을 잃으면 불쾌감을 불러일으키기 때문이다. 흔히 '불같은 성격'이라고 하는데, '불'의 온도 형태는 '뜨겁다'이다. 따라서 '불'의 '뜨거움'으로 '성격'을 표현하는 것은 자연스러운 언어 표현이다.

(52) a. 她听大娘说要给她介绍对象，觉得有些臉熱。(소개팅을 해주려고 하는
       아주머니의 말에 얼굴이 뜨거워졌다/부끄러웠다).
    b. 引起了人家的眼熱。(남의 질투를 불러일으키다.)
    c. 她見了這些首飾怪眼熱的。(그녀는 이러한 액세서리를 보고 꽤 부러워
       한다.)
(53) 她臉熱，心腸軟。(그녀는 정이 깊고 마음이 여리다.)[13]

---

13 흥미로운 것은 이때의 '臉熱(직역: 얼굴이 뜨겁다)'는 '臉軟(직역: 얼굴이 부드럽다)'과 같은

예문 (52), (53)은 중국어 용례이다. (52)는 신체 부위 '臉(얼굴)', '眼(눈)', '耳(귀)' 등과 결합하여 추상적인 영역으로 의미가 확장되어 추상적인 의미를 전달하는데, 인지주체의 '부끄러움', '질투', '부러움' 등 감정 의미를 전달하고 있다. 의미 항목 ❸이 이에 해당한다. '질투'의 경우 사전의 의미 항목에는 명시되어 있지 않지만, 극한 부러움으로 인한 질투로 둘 사이의 관련성을 찾을 수가 있다. 사람이 부럽거나 질투를 할 때, '눈'이 '뜨겁게' 바뀌게 됨을 말하는데, 신체적 반응으로 특정한 감정을 대신하여 표현한 결과로 '환유' 기제를 통해 의미가 확장되었다. 이와 같은 신체적 반응은 '질투', '부러움'의 의미로 확장되는 체험적 토대가 된다. 이 외에도 다른 신체 부위와 결합하여 의미가 확장되는데, 예컨대 '耳熱(귀가 뜨겁다)'로 '부끄러움'이나 '화'를, '头腦發熱(머리가 뜨겁다)'로 '화'를 전달하고 있는데 '耳熱'의 경우는 '面紅耳熱'로 흔히 같이 나타난다.

한국어와 다른 예문 (53)이 있는데, 신체 부위 '얼굴'과 결합하여 인간의 '성질, 심성'을 표현하고 있다. 이는 예문 (52a)의 '臉熱'와 다르다. 중국어의 '臉熱(얼굴이 뜨겁다)'는 부끄러운 감정뿐만 아니라, 인간의 심성을 얘기할 때도 이용되고 있음을 알 수 있다. 이는 한국어와 차이를 보이는데 생리적 반응의 개념화 양상이 상당 부분 문화 특징적임을 뜻한다.

(54) a. 她有一副熱心腸兒。(그녀는 뜨거운/따뜻한 마음을 지니고 있다.)
　　 b. 熱淚盈眶。(뜨거운 눈물이 그렁그렁하다.)
　　 c. 熱情。(열정.)
　　 d. 心熱。(마음이 따뜻하다.)
　　 e. 不冷不熱的態度。(차갑지도 뜨겁지도 아니 한 뜨뜻미지근한 태도.)
　　 f. 兩個人處得很熱。(두 사람은 매우 다정하게 지낸다.)
　　 g. 愛情火焰灼熱而猛烈。(사랑의 불꽃은 몹시 뜨겁고 맹렬하다.)

의미를 지시한다.

예문 (54)는 '뜨거움'을 이용하여 인간의 '마음', '감정', '태도' 등 추상적인 영역으로 확장되어 추상적인 의미를 표현하고 있다. '감정'의 경우 대체로 '사랑, 슬픔, 감동, 열정' 등의 의미를 전달한다. 의미 항목❶, ❷가 이에 해당한다. ❷는 ❶에 포함시켜 논의할 수 있다. 한국어와 마찬가지로 '뜨거움'의 '강렬함'으로 감정 상태의 정도를 구체화한 것이다. '질투'를 제외하면, 한국어의 '뜨겁다'와 거의 유사한 확장 양상을 지니고 있다. '태도'나 '관계'의 경우에는 태도가 '좋지 않음'은 '不熱', '관계'가 '가까움'은 '熱'로 관련지어 나타나고 있는데, 사이가 좋으면 좋을수록 가깝게 지내거나 붙어 다니는 일상적인 경험을 생각해 보면 자연스럽게 이해된다. 무엇보다 '熱'는 직접적인 접촉을 요하는 가까운 촉각에 속하기 때문에 이런 촉각적 경험이 의미 확장의 토대가 된다.

(55) a. 熱貨/熱門專業 (인기 상품/인기 있는 전공)
　　　 b. 現在對外漢語教學很熱。(지금 외국인을 위한 중국어 교육이 뜨겁다.)

예문 (55)는 중국어에만 존재하는 의미 확장이다. 의미 항목❹가 이에 해당한다. '인기가 있음'이라는 추상적인 의미를 전달하고 있다.

ⓒ '따뜻하다/뜨뜻하다, 미지근하다'와 '溫, 溫(和)'

〈표 10〉 '따뜻하다/뜨뜻하다/미지근하다'와 '溫, 溫(和)'의 확장 의미

어휘	확장 의미
따뜻하다	감정, 태도, 분위기 따위가 정답고 포근하다.
뜨뜻하다	부끄럽거나 무안하여 얼굴이나 귀에 열이 오른다.[14]

---

14 『연세』에서는 이와 같은 의미 항목이 설정되어 있지 않다.

미지근하다	(행동, 태도, 성격 등이) 결단성이 없고 흐리멍덩하다.
溫	性情平和 ; 溫柔。
溫和(wēnhé)	(性情、態度、言語等)不嚴厲, 不粗暴, 使人感到親切。

'따뜻하다', '뜨뜻하다', '미지근하다'와 '溫', '溫和'의 원형 의미가 확장되어 표에서 보듯이 추상적인 의미로 사용된다. 구체적은 용례를 통해 살펴보면 다음과 같다.

(56) a. 따뜻한 가슴을 가지고 있는 인간.
　　　b. 아이들에게 따뜻한 손길을 느끼게 해주다.
　　　c. 그들은 서로를 따뜻한 눈길로 바라보았다.

예문 (56)은 신체 부위 '가슴'과 신체 부위에서 파생된 '손길', '눈길'과 결합하여 인간의 '성질'의 '정다움'을 '따뜻하다'를 통해 표현하고 있다.

(57) a. 어머니의 따뜻한 보살핌.
　　　b. 손님을 가족처럼 따뜻하게 맞이하다.
　　　c. 따뜻한 성격의 소유자.
　　　d. 아이들의 마음씨가 고맙고 따뜻하게 느껴졌다.
　　　e. 선의의 웃음, 따뜻한 호의가 담긴 표정이었다.
　　　f. 발레르카의 마음에도 따뜻한 봄기운이 찾아든다.
　　　g. 이웃에 대한 따뜻한 사랑이 듬뿍 들어 있었다.
　　　h. 부모의 따뜻한 애정.
　　　i. 가슴으로 느낀 따뜻한 감동.

예문 (57)은 '태도', '감정', '성격'이나 '심성' 등이 정답고 포근하고 친절하고 온화한 상태를 '따뜻하다'과 관련지어 표현한 것이다. 모두 '사랑, 기쁨, 감동, 호의' 등 긍정적인 심리 상태, 친절하고 포근한 인간의 속성을 표현하고 있다. 따뜻한 음식을 먹거나 알맞은 온도 하에서 우리는 기분이 상쾌해지는 일상적인 경험을 겪게 된다. 이처럼 '따뜻하다'는 항상 만족 또는 유쾌함을 불러일으킨다. 이런 신체적 경험에 바탕을 두고 그 의미가 확장된 것이다.

그리고 '사랑'이라는 감정에 있어서 '따뜻한 사랑'과 '뜨거운 사랑'은 감정의 강도에 차이가 있다. 실제로 온도를 체험할 때의 형성되는 척도와 감정을 느낄 때의 강렬함과 관련이 있다. 이는 척도 도식이 추상 영역에 투사되어 추상적인 경험을 조직한 결과이다.

> (58) a. 사람들 앞에서 그런 창피를 당하니 얼굴이 뜨뜻했다.
> b. 한자가 듣거나 말거나 얼굴이 뜨뜻하게 마구 책망을 하는 것이었다.
> c. 어느 결엔가 귓전이 뜨뜻해졌다.

예문 (58)은 신체 부위 '얼굴', '귓전'과 결합하여 의미가 확장된 것이다. '얼굴, 귓전'이 '뜨뜻하게' 됨을 통하여 '부끄러움'을 나타내고 있다. 실제로 부끄러울 때 얼굴이 열이 오르거나 귀에 열이 오른다. 이는 어떤 감정의 생리적 반응 즉 신체적 증상이 그 감정을 대신하여 표현한 결과이다. 21세기 세종계획 말뭉치에서 '뜨뜻하다'의 용례 12개가 검색되었는데, 그 중 용례 하나가 '얼굴이 뜨뜻하다'로 '부끄러움'을 표현하고 나머지 11개 모두 원형 의미로 사용되었다. 이는 '뜨뜻하다'의 의미 확장이 극히 제한적임을 알 수 있다.

이는 앞서 언급하였듯이, 천시권(1980: 8)에 따르면 고체나 액체에는 마땅히 '뜨뜻하다'가 와야 할 것인데 현실적으로 '따뜻하다'가 쓰이고 있다. 21세기 세종계획 말뭉치에서 '따뜻하다'는 728개 항목이 검색되었는데, 실제 사용 빈도에 있어서도 이렇게 현저한 차이가 보인다. 이는 마땅히 '뜨뜻하다'로 개념화될 법도 한 것이 '따뜻하다'의 사용빈도로 인해 '따뜻하다'로 개념화되는 것이 아닐까 한다. 확장 양상에 있어서 '뜨뜻하다'는 '따뜻하다'와 상보적인 분포 특성을 보이고 있다. 즉 '뜨뜻하다'가 신체 부위와 결합하여 '부끄러움'의 감정을 전달하는 체험적 기초가 되는 반면, '따뜻하다'가 관련지어 '부끄러움'을 표현하는 용례는 검색되지 않았다.[15] 또한 '뜨뜻하다'는 신체 부위와 결합하여야만 어떤 감정 의미를 전달할 수 있다. 앞서 살펴본 '뜨겁다'와 마찬가지로 실제로 부끄러울 때 얼굴이나 귀의 열이 올라가기 때문이다.[16]

> (59) a. 무슨 일을 하는 것도 아니요, 안 하는 것도 아닌 미지근한 상태로 남아 있게 될 걸 뻔히 알고 있었다.
> b. 약혼 전의 태도가 저토록 미지근하니 결혼이 성사되기는 어려울 듯하다.
> c. 미지근한 성격 탓.
> d. 내 미지근한 태도를 보고 그녀는 또 부산으로 가버렸다.

예문 (59)는 인간의 '태도' 또는 '성격'의 특성을 '미지근하다'와 관련지어 표현한 것이다. 이는 '미지근하다'의 뜨겁지도 차갑지도 아니한, 이도저도 아닌 온도에 대한 인식이 '태도'나 '성격'을 표현할 때 철저하지 못하거나 성격이 밋밋하다는 의미로 확장되어 사용된 것이다. 몸을 통해 느낀 '미지근하다'의 속성과 '철저하지 않거나 불확실한' 태도나 '밋밋한' 성격과의 유사성을 지각한 비유 표현으로 물리적 속성에서 인간의 속성으로 의미가 확장된 것이다.

---

15 이는 천시권(1980: 8)에서 '따뜻하다'가 생리적 온도에 진한 색채를 띠고, '뜨뜻하다'가 물리적 온도 표현어로 되어 상대적인 대립의 색채를 띠게 된다고 제시한 바 있는데, 이런 상보적인 사용이 감정 전이로 확장될 때 영향을 미치지 않았을까 한다.
16 석수영(2014b)를 참조하였다.

실제 말뭉치에서 '미지근하다'가 감정의 의미로 사용된 용례는 예문 (60)과 같은 용법이 검색되었는데, 여기에서는 '사랑'이라는 감정이 식었다는 부정적인 의미를 나타낸다. 우리는 뜨겁거나 따뜻한 사랑을 선호하지 미지근한 사랑을 선호하지는 않는다. 이는 커피나 어떤 액체의 미지근함을 경험할 때 개념화자의 부정적인 인상이나 판단에 의해 의미가 확장된 것이다. 이는 다시금 몸을 통한 체험과 감정 체험과의 상관성이 밀접함을 명시한다. 추상적인 개념 '감정'보다 '태도'나 '성격'과 관련지어 더 많이 이용된다.

(60) 미지근한 사랑 온도탑
(61) a. 臉色溫和。(따뜻한 낯빛.)
　　b. 溫和的目光。(따뜻한 눈빛.)
　　c. 性格溫和。(성격이 온화하다.)
　　d. 談吐溫和。(말투가 부드럽다.)
　　e. 沒想到他的態度是那麼溫和。(그의 태도가 이렇게 부드러울지 생각지 못했다.)
　　f. 待人很溫和。(사람을 따뜻하게 맞이하다.)
　　g. 性情溫和, 從來不跟人吵架。(성정이 부드러워서 누구와도 싸우지 않는다.)

예문 (61)은 중국어의 용례인데, '심성'이나 '성격', '태도' 등의 '좋음, 친절함'을 '溫和'를 통해 표현한 것이다. 대체로 한국어의 '따뜻하다'와 상응한다.

(62) a. 浪漫溫馨的爱情。(낭만적이고 따뜻한 사랑.)
　　b. 幾句話說得我心裡暖洋洋的。(몇 마디 말로 내 마음이 따뜻해졌다.)
　　c. 聽了老師這番話, 孩子們心裡暖呼呼的。(선생님의 말씀을 들은 어린이들은 마음 속이 따뜻했다.)
　　d. 溫暖是一種感動, 一種希望。(따뜻함은 감동이고 희망이다.)
　　e. 黨的關懷, 溫暖了災區人民的心。(당의 보살핌이 재해 지역 민중들의

마음을 따뜻하게 했다.)

예문 (62)에 보다시피, '溫, 溫暖'은 대체로 '사랑, 기쁨, 감동, 호의' 등과 같은 포근하고 정다운 '감정'을 전달한다. 이는 '따뜻하다'의 확장 양상과 유사하다. 추상적인 실체인 '감정'에 구체적인 사물의 특성을 부여함으로써 존재론적 지위를 부여한 것이다.

3.4.2. 냉각어

다음으로, '냉각'에 속하는 촉각어가 확장되는 양상을 살펴보고자 한다.

ⓒ '춥다', '차갑다', '冷'

〈표 11〉 '차갑다'와 '冷'의 확장 의미

어휘	확장 의미
차갑다	(마음씨나 태도가) 인정이 없이 매정하거나 쌀쌀하다.
冷	❶ 不熱情；不溫和。 ❷ 寂静、不熱鬧。 ❸ 生僻, 少見的。 ❹ 不受歡迎的, 没人過問的。 ❺ 乘人不備 暗中, 突然的。 ❻ 比喻灰心或失望。

'차갑다'와 '冷'의 원형 의미가 표에서 제시된 바와 같이 추상적인 의미로 확장되는데 확장된 의미 항목을 보면 중국어의 경우가 한국어보다 현저히 많다.

'춥다'의 경우는 사전에 확장 의미가 별도로 제시되어 있지 않다. 하지만, 실제 언어 사용에서 예문 (63)과 같은 용례가 사용되고 있다.

(63) a. 마음은 너무도 쓸쓸했고 오히려 더 추운 것 같은 외로움.

b. 그 애가 추위를 타 말도 못하더라. (천시권 1980: 12 인용.)

예문 (63a)는 마음의 상태 '외로움'을, 예문 (63b)는 추상적인 '공포'의 감정을 전달한다. 우리가 추위 때문에 몸을 움츠리고 추위 때문에 몸이 작아지는 것과 추위 때문에 체온이 내려가는 등 경험과 사람이 '외로움'을 느낄 때의 수축된 느낌이 유사하다고 생각하기에 이러한 표현이 생긴다. '공포' 같은 경우는 실제로 교감신경의 작용으로 인해 등골이 오싹해지거나 식은 땀이 나고, 교감신경의 작동으로 인해 피부 혈관이 수축되고 체온이 내려가기 때문이다. 다만 예문 (63b)는 형용사 '춥다'를 통해 구체화되어 표현된 것이 아니다. '추운 정도'를 의미하는 명사 '추위'를 통해 구현되었다.

(64) a. 취조관은 차가운 눈길로 그를 바라보고 있었다.

b. 여느 때와는 달리, 덕삼을 지켜보는 황의 시선은 몹시 차가웠다.

c. 사람들의 눈초리가 한결같이 얼음처럼 차가웠다.

예문 (64)는 신체 부위 '눈'에서 파생된 '눈길', '시선', '눈초리'가 '차갑다'와 관련지어 나타난 것으로 '인정 없음', '매정함' 등 의미를 전달하고 있다.

(65) a. 그 사람에게 너무 차갑게 굴지 말고 친절하게 대해라.

b. 그 여자는 성격이 차갑고 콧대가 세다.

c. 계숙은 극도의 신경질에 걸린 여자처럼 말과 태도가 차갑고 날카로웠다.

d. 새로 온 과정은 첫 인상이 너무 차가워 보였다.

예문 (65)는 인간의 '성격'이나 '태도', '인상'을 촉각적인 특성 '차갑다'와 관련지어 나타난 것이다. '차갑다'로 '좋지 않은 태도, 성격, 인상, 마음' 등을 표현하고 있음을 알 수 있다. 이는 언중들이 '차갑다'는 온도에 대해 부정적인 인상이나 판단을 갖고 있기 때문이다. 일상 경험을 생각해 보면, 예컨대 차갑게 식은 국물이나 바닷물이 너무 차가워서 들어 갈 수 없는 상황 등에 대한 부정적인 느낌이 인간의 성격이나 태도가 안겨주는 인상 또는 이미지와의 유사성을 지각하여 이러한 표현이 나타난 것으로 볼 수 있다.

사전에서는 별도로 감정의 의미로 확장된다는 의미 항목은 없었지만, '차갑다' 역시 감정 의미를 전달하는 데 사용된다. '태도'라는 것은 감정이 겉으로 나타난 모습으로도 작용하기 때문에 '차갑다'가 감정 의미에도 쓰이는 것은 당연하다고 하겠다.

> (66) a. 김철의 눈에 차가운 분노의 기색이 떠올랐다.
>   b. 그 눈에 번득이는 차가운 노여움을 숨길 수는 없었다.
>   c. "이제는 차가운 분노로 행동하겠다."면서 세월호 진상규명과 '안전한 대한민국' 만들기에 매진할 뜻을 밝혔다.
>   d. 우리에겐 '차가운 분노'가 필요하다.
> (67) a. 잠긴 문 밖에서 울면서 마주잡은 양손의 섬뜩한 차가움.
>   b. 긴장과 거부감 때문이라고 생각했던 그 차가운 손의 떨림.

예문 (66)은 추상적인 감정 '화'를 표현하는 데 촉각적 특성인 '차가움'을 이용하였고, 예문 (67)은 '두려움', '긴장'을 표현하는 데 '차가움'과 관련지어 나타났다. '분노'와 '공포'의 감정 의미를 전달하는데 모두 '차갑다'와 관련지어 나타났는데, 실제로 공포를 야기하는 많은 상황들은 분노를 일으키는 상황과 겹치고 분노에 동반되는 생리적 상태는 공포와 비슷하다(최현석 2013: 89-135) 이러한 신체적 경험이 언어적·개념적 구조를 형성하는 데 중요한 역할을 하고 있음을 알 수 있다. 앞서 살펴본 '뜨겁다'도 '화'의 감정을 표현하는 데 사용되었는데, 이는 실제로 화가 날 때 체온이 상승하는 인간의 신체적 특징에 의해 동기화된다고 하겠다. 그리고 '차갑다'는 대체로 부정적인 감각 가치를 갖는다. 차가움을 경험할 때 개념화자의 부정적인 인상이나 판단이 부정적인 감정을 표현하는 체험적 동기가 된 것이다.

> (68) a. 冷眼旁觀。 (냉정한 눈으로 방관하다.)
>   b. 冷麵孔。 (차가운 얼굴.)
>   c. 他冷眉冷眼地瞪了我一下。 (그는 냉담하고 경멸하는 나를 쏘아보았다.)
>   d. 胆寒。[17] (간담이 서늘하다.)
> (69) a. 態度很冷。 (태도가 매우 쌀쌀하다/차갑다.)
>   b. 我是個性格很冷的人。 (난 성격이 차가운 사람이다.)

예문 (68)은 신체 부위 '眼(눈)', '麵孔(얼굴)', '眉(눈썹)'와 결합하여 '성격'이나 '태도'가 '불친절함'을 의미한다. 예문 (69)의 '冷'도 마찬가지로 '성격'이나 '태도'를 촉각적인 특성 '冷'과 관련지어 표현하고 있다. 성격이 좋지 않거나 태도가 친절하지 않음을 표현하고 있다. 이는 언중들이 '冷'이 불만족 또는 불쾌감을 불러일으킬 때에 대한 부정적인 인상이나 판단을 갖고 있기 때문이다. 이러한 부정적인 느낌이 인간의 성격이나 태도가 안겨주는 인상 또는 이미지와 유사하기 때문에 나타난 것으로 볼 수 있다. 이것도 의미 항목❶과 관련이 있다. 예문 (68d)는 신체 부위 '胆'과 결합하여 추상적인 감정 '두려움'을 의미하고 있다.

> (70) a. 心灰意冷。 (실망하다.)
>   b. 看到他嚴屬的目光, 我的心涼了半截。 (그의 차가운 눈빛을 보니, 나는 실망하였다.)
>   c. 我的心中冷了一下, 然後覺得茫然地不自在。 (나는 실망한 나머지 어쩔

---

17 상고(上古) 중국어의 '寒'이 현대 중국어로 발전하면서 '冷'이 '寒'을 대신하게 되었으나 완전히 교체하지는 못하였다.

한중 감각어의 신체화 연구

줄 몰라 쩔쩔맸다.)

예문 (70)은 '실망'이나 '슬픔', '절망' 등 추상적인 감정을 '冷'을 통해 나타내고 있다. 여기에서는 모두 부정적인 감정의 상태를 '冷'이나 '涼'을 통해 나타내고 있다. 어떤 대상이나 사태에 대해 더 이상 희망을 품지 않거나 기쁘지 않으면 마음속에 열정이 사라져 '冷'과 같은 느낌을 얻게 된다. 의미 항목❻이 이에 해당하는데 ❶→❻으로 연쇄구조로 이루어졌다. 그 외에도 예문 (71)과 같이 여러 감정에 특성을 부여하면서 존재론적 지위를 부여하였다.

> (71) a. 一股阴冷的恐惧拘住了全身。(차가운 공포가 전신을 둘러쌌다.)
> b. 吓得我冷汗都冒出来了。(너무 놀라서 식은땀이 줄줄 내번졌다.)
> c. 他不禁打了一個冷戰。(그는 자기도 모르게 몸서리쳤다.)
> d. 心寒。(마음이 서늘하다.)
> e. 天涼了, 心冷了。(날씨가 추워지고, 마음이 차가워졌다.)
> f. 寒心酸鼻。(매우 슬퍼서 소름이 끼쳤다.)
> g. 因为小五的事有些心灰意冷。(小五의 일 때문에 좀 슬퍼했다.)
> h. 冷独。(고독하다.)

예문 (71)에서 보다시피. '冷(寒)'은 '두려움(무서움), 미움, 슬픔, 긴장, 외로움' 등 여러 감정을 전달한다. 한국어의 '차갑다'와 마찬가지로 '冷'이 불만족 또는 불쾌감을 불러일으키는 일상적인 경험이 토대가 되어 부정적인 감정 의미를 전달하고 있다.

중국어의 경우 '冷'은 다음과 같은 의미로도 확장된다.

> (72) 屋里/商店冷清清的。(집안이 쓸쓸하다/상점이 스산하다.)

(73) 冷字。(생소한 글자.)

(74) 冷貨/冷門兒專業(인기 없는 물건/인기 없는 전공)

(75) 冷箭/冷枪。(불의(不意)의 위해/불의(不意)의 총격)

예문 (72-75)는 중국어에만 존재하는 의미 확장 양상이다. 예문 (72)는 '屋里(집안)', '商店(상점)'의 '고요함, 스산함'을 '冷'을 통해 나타내고 있다. 의미 항목❷가 이에 해당한다. 예문 (73)은 '字(글자)'의 '생소함, 보기 드묾'을, 예문 (74)는 '물건'이나 '전공'이 '인기 없음'을, 예문 (75)는 '불시'나 '불의'의 의미로 다른 사람의 무방비를 틈타서 쏜 활이나 총탄을 쏘는 것으로 남을 해치는 수단을 가리킬 때 사용된다. 각각 의미 항목 ❸❹❺에 해당한다.

   ⓐ '시원하다', '서늘하다'와 '涼'

〈표 12〉 '시원하다', '서늘하다', '涼'의 확장 의미

어휘	확장 의미
시원하다	① (음식이) 차고 산뜻하거나, 뜨거우면서 속을 후련하게 하는 점이 있다. ② 막힌 데가 없이 활짝 트이어 마음이 후련하다. ③ (성격이나 언행이) 막히지 않고 활발하다. ④ (마음에 부담을 주던 것이 해결되어) 가뿐하고 후련하다. ⑤ 가렵거나 속이 더부룩하던 것이 말끔히 사라져 기분이 좋다. ⑥ (기대나 욕구, 희망 따위에 부합하여) 만족스럽다.
서늘하다	① 사람의 성격이나 태도 따위가 차가운 데가 있다. ② 눈 따위가 시원스러운 느낌이 있다. ③ 갑자기 놀라거나 무서워 찬 느낌이 있다.
涼	❶ 比喩灰心或失望。 ❷ 悲傷；愁苦。

'시원하다', '서늘하다', '涼'의 원형 의미가 확장되어 표에서 제시한 바와 같이 여러 가지 추상적인 의미를 전달하고 있다. 특히 한국어의 '시원하

다'의 경우 의미 확장 양상이 다양하다.[18] 구체적인 용례를 통해 살펴보면 다음과 같다.

> (76) a. 시원한 냉수 한 잔 주시오.
>   b. 매운탕이 아주 시원하던데요.
>   c. 아주머니, 여기 시원한 해장국이나 한 그릇 주세요.

예문 (76)은 '음식'을 먹고 난 후에 느끼는 '산뜻함'이나 '후련함'을 표현하는데, 의미 항목①이 이에 해당한다. 음식물은 차가운 것일 수도 있고, 뜨거운 것일 수도 있다는 점이 특징이다. 이는 '시원하다'의 일상적인 경험이 항상 긍정적인 감각 가치를 지니고 있기 때문에 이러한 긍정적인 느낌이나 인상에 의해 의미가 확장된 것이다.

> (77) a. 앞쪽이 탁 트여서 시원하기 짝이 없다.
>   b. 다른 것보다 시원하게 트인 앞 뜰이 마음에 들었다.
> (78) a. 동욱은 성격이 시원해서 친구들에게 인기가 많았다.
>   b. 네가 하고 싶은 말을 시원하게 해 보아라.

예문 (77)은 막힌 데가 없이 마음이 답답하지 않음을 '시원하다'를 통해 표현하고 있다. 앞서 예문 (76)과 마찬가지인데, 차이점은 하나는 음식에 대한 느낌이라면 예문 (77)은 넓은 공간이 주는 느낌이다. 이러한 막힘이 없는 '시원하다'가 예문 (78)과 같이 인간의 '성격'이나 '언행'이 막히지 않고 활발하다는 의미로 확장이 되었다. 의미 항목②, ③이 이에 해당하는데,

---

18 송지혜(2011: 38-46)에 따르면 '시원하다'의 어원 의미는 '마음이 후련하다'의 의미이다. 가슴이 탁 트이는 느낌으로 온도감각어로 사용되기 시작한 것은 19세기 말 또는 20세기에 이르러서이라고 밝힌 바 있다. 하지만, 이 책에서는 공시적인 현상에만 한하여 살펴보고, 지금 언중들은 '시원하다'를 온도감각어로 여기는 것을 고려하여 원형 의미의 설정은 사전에 등재된 의미를 그대로 참조하였다.

③은 ②에서 파생된 확장 의미이다.

> (79)a. 빚을 완전히 청산하니 마음이 너무도 시원했다.
> b. 매우 걱정되던 일이 해결돼 속이 시원하다.
> (80) a. 언니는 나의 등을 시원하게 긁어 주었다.
> b. 체했던 속이 시원하게 내려갔다.
> c. 목욕을 하고 난 후의 그 시원한 느낌이 좋다.
> d. 면도기로 시원하게 면도하다.

예문 (79), (80)은 모두 기분이 좋거나 마음이 후련하다는 의미로 '시원하다'를 통해 기술되고 있는데, 예문 (79)는 어떤 상황이나 문제로 마음의 부담이 해결되었을 때의 경우이고, 예문 (80)은 몸이 가렵거나 더부룩한 느낌이 사라진 느낌을 '시원하다'를 통해 나타난 경우이다. 의미 항목④, ⑤가 이에 해당한다.

> (81) a. 연구는 시원치 않았고, 그 탓으로 요즘 박사는 기분이 좋지 못했다.
> b. 그는 공부도 썩 잘하는 것 같지도 않고 말주변도 시원치 않았다.

예문 (81)도 마찬가지인데, 어떤 상황이나 사태에 대한 '만족함'을 '시원하다'를 통해 나타나고 있다. 차이점은 통사적인 제약이 있는데 '시원하지' 꼴로 '않다', '못하다'의 앞에 쓰인다는 점이다.

'성격'이나 '언행'을 제외한 나머지 의미 항목들은 대체로 어떤 대상이나 상황, 행위로 인한 인지주체의 '마음' 상태의 '기분 좋음', '후련함', '만족함' 등 긍정적인 감정 의미를 전달한다. 한국어의 '시원하다'만큼 특징적인 것이 없다.

> (82) a. 그의 서늘한 태도에 나는 적이 당황했다.

b. 유아인은 인정, 사정없이 서늘한 성격의 재벌 3세 조태오 역을 맡았다.

예문 (82)는 인간의 '태도'나 '성격' 따위를 '서늘하다'와 관련지어 표현하고 있는데, 모두 바람직하지 않은 성격이나 태도를 표현하고 있다. 이는 앞서 살펴본 '차갑다'의 경우와 관련하여 이해할 수 있다. '성격'의 경우 바람직하지 않은 성격은 낮은 온도 개념의 언어적 표상인 '차갑다'와 '서늘하다'와 관련지어 표현하고 있다.

(83) a. 그녀는 맑고 서늘한 눈을 가진 아름다운 처녀이다.
    b. 눈이 서늘한 공주님이 아니고 늘 그렇듯이 출생의 고통을 그녀도 겪어서 얼굴에 시퍼런 상처가 있었다.

예문 (83)은 한국어에만 존재하는 의미 확장이다. 『연세』에는 관련 의미 항목이 기술되어 있지 않고, 『표준』에만 제시되어 있다. 신체 부위 '눈'과 결합하여 '맑음'의 긍정적인 느낌을 전달하는 데 사용된다.

(84) a. 밤 포성은 사람들의 간덩이를 서늘하게 흔들었다.
    b. 나는 그의 잔인한 행동에 간담이 서늘했다.
    c. 절벽 아래를 내려다보니 간이 서늘했다.
    d. 그 아이가 내 속마음을 읽고 있지나 않은지 나는 가슴이 서늘했다.
    e. 불길한 예감이 뒷머리를 서늘하게 눌러왔다.
    f. 무슨 귀신의 형상인 것만 같아 갑생의 머리끝이 서늘해졌다.
    g. 살의의 실체를 엿본 건석은 왠지 옆구리가 서늘했다.
    h. 사실은 나도 그만 등골이 서늘해 어서 이 자리를 떠나고 싶다.
(85) a. 지금 방이 주는 서늘한 공포를 느끼고 있는 나.
    b. 정인도 자신도 모르게 서늘한 감동에 젖어들었다.

예문 (84)는 신체 부위와 결합하여 신체 부위의 촉각적 경험으로 '두려움, 무서움, 놀람' 등 감정을 표현하고 있다. 다양한 신체 부위로 나타나는데 대체로 '간덩이, 간담, 간, 가슴, 뒷머리, 머리끝, 옆구리, 등골' 등이 '서늘하게' 되는 신체적 반응으로 관련 감정을 대신하여 표현하고 있다. 다양한 신체 부위의 경험이 동원된다는 점이 중국어와 다르고 한국어 특징적인데, 이는 한국인 언어공동체의 문화적 특성, 인지적 경향성이 반영되어 있다고 할 수 있다. 예컨대, 한국과 중국의 '肝', '胆'은 중국어에서는 긍정[19]에 많이 사용되는 데 반해, 한국어에서는 대체로 부정[20]에 많이 사용된다고 한다(呂貞男 2010: 109 참조).

예문 (85)는 '서늘하다'를 통해 추상적인 개념 '감동, 슬픔' 등을 개념화하고 있다. 슬플 때 흔히 체온이 떨어지는 것은 주지의 사실이다. 따라서 '공포'와 마찬가지로 '슬픔'도 '서늘하다'로 개념화된다. 하지만 '감동'의 경우는 언어가 유동적이라는 것을 나타낸다고 할 수 있겠다. 일본어에서 '공포'를 나타내는 표현이 점점 변화하여 '감동'을 표현하게 되는 사례가 있다. 예컨대, '鳥肌が立つ(닭살이 돋다, 소름이 끼치다)'는 원래 '공포'를 표현하였는데, 지금은 '감동'을 전달하기도 한다. 한국어도 이러한 언어의 유동적인 변화가 보이는 것이 아닐까 한다(석수영 2014 참조). '감동' 같은 경우는 '두려움'과는 달리, '서늘하다'에 대한 긍정적인 인상이나 판단에 의해 의미가 확장된 것이라고 하겠다.

> (86) a. 聽到這消息, 他心裡就涼了。 (이 소식을 듣자 그는 낙심하였다/실망했다.)
>   b. 真叫人透心涼。 (참으로 실망스럽다.)
>   c. 他這麼一說, 我就涼了半截兒。 (그가 이런 말을 해서 나는 실망했다.)

---

19 '心肝宝贝, 肝胆相照' 등이다(呂貞男 2010: 109 참조).
20 '간담이 서늘하다, 간이 떨어지다, 간에 불이 붙다, 간이 붓다, 간을 빼 주다, 간에 바람이 들다' 등이다(呂貞男 2010: 109 참조).

(87) a. 我淒涼地走在北京街頭。 (나는 처량하게 북경 길거리를 걸었다.)

b. 一種悲涼的氣氛。 (슬프고 처량한 분위기.)

c. 內心的淒涼, 有誰知道。 (마음속의 처량함, 누가 알아줄까.)

예문 (86)은 '낙심'이나 '실망', 예문 (87)은 '슬픔'의 감정을 전달한다. 대체로 부정적인 감정이나 느낌을 전달한다. 그 외에 '외로움', '상쾌함'의 의미를 전달하기도 하는데, '상쾌함'의 경우 더운 날씨에서 시원한 날씨 상태로 변화할 때 우리는 상쾌함을 느끼게 되는데 이 경우 '清涼'으로 표상된다.

3.4.3. 정리

지금까지 한중 촉각어의 확장 의미를 한 자리에 모으면 다음과 같다.[21]

〈표 13〉 한중 촉각어의 추상적 의미 확장[22]

	지시 대상	의미	
		한	중
㉠	감정	○ 강렬함	
	성격	강렬함, 과함	×
	태도	강렬함, 지나침	강렬함
	유행	×	인기 있음

---

21 모든 확장 의미를 자세히 열거할 수 없어 세부적인 사항에 대해서는 표에서 제외했다.

22 여러 감정을 '뜨겁다'와 관련지어 표현한다. 관련 내용을 모두 제시할 수 없어 표에서는 간략하게 제시한다. 때로는 '○'로 두 언어 간에 모두 존재함을 의미한다.

㉡	성격, 태도	좋음, 친절함/밋밋함[23]	좋음, 친절함
	감정	포근함, 온화함	
	(얼굴/귓전+)부끄러움	○	×
㉢	감정	부정적인 감정	
	성격, 태도	인정 없음, 매정함, 열정 없음, 불친절함, 좋지 않음	
	(집, 상점) 공간	×	고요함, 스산함
	글	×	생소함, 보기 드묾
	유행	×	인기 없음
㉣	(음식) 먹고 난 후	후련함, 산뜻함	×
	공간	답답하지 않음	×
	성격, 태도, 언행	활발함(시원하다) 바람직하지 않음(서늘하다)	×
	상황, 문제	해결됨	×
	상황, 사태	만족함	×
	신체(눈)	맑음	×
	감정	○	

---

23 '따뜻하다'는 친절함과 '미지근하다'는 '밋밋함'과 관련지어 나타나고 있다.

한중 감각어의 신체화 연구

4. 한중 미각어의 신체화 양상

4.1. 미각의 특징

미각은 촉각과는 달리 화학적 자극에 속하는 화학적 감각이다. 하지만 미각도 화학수용체가 물질과 직접 접촉한 결과 발생하는 것으로 촉각과 함께 가장 원초적인 감각이다(최현석 2013: 92 참조). 인간은 음식물을 섭취하면서 혀에서 감지된 느낌을 표현하는데 그 가운데 한 가지 방식이 형용사를 통해 구현하는 것이다. 미각은 고체나 액체 형태로 된 분자를 감지하는 반면, 후술하겠지만 후각도 화학적 감각인데 후각의 경우는 기체로 된 화학물질을 감지한다.

상이한 미각에 반응하는 미뢰는 혀의 다른 영역에 분포되어 있는데, 혀의 끝부분은 단맛과 짠맛에 가장 민감하고, 혀의 양쪽 측면은 신맛에 민감하다. 혀의 후방과 인후, 연구개는 쓴맛에 가장 민감하다(Neil R. Carlson 김현택 외 옮김 1997: 278). 조소남 외(1980: 142)에 의하면 맛을 감지하는 미뢰가 있는 혀의 부위는 다음 그림과 같다(배해수 1982: 6 재인용).

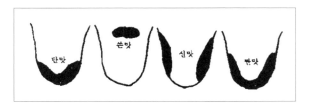

〈그림 19〉 맛을 감지하는 혀의 부위

　흔히 미각 영역에 포함시키는 '맵다'와 '떫다'는 맛은 미각세포에서 느끼는 것이 아니고, 통증신경이나 촉각신경에 의한 작용이다. 특히 매운맛은 통증과 동일한 피부감각이다. 예컨대, 매운 고추를 먹으면 처음에 따갑다가 조금 있으면 입 안이 얼얼해지는 것을 느낄 수 있는데, 이는 통증신경세포가 두 단계에 걸쳐 신호를 대뇌에 전달하기 때문이다. 떫은맛은 맛이라기보다는 입 안의 점막이 수축되는 느낌을 말한다(최현석 2013: 258-259 참조).

　하지만, 생물학적 분류와는 달리, 언어 분석에서는 흔히 '맵다', '떫다'를 모두 미각어장에 포함시켜 이들을 혀에서 1차적으로 느끼는 맛으로 기본적인 맛으로 보고 있다(정수진 2005: 150 참조). 그리고 언중들도 미각어로 인식하고 있기 때문에 이 책에서도 이들을 미각 영역에 포함시켜 대응되는 중국어와 함께 다루기로 한다. 다만 이러한 생물학적 특성이 언어적 범주의 형성에도 영향을 미치게 되는데 관련 용례를 설명할 때 언급을 하고자 한다.

　미각의 언어적 표상으로 한국어는 대표적으로 '달다, 쓰다, 시다, 짜다, 맵다, 떫다'가 있고, 중국어는 '甜, 苦, 酸, 鹹, 辣, 澀'가 포함된다. 미각어는 어휘 분화 방식이 대체로 일대일 대응관계를 이루고 있기 때문에 여기에서는 일대일로 대응시켜 그 의미 구조를 파악하고 의미가 확장되는 양상을 살펴보고자 한다.

4.2. 미각어의 원형 의미

㉠ '달다'와 '甜'

〈표 14〉 '달다'와 '甜'의 원형 의미

어휘	원형 의미
달다	(음식의 맛이) 꿀이나 설탕의 맛과 같다.
甜	像糖或蜜的味道。

'달다'와 '甜'은 꿀이나 설탕의 맛과 같은 맛으로 개념 형성의 근원점이 '꿀', '설탕'의 맛이라는 점에서 한국어와 중국어 모두 공통적인 원형 의미를 지니고 있다. 이들은 혀를 통해 얻은 미각적 경험을 언어화한 것이다. 구체적인 용례를 통해 살펴보면 다음과 같다.

(88) a. 사과가 달다/단 음식을 좋아한다.
    b. 커피를 너무 달게 탔다.
(89) a. 這個西瓜甜/越甜越好吃。 (이 수박이 달다/달면 달수록 맛있다.)
    b. 菜做得太甜了。 (요리를 너무 달게 했다.)

예문 (88), (89)에서 보듯이, 혀끝에서 감지되는 음식물의 맛, 즉 '사과'나 '西瓜(수박)', '음식' 등의 맛을 '달다', '甜'으로 표현한 것으로 두 언어 모두 공통적이다. 예문 (88b), (89b)는 '커피'나 '菜(요리)'의 맛이 일정한 기준을 넘어서 인지주체에게 부정적으로 다가오고 있다. 즉 맛의 질에 대하여 지각자의 불만족을 불러일으키고 있다. 이는 부사 '너무', '太(너무)'를 통해서도 그 정도가 지나침을 인식할 수 있다. 따라서 '달다', '甜'의 경우 상황이나 기준에 따라 만족 또는 불만족을 불러일으킨다. 이는 한중 언어사용자가 혀를 통해 겪는 '달다', '甜'의 신체적 경험이 같음을 의미한다.

ⓒ '쓰다'와 '苦'

<표 15> '쓰다'와 '苦'의 원형 의미

어휘	원형 의미
쓰다	혀로 느끼는 맛이 한약이나 소태, 씀바귀, 쓸개의 맛과 같다.
苦	像膽汁或黃連的味道。

'쓰다'와 '苦'는 한국어의 경우 '소태'나 '씀바귀'의 맛, 중국어의 경우 '膽汁(쓸개즙)'나 '黃連(황련)'의 맛으로 비록 자극 대상, 즉 개념 형성의 근원점 (식물)의 선택에 있어서 완전히 동일하지는 않지만 대체로 약이나 쓸개즙과 같은 맛을 혀의 양쪽 옆에서 직접 느끼는 것으로 공통적인 원형 의미를 지니고 있다고 할 수 있다. 이들은 혀를 통해 얻은 미각적 경험을 언어화한 것이다. 구체적인 용례를 통해 살펴보면 다음과 같다.

(90) a. 이 커피는 향기도 없고 쓰기만 하다.
　　 b. 한약이 쓰니 먹고 나서 사탕을 드세요.
(91) a. 这药苦极了。 (이 약은 매우 쓰다.)
　　 b. 苦似黃連。 (황련처럼 쓰다.)

예문 (90), (91)에서 보다시피, 혀의 양쪽 옆에서 감지되는 음식물의 맛, 즉 커피나 약의 맛을 '쓰다', '苦'로 표현한 것으로 두 언어 모두 공통적이다. 맛의 질에 대하여 '쓰다', '苦'는 지각자의 불만족을 불러일으킨다. 이는 한중 언어사용자가 혀를 통해 겪는 '쓰다', '苦'의 신체적 경험이 같음을 의미한다.

ⓒ '시다'와 '酸'

<표 16> '시다'와 '酸'의 원형 의미

어휘	원형 의미
시다	맛이 식초나 설익은 살구와 같다.
酸	像醋一樣的氣味或味道。

'시다'와 '酸'은 '식초'의 맛과 같은 것으로 한국어와 중국어 모두 공통적인 원형 의미를 지니고 있다. 이들은 모두 혀를 통해 직접적으로 느낄 수 있는 맛으로 구체적인 미각적 경험을 언어화한 것이다. 중국어의 경우는 '氣味(냄새)' 또는 '味道(맛)'를 모두 지시할 수 있다고 기술되어 있다. '酸味'는 워낙 강하기 때문에 냄새로도 어느 정도 감지할 수 있다. 이는 한국어도 마찬가지이다. 중국어의 사전 기술에서는 '냄새' 또는 '맛'으로 기술되었지만 언중들이 미각어로 더 많이 인식하고 있다는 점은 두 언어 모두 공통적이다. 구체적인 용례를 통해 살펴보면 다음과 같다.

    (92) a. 포도가 시다.
       b. 김치가 시어서 김치찌개를 해 먹었다.
    (93) a. 橘子是這麼酸。(귤이 너무 시다.)
       b. 泡菜酸了。(김치가 시었다.)

예문 (92), (93)에서 보다시피, 혀의 양쪽 옆에서 감지되는 음식물의 맛, 즉 '포도'나 '귤', '김치'의 맛을 '시다', '酸'으로 표현한 것으로 두 언어 간에 공통적이다.

여기에 유의할 점은 (92b)와 (93b)의 용례인데, 『연세』에서는 예문 (92b)가 동사적으로 쓰이어 김치 따위가 너무 익어서 식초 맛이 나게 되는 것을 의미한다고 기술되어 있다.

중국어의 경우 예문 (93b)도 같은 '김치가 시었다.'의 용례인데 중국어 사전에는 형용사의 용법으로 기술되어 있다. 두 나라 사전의 처리가 다른 양상을 보이는데, 동사와 형용사는 엄밀히 품사의 정의로는 엄밀히 구분할 수 없다. 인지언어학에서 동사와 형용사의 구분을 '동적인 과정', 즉 상태의 변화에 초점을 두느냐 '정적인 상태', 즉 상태에 초점을 두느냐에 따라 동사로 구현되거나 형용사로 구현된다는 점에서 서로 다르다는 점을 수용하면 한국어도 김치가 발효하는 과정을, 즉 상태의 변화에 초점을 두면 동사적으로 사용되고, 발효된 맛의 상태는 형용사로 구체화된다. 이는 '음식물'에 한하여 나타나는 '시다'의 다른 용법이고 '시다' 자체는 식초의 맛이다.[01] 한중 언어사용자가 혀를 통해 겪는 '시다', '酸'의 신체적 경험은 공통적이라고 하겠다.

ⓔ '짜다'와 '鹹'

〈표 17〉 '짜다'와 '鹹'의 원형 의미

어휘	원형 의미
짜다	소금 맛과 같다.
鹹	像鹽的味道。

'짜다'와 '鹹'은 '소금'의 맛과 같은 것으로 한국어와 중국어 모두 공통적인 원형 의미를 지니고 있다. 이들은 모두 혀를 통해 직접 느낄 수 있는 맛

---

01 '시다'의 경우 '-어지다'와 같이 결합하여 상태의 변화를 나타낸다. 문맥에서 '상태의 변화'에 초점을 두느냐, '상태'에 초점을 두느냐에 따라 동사나 형용사로 품사가 엇갈릴 수 있는데, 앞서 언급하였듯이 이는 '시다'의 의미 차이보다 언어사용자가 어디에 초점을 부여하였느냐에 대한 윤곽 부여의 차이이다.

으로 미각적 경험을 언어화한 것이다. 구체적인 용례를 통해 살펴보면 다음과 같다.

(94) a. 바닷물이 짜다.
    b. 저녁을 너무 짜게 먹었더니 물이 켠다.
(95) a. 海水很鹹。(바닷물이 짜다.)
    b. 菜太鹹了。(요리가 너무 짜다.)

예문 (94), (95)에서 보듯이, 혀의 양쪽 옆에서 감지되는 '바닷물'이나 음식물의 맛을 '짜다'와 '鹹'으로 표현한 것으로 두 언어 간에 공통적이다. 맛의 질에 대해 '짜다'와 '鹹'은 불만족을 불러일으킨다. 한중 언어사용자가 혀를 통해 겪는 '짜다', '鹹'의 신체적 경험이 같음을 의미한다.

ⓒ '맵다'와 '辣'

〈표 18〉 '맵다'와 '辣'의 원형 의미

어휘	원형 의미
맵다	고추나 겨자와 같이 맛이 알알하다.
辣	像姜、蒜、辣椒等有刺激性的味道。

'맵다'와 '辣'는 개념 형성의 근원점이 완전히 동일하지는 않지만 기본적으로 고추의 맛과 같은 맛으로 한국어와 중국어 모두 공통적인 원형 의미를 지니고 있다.

여기서 흥미로운 것은 개념 형성의 근원점이 한국어의 경우 '고추', '겨자', 중국어의 경우 '고추', '생강', '마늘'인데, 이는 두 언어가 단지 많은 자극 가운데 어떤 것을 선택하느냐의 선택성의 차이로 말미암은 것이다. 매운맛은 두 가지로 구분할 수 있는데, 하나는 오래 지속되는 '뜨거운 형태'와 매운맛을 느끼지만 뒤에 남지 않는 '날카로운 형태'의 두 가지이다. 뜨거운 형태는 고추, 생강 등을 먹었을 때 느끼는 매운맛인데 이들은 열에 강하기 때문에 뜨겁게 가열하여도 매운맛이 살아있고, 날카로운 형태는 열에 약하여 가열하면 매운맛이 사라지는데, 겨자, 마늘 등과 같은 음식에 의해서 유발된다(최현석 2013: 258-259 참조). 이에 한국어와 중국어는 '뜨거운 형태'의 것은 동일한 '고추'를 제시하였지만, '날카로운 형태'의 매운맛으로는 한국어는 '겨자', 중국어는 '마늘'을 선택한 것이다. 원형 의미를 나타내는 용례는 다음과 같다.

(96) a. 이 고추가 참 맵습니다.
　　 b. 국이 매워서 많이 먹지 못했다.
(97) a. 辣椒辣。(고추가 맵다.)
　　 b. 汤太辣了。(이 국이 너무 맵다.)

예문 (96), (97)에서 보듯이, 고추가 맵거나 음식물의 자극성이 강한 맛으로 '맵다', '辣'로 표현한 것으로 두 언어 간에 공통적이다. 이는 혀를 통해 느끼는 '맵다', '辣'의 신체적 경험이 같음을 의미한다. 맛의 질에 대해 '맵다'와 '辣'는 기준이나 상황에 따라 만족 또는 불만족을 불러일으킨다.

ⓑ '떫다'와 '澁'

〈표 19〉 '떫다'와 '澁'의 원형 의미

어휘	원형 의미
떫다	설익은 감의 맛처럼 거세고 텁텁한 맛이 있다.
澁	像明礬或不熟的柿子那樣使舌頭感到麻木乾燥的味道。

　　　　　　　　　　한중 감각어의 신체화 연구

'떫다'와 '澀'는 덜 익은 감의 맛과 같은 맛으로 한국어와 중국어 모두 공통적인 원형 의미를 지니고 있다. 떫은맛도 매운맛과 같이 미각세포에서 느끼는 것이 아니고, 촉각신경에 의한 작용이다. 입 안의 점막이 수축되는 느낌이다(최현석 2013: 258-259). 하지만 매운맛과 마찬가지로 맛으로 인식되고 있어 미각 영역에 포함시켜 다루고 있다. '떫다'와 '澀'의 원형 의미를 나타내는 예문을 들면 다음과 같다.

(98) a. 감이 덜 익어 떫다.
　　　b. 그가 목이 타다며 약간 떫은맛이 나는 막걸리를 한 번에 죽 들이켰다.
(99) a. 這柿子澀不澀？ (이 감은 떫습니까?)
　　　b. 澀的李子。 (떫은 자두.)

예문 (98), (99)에서 보듯이, 일반적으로 덜 익은 감이나 그것과 같은 맛을 표현할 때 사용하는 것으로 한국어와 중국어 모두 공통적인 원형 의미를 지니고 있다. 주로 폴리페놀이 많이 함유된 음식을 먹었을 때 느끼는 것인데(최현석 2013: 259), 감이나 자두가 바로 폴리페놀이 함유된 과일들이다. 혀를 통해 느끼는 '떫다', '澀'의 신체적 경험이 같음을 의미한다.

지금까지 한중 미각어의 원형 의미를 살펴보았는데, 미각어의 경우 한중 언어사용자가 혀를 통해 겪게 되는 신체적 경험이 대체로 같음을 알 수 있다. 맛의 질에 대해서는 상황이나 기준에 따라 만족 또는 불만족을 불러일으킨다. 다만 '떫다'의 경우는 항상 부정적인 감각 가치를 지닌다. 그리고 개념 형성의 근원점의 선택에서 두 언어 간에 차이가 있는데, 이는 한중 언어사용자의 지각적 선택성으로 말미암은 것이다.

미각적 경험의 언어적 표상도 거의 유사하다. 비록 근원점의 선택에서 차이가 있었지만, 촉각어와 달리 미각어의 경우는 언어적 표상도 유사하게 나타났다. 먹는 것이 인간의 생존이고 근본이기 때문에 두 언어 간에 보편적으로 존재한다고 하겠다.

물론 외부 세계를 범주화하는 방식은 언어마다 차이가 있다. '짜다'와 '맵다'가 동일한 어휘 형태로 표상하는 일본어가 있는가 하면, '쓰다'와 '맵다'를 동일한 어휘 형태로 표상하는 러시아어가 있다(伍鐵平 1989: 126-127 참조). 한국어와 중국어는 미각어를 각각 서로 다른 어휘 형태로 표상한다는 점에서 공통적이다.

4.3. 미각어의 공감각적 의미

공감각적 의미 확장은 미각어가 미각 영역에서 다른 감각 영역으로 확장되는 경우에 사용됨으로써 일어나는 확장 의미이다. 미각어의 경우 다른 감각 영역으로 확장되는 경우 논리적으로는 시각, 청각, 후각, 촉각이 있다. 구체적인 예문을 통해 공감각적 의미 확장 양상을 살펴보고자 한다.

4.3.1. 미각 → 시각

한중 미각어가 시각 영역의 대표적인 속성명사 한국어 '색'과 중국어 '(顔)色'를 수식하거나 서술하는 용례는 21세기 세종계획에서는 검색되지 않았다. 웹사이트 검색기반을 통하여 검색한 결과 용례가 추출되었지만 용례가 제한적이고, 한국어의 경우 거의 패션을 이야기할 때 사용하였고, 중국어의 경우는 용례 하나만 찾을 수가 있었다. 이는 이러한 용법은 최근에 나타난 것으로 보이고, '달콤하다'[02]는 형식으로 나타난다.

---

02 '달콤하다'는 '달다'에서 파생된 언어 형식인데, 공통적으로 '달다'는 개념을 지니고 있다. 이 책에서는 각 영역에 속하는 기본 어휘에 초점을 두어 고찰하였지만, 인지언어학에서 말하는 어휘는 개념적 구조를 촉진시키는 촉진제 역할을 하는 것으로 보고 있기 때문에 일부 논의에 따라 '달콤하다'로 표상된 용례도 같이 다루었다. 물론 의미 확장의 과정에서 언어 형식이 다르다는 것은 곧 의미가 다르다는 것을 의미하고 확장 경로도

(100) a. 민트처럼 달콤한 색의 가방은 화사한 봄옷과 잘 어울린다. (패션 조선, 2015.03.12.)

　　b. 잔잔한 꽃무늬와 달콤한 색상 등 풍요로운 과거의 향수에서 비롯된 낭만주의 패션이 소녀들의 손에 넘어갔다. (데일리한국, 2005.02.23.)

　　c. 남성복에서는 이례적으로 핑크나 민트, 살구색 등 달콤한 색도 사용되어 눈길을 끈다. (매일경제, 2001.11.26.)

　　d. 50년대에 유행했던 캔디 컬러라고 불리던 달콤한 색과 70년대 유행하던 로맨틱한 꽃무늬 프린트.

　예문 (100)은 미각어 '달콤하다'가 시각 영역에 속하는 '색'을 수식하여 의미가 확장된 것인데, '달콤하다'에만 활발하게 나타나는 것이 특징적이다. 이는 언중들이 '달콤하다'에 대한 긍정적인 신체적 경험이 바탕이 되어 먹기 좋은 '맛'에서 보기 좋은 가방 '색'이나 특정 사물의 보기 좋은 '색'으로 지시 영역이 확장된 것이라 하겠다.

　중국어 역시 CCL말뭉치에서는 관련 용례가 검색되지 않았다. 아래 예문은 井出克子(2000: 217)에서 재인용한 용례이다. 관련 용례가 드물기 때문에 井出克子는 이를 '불안정한 수식관계'로 칭한 바 있다.

　(101) 巧克力奶油在燈下沁出濃濃的甜色, 樣子極其誘人。(초콜릿 크림이 등불 밑에서 짙은 달콤한 색을 비추고 있는데, 굉장히 먹음직스럽다.)

　예문 (101) 역시 미각어 '甜'이 시각 영역에 속하는 '色'를 수식하여 의미

달리 나타날 수 있지만, 이 책에서는 하나의 기본 어휘와 파생 어휘가 어떤 양상으로 의미가 확장되는지를 고찰하는 것이 아니라, 추상적인 사고 과정이 어떻게 신체적 경험에 토대를 두고 의미가 확장되는지를 고찰하는 것이기 때문에 같이 제시하여도 무리가 없다고 판단한다. 이는 다른 감각어도 마찬가지이고 중국어도 마찬가지이다. 다만 언어 형식이 다르다는 것은 몸의 체험도 다를 수 있기 때문에 기본 형식과 파생 형식의 의미 확장이나 의미 구조에 대해서는 후속 과제로 삼고자 한다.

가 확장된 것이다. 비추어진 '색'에 대한 느낌을 '달다'로 표현한 것으로 이해할 수 있다. 용례가 극히 드문 만큼 앞서 살펴본 촉각에서 시각으로의 확장과는 달리, 다른 감각 경험을 시각 경험으로 설명하기는 쉽다고 하지만, '색'을 수식하는 데 있어서는 활발하지 않음을 알 수 있다.

공통점은 모두 '달다'와만 관련지어 나타난다는 것이다. 한국어와의 차이점은 한국어는 장르가 대체로 '패션'인 데 반해, 중국어는 위 용례로 보아서는 '음식'과 관련이 있다. 따라서 미각어가 시각 영역으로 확장되는 양상이 다르다고 할 수 있다.

김중현(2001: 34)에서 한국어에는 미각에서 시각으로의 확장이 일어나지 않는 것으로 기술하고 있다. 하지만 예문에서 보듯이, 미각어가 지금은 시각으로의 확장 양상이 존재한다고 본다. 다만 극히 제한적이다. 그리고 중국어의 경우는 용례 하나밖에 검색되지 않았다.

4.3.2. 미각 → 청각

한중 미각어가 청각 영역의 대표적인 속성명사 '소리'와 '聲音'을 수식하거나 서술하는 용례는 다음과 같다.

(102) a. 달콤한 소리 풍부한 음량.
　　　 b. 제대로 된 정보의 유통은 단 소리 쓴 소리 모두 적절하게 통용될 수 있어야 가능하다.
　　　 c. 한편으로는 외모에 지나치게 신경을 쓴다는 쓴 소리도 잊지 않았다.
　　　 d. 3·1만세운동 직후 일제의 문화통치라는 '사탕발림' 속에서 탄생했으나 그 쓰고 매운 소리는 총독부의 간담을 서늘하게 하였다.

예문 (102)는 미각어 '달콤하다, 달다, 쓰다, 맵다'가 청각 영역으로 확장되었다. 이는 미각 기관으로 인지하는 감각을 통해 '소리'를 표현하고 있다. 자연의 '소리'일 수 있고, 인간의 말을 전달하는 '소리'일 수 있다. 다른 감각으로 확장되어 어떤 대상이나 분위기에 대한 새로운 의미를 전달할 수 있다. 예문 (102c)의 경우 이 때의 '소리'는 비판을 하거나 하는 '말'을 가리키는데, 신현숙(2010: 268)에 따르면 한국어 사용자가 인지하는 '소리'와 '말'의 의미 영역(semantic domain)은 다르다. '소리'는 '의미가 있는 소리와 의미가 없는 소리'를 모두 포함하지만, '말'은 '의미가 있는 소리'만을 지시하기 때문에 '소리'로 '말'을 지시할 때는 언어사용자의 부정적인 심리 태도를 인지한다. 그리고 의미 영역이 다르기 때문에 이 책에서는 '소리'를 수식하는 경우는 공감각적 의미 확장에서 다루었다.

예문 (102b)의 '단 소리'도 마찬가지인데, '달다'와 '쓰다'가 대립적인 관계를 지니고 있음에도 불구하고 '단 소리'도 부정적인 의미를 전달한다. 이는 '달다'가 기준이 지나칠 때의 불쾌감을 불러일으키는 신체적 경험에 기초하여 '단 소리'도 부정의 태도를 갖는다고 하겠다. 이처럼 공감각적 의미 확장은 상황이나 문맥에 따라 특정 자극에 대한 판단이나 느낌을 표현한 것도 있고, 형성된 공감각적 표현이 또 새로운 의미를 전달하는 경우가 있다. 따라서 공감각적 의미 확장과 추상적 의미 확장은 지시 영역의 차이로 겹치는 부분이 있다.

> (103) a. 苦澀的聲音, 聽起來並不陌生。(쓰고 떫은 목소리가 낯설지 않게 들렸다.)
>   b. 一個甜甜的聲音, 傳入我的耳朵。(달콤한 목소리가 내 귀에 전해졌다.)

예문 (103)은 미각어 '苦澀', '甜'이 청각 영역에 속하는 말의 형식인 '聲音'을 수식하여 이루어진 공감각적 표현이다. 중국어의 경우는 현대에 들어서서 단음절보다 이음절을 더 선호하는 경향이 있다. 따라서 예문 (103a)과 같이 다른 맛 표현과 같이 결합하여 수식하거나 중복하여 표현하는 것이 특징이다.

요컨대, 모두 미각적 경험과 청각적 경험의 관련된 속성 사이에서 유사성 혹은 인접성을 지각하거나 혼성한 공감각적 비유 표현으로 낮은 차원에 속하는 감각이 높은 차원에 속하는 어휘를 수식한다는 일반적인 경향성과 일치하다.

4.3.3. 미각 → 후각

미각과 후각은 '코'와 '입'이 인접하여 있기 때문에 미각적 경험과 후각적 경험은 밀접한 관련성을 지니고 있다. 미각어가 후각으로 확장되는 양상은 활발하게 나타나고 있다.

> (104) a. 냄새를 맡을 때, 초콜릿에서 너무 단 냄새가 나는 것은 좋지 않다.
>   b. 알로에의 쓴 냄새를 중화시켰다.
>   c. 그릇에 가루 겨자와 미지근한 물을 1:1 비율로 개어서 따뜻한 곳에 30분정도 엎어두면 발효가 되어서 매운 냄새가 나요.
>   d. 베개가 흠뻑 젖어 있고, 신 냄새가 난다.
>   e. 멀리 낙산사에서 불어오는 미풍에 코끝을 가까이 가져가니, 짠 냄새와 함께 해송의 향기가 스친다.

예문 (104)는 미각어 '달다, 쓰다, 맵다, 시다, 짜다'가 후각 영역에 속하는 '냄새'를 수식하여 미각어가 후각 영역으로 확장된 것들이다. '떫다'를 제외한 모든 미각어가 후각 영역으로 확장되어 '냄새'를 수식하고 있다.

> (105) a. 苦澀的氣味。(떫은 냄새.)
>   b. 一股淡淡的甜絲絲的氣味。(한 가닥 은은하고 달짝지근한 냄새.)
>   c. 一股又甜又香的氣味。(달고 향기로운 냄새.)
>   d. 一種甜甜的氣味在四周瀰漫。(한 가지 달콤한 냄새가 주변에 가득 차

있다.)

e. 有股酸酸的氣味, 我嗅出她剛吃過一塊水果糖。 (새콤한 냄새가 나더니 나는 그녀가 방금 전에 과일 사탕 하나를 먹었다는 것을 알게 되었다.)

예문 (105)는 미각어 '苦澀', '甜絲絲', '甜', '甜甜', '酸酸'이 후각 영역에 속하는 '氣味'를 수식하여 미각어가 후각 영역으로 의미가 확장되었다. 중국어도 한국어와 마찬가지로 미각어가 후각으로의 확장이 활발하다. 다만 단일어 형식으로는 제한적이라는 점이 특징이다. 미각에서 후각으로의 확장이 활발한 이유는 무엇보다 미각과 후각이 감각기관의 인접성으로 인해 경험을 공유하는 밀접한 관련성을 지니고 있기 때문이다. 특히 음식을 먹을 때 먼저 코로도 냄새를 맡아 그 음식이 맛있는지 여부를 알 수가 있는 것은 두 감각 사이의 관계를 설명해준다고 하겠다.

4.3.4. 정리

지금까지 미각어가 미각 영역에서 시각, 청각, 후각, 촉각 영역으로 확장된 양상을 살펴보았는데, 시각, 청각, 후각 영역으로만 확장되고, 촉각 영역으로는 확장되지 않음을 확인할 수 있다. 도식화하면 다음과 같다.

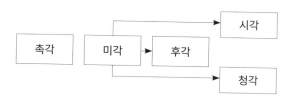

〈그림 20〉 한국 미각어의 공감각적 의미 확장

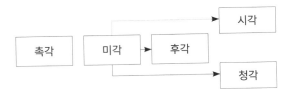

<그림 21> 중국 미각어의 공감각적 의미 확장[03]

　〈그림 20〉과 〈그림 21〉을 통해 두 언어 간의 공통점과 차이점을 살펴보면 다음과 같다.

　첫째, 두 언어 모두 '미각→시각, 미각→청각, 미각→후각'으로 확장되어 사용된다. 미각에서 촉각으로의 확장이 모두 이루어지지 않았는데, Williams(1976)의 일반적인 경향성과 일치하다고 할 수 있다. 곧 미각은 촉각보다 더 높은 차원에 속하는 감각이므로 수식이 어렵다. 미각에서 후각으로의 확장이 다른 감각에 비해 상대적으로 활발하였는데, 이는 미각과 후각이 인접한 감각기관으로 인해 경험을 공유하는 등 관련성이 밀접하기 때문이다.

　둘째, 차이점은 확장되는 양상의 활발 정도 또는 대상의 차이이다. 미각에서 후각으로의 확장은 '미각→후각, 미각→청각, 미각→시각'으로 한국어가 중국어보다 상대적으로 생산적이다. 다만 미각에서 시각 영역으로의 확장은 중국어의 경우 용례 하나 밖에 나타나지 않아 거의 확장 양상이 존재하지 않는다고 볼 수 있다. 그리고 구체적인 지시 대상이 다른데, 한국어의 경우는 패션에 대해서 이야기할 때만 나타나는 것으로 '달콤하다'에만 나타나기 때문에 미각어가 다른 감각에 비해 시각 영역으로 확장되는 양상은 불안정한 확장이라고 할 수 있다.

03　점선은 극히 제한적인 확장을 의미한다.

한중 감각어의 신체화 연구

4.4. 미각어의 추상적 의미

미각어는 앞서 살펴보았듯이, 두 언어 모두 구체적인 사물(음식물)의 성질이나 상태를 '달다'와 '甜', '쓰다'와 '苦', '시다'와 '酸', '짜다'와 '鹹', '맵다'와 '辣', '떫다'와 '涩'로 표현한다. 이들이 추상적인 영역으로 확장되어 사용되는데 구체적으로 살펴보면 다음과 같다.

㉠ '달다'와 '甜'

〈표 20〉 '달다'와 '甜'의 확장 의미

어휘	확장 의미
달다	① 입맛이 당기도록 맛이 있다. ② 흡족하여 기분이 좋다. ③ ('달게' 꼴로 쓰여) 당연한 것으로 받아들이는 마음이 있다.[04]
甜	❶ 美好。 ❷ 形容睡得酣畅。 ❸ 言語使人舒心、愉快；投其所好而使之入迷。

'달다'와 '甜'의 원형 의미가 확장되어 표에서 보듯이 여러 가지 추상적인 의미로 사용된다. 예문을 통해 살펴보면 다음과 같다.

(106) a. 밥이 달다.
　　　b. 밥을 달게 먹고 잠을 푹 잤다.
　　　c. 그는 우선 식힌 녹차를 플라스틱 통에서 따라 달게 마셨다.
(107) a. 真觉得睡觉香、吃饭甜。 (잠이 고소하고, 입맛이 달다.)
　　　b. 接过茶水甜甜地抿了一口。 (찻물을 받고 달게 입에 대보았다.)

04　『표준』의 '마땅하여 기껍다'에서 '기껍다'는 '마음속으로 은근히 기쁘다'의 의미임으로『표준』보다『연세』의 '당연한 것으로 받아들이는 마음이 있다.'가 더 적절하다고 판단된다.

예문 (106), (107)은 밥이 맛있거나 또는 맛있게 마시거나 먹는 행위에 사용된 것으로 구체적인 사물이나 사태의 속성에서 의미가 확장되어 특정한 속성 '달다', '甜'으로 '맛있다'는 전체적인 평가를 내리고 있다. 의미 항목①, ❶이 이에 해당한다. 정수진(2003: 307-314)에 따르면 생물학에서 밝힌 '맛의 농도와 쾌적도의 상관성'을 보면 단맛은 맛의 농도에 관계없이 쾌적한 맛으로 남아 있다. 이러한 생리적 특성에 근거하여 대표적으로 '달다', '甜'을 이용하여 '환유' 기제를 통해 종합적으로 '맛있다'는 판단을 나타내고 있다.

'맛있다'의 의미를 전달하는 경우 한국어와 중국어 모두 구체적인 음식물과 관련지어 나타나는데, 한국어는 구체적인 대상 '밥'과 결합하여 나타날 수 있고 음식물을 섭취할 때 수반되는 행위와 같이 나타날 수 있는 반면, 중국어는 행위, 예문 (107)처럼 '吃(먹다)', '抿(대다)'과 같이 나타나야 한다는 점이 다르다.

> (108) a. 오랜만에 잠을 달게 잤다.
>   b. 꿈을 달게 꾸다.
>   c. 적당한 피로와 나른한 식곤에 잠이 달았다.
> (109) a. 他睡得真甜。 (그는 달게 자고 있다.)
>   b. 醉得做了一个甜梦。 (취해서 단 꿈을 꾸었다.)

예문 (108), (109)는 어떤 사태(행위나 상황)에 대해 흡족하여 기분이 좋음을 의미한다. 지각 주체가 잠자는 행위에 대한 '만족함', 꿈에 대한 '만족감'을 '달다', '甜'으로 표현한 것이다. 이는 구체적인 사물이나 사태에 대한 경험에 기초하여 추상적인 대상이나 사태로 의미가 확장된 것으로 본질적으로 '달다', '甜'에 대한 긍정적인 신체적 경험이 기반이 되고 있다. 의미 항목 ②, ❷가 이에 해당한다.

(110) a. 달콤한 사랑의 맛을 그대로 느낄 수 있다.

b. 지난 10일 수원 롯데전에서 9승째를 거둔 이후 12일 만의 달콤한 승리.

c. 가정이 주는 달콤한 행복 때문에 가까스로 마음을 잡았습니다.

d. 남녀 간에 수줍은 고백과 함께 초콜릿이 오가는 달콤한 사랑의 이벤트.

e. 슬픔이나 고통마저도 달콤하다.

(111) a. 愛情蜜糖失去了甜味。(사랑이 단맛을 잃었다.)

b. 心頭湧起一股甜滋滋的喜悅。(마음속에 달콤한 기쁨이 솟아났다.)

c. 她想到孩子们都长大成人, 能为祖国尽力, 心里甜滋滋的。(그녀는 아이들이 다 어른이 되어 조국을 위해 모든 힘을 바칠 수 있음을 생각하니 마음이 흐뭇하였다/달았다.)

d. 一種愉快, 一種甜滋滋的惆悵充滿了我陶醉的內心。(어떤 유쾌함, 어떤 달콤한 실망이 나의 마음속에 가득 찼다.)

예문 (110), (111)도 앞서 예문과 마찬가지로 구체적인 대상에서 추상적인 대상으로 의미가 확장되어 사용된 것인데, 이 역시 물리적인 경험에서 감정 영역으로 확장되어 심리적 상태를 표현하고 있다. 예문 (110d), (111d)는 '슬픔'이나 '실망'과 같은 부정적인 감정을 '달다', '甛'과 관련지어 표현하고 있는데, 이는 '달다', '甛'이 상황이나 기준에 따라 만족 또는 불만족을 불러일으키는 신체적 경험, 예컨대 사탕을 먹었을 때의 만족스러운 느낌이나, 단 것을 너무 많이 먹어 이가 썩게 되는 불쾌한 상황 등 일상적인 경험과도 관련이 있고, 사회·문화적인 특징도 반영되어 있다. 두 언어 모두 '좋은 약은 입에 쓰다', '고통 끝에는 낙이 온다.', '苦盡甘來, 先苦後甜[05]'등 표현이 있다. 이는 '고생 속에서 즐거움을 찾다', '고통이 지나면 낙이 온다는' 등 삶에 대한 긍정적인 사고방식이 반영되어 있다고 할 수 있다.

---

05 의미: 고생 끝에 낙이 온다.

(112) 살이 찌려는지 요즘은 입이 달아 무엇이든 잘 먹는다.

(113) a. 孩子嘴甜, 討老人喜歡。(아이가 말을 달콤하게 하여(직역: 입이 달아) 노인들의 예쁨을 받는다.)

    b. 口甜心裡苦。(말은 달콤하게(직역: 입은 달고) 하면서 속은 검다.)

예문 (112), (113)은 한국어와 중국어 모두 신체 부위 '입/口(嘴)'와 결합하여 어떤 의미를 전달하는데 두 언어가 완전히 다른 양상을 보이고 있다.

예문 (112)의 '입이 달다'는 '입맛이 당기어 음식이 맛있다.', 즉 '식욕이 좋다'는 의미이다. 먹는 행위는 '입'을 통해 진행된다. 따라서 '입'의 기능 가운데 하나인 '먹다'에 초점을 부여하여, '입이 달다'로 '식욕이 좋다'를 표현한 것이다.

반면, 예문 (113)의 경우는 한국어와 마찬가지로 '嘴/口(입)'와 결합하여 의미를 전달하지만, '식욕이 좋다'는 의미가 아니라 '말이 달콤하다', 즉 '말을 예쁘게 잘한다.'는 의미를 전달한다. '말하다'는 '입'을 통해 진행된다. 따라서 중국어의 경우는 '입'의 기능 가운데 하나인 '말하다'에 초점을 부여하여, '嘴(口)甜(입이 달다)'으로 말을 예쁘게 하거나 말을 잘 하는 의미로 사용되고 있다. 한국어는 의미 항목 ①과 관련되어 있고, 중국어는 의미 항목 ❸이 이에 해당한다.

지금까지 살펴본 내용들은 대체로 긍정적인 상황에서 의미가 확장된 것이다. '달다', '甜'은 부정적인 상황에서 의미가 확장되어 사용되기도 한다. 이는 '달다', '甜'에 대한 긍정적인 느낌이 아래 예문과 같이 부정적인 상황에서도 긍정적으로 받아들이는 의지를 전달한다. 앞서 예문 (110), (111)에서 부정적인 감정을 전달할 때 관련지어 표현하는 것과 같다.

(114) a. 벌을 달게 받다.

    b. 충고를 달게 받아들이다.

c. 그와 같은 파격의 책벌을 우리가 달게 견뎌야 할 이유라곤 전혀 없었다.

　(115) 甘受處分。 (달게 처분을 받다.)

　　예문 (114), (115)에서 보듯이, '벌', '충고', '책벌', '處分(처분)' 등을 긍정적으로 받아들인다는 인지 주체의 의지를 표명함으로써 상황에 대한 '적극적'인 태도를 나타내고 있다. 의미 항목 ③이 이에 해당한다. 두 언어 모두 공통적인데, 차이점은 중국어의 경우 현대 미각어 '甜'이 아닌 고대 중국어 '甘'으로 표상되어 고대중국어시기부터 이러한 용법이 존재한 것으로 보인다. '甘'이 '甜'으로 어휘가 교체되면서 처분이나 충고 또는 처벌을 긍정적으로 받아들이는 상황에서는 '甘'에서 그 흔적을 찾을 수 있고, 새로이 교체된 '甜'에서는 그 의미 확장 양상을 찾아볼 수 없다는 것이 특징이다. 또한 한국어의 경우는 '달게'의 꼴로만 나타나는데, 이는 원형 의미와 확장 의미 간에 비대칭성(asymmetry)[06]이 존재함을 의미한다.

　　이 외에도 한국어와 중국어는 예문 (116), (117)처럼 어떤 '이익이나 유리함'을 표현하는 데 '달다', '甜'을 사용하기도 한다.

　(116) 학생1: 친구가 경제적으로 어려워졌다고 안 만나면 안 되지.
　　　　학생2: 내가 달면 삼키고 쓰면 뱉는 그런 나쁜 사람으로 보여? 바빠서 못 만난 것뿐이야.
　(117) a. 這買賣沒一點甜頭。 (이것은 조금도 잇속이 없는 힘든 장사이다.)
　　　　 b. 差事不算很甜。 (이 일은 그렇게 달지 않다/쉽지 않다.)

　　요컨대, '달다', '甜'은 구체적인 사물의 속성인 물리적 경험에서 추상적

06　임지룡(1997: 242)에 따르면, 원형 의미와 확장 의미 사이에 비대칭성이 나타나는데, 이는 원형 의미가 무표적인데 반하여, 확장 의미가 유표적임을 의미한다. 구조적, 빈도적, 인지적으로 성질을 달리하는데, 여기에서는 구조적 비대칭성을 띠고 있다.

인 대상이나 상황, 감정, 행위 등에 대한 심리적 경험으로 확장되어 '기분 좋음, 만족, 유리함, 즐거움' 등 의미를 전달한다.

차이점은 신체 부위 '입'과 결합하여 의미가 확장한 경우 한국어는 '식욕 좋음'으로, 중국어는 '말 잘함'으로 의미가 확장되었고, '음식'에 대한 평가를 내릴 때 한국어는 대상과 결합하여 전체적인 평가를 내리는 반면, 중국어는 행위가 수반되어야 한다는 것이다.

ⓛ '쓰다'와 '苦'

〈표 21〉 '쓰다'와 '苦'의 확장 의미

어휘	확장 의미
쓰다	① 입맛이 없다. ② (마음이) 개운하지 않고 찜찜하다. 언짢거나 괴롭다.
苦	難受, 痛苦, 憂傷, 愁苦。

'쓰다'와 '苦'의 원형 의미가 확장되어 표에서 보듯이 추상적인 의미로 사용된다. 예문을 통해 살펴보면 다음과 같다.

    (118) a. 감기에 걸려서 그런지 입맛이 쓰네요.
          b. 며칠을 앓았더니 입맛이 써서 맛있는 게 없다.
          c. 밥맛이 소태처럼 쓰다.

예문 (118)은 '쓰다'로 '맛없다'는 전체적인 평가를 내리고 있다. 이는 앞서 살펴본 '달다'가 '맛있다'는 의미를 전달하는 것과 마찬가지이고, '달다'와 대립적인 관계를 이룬다. 의미 항목①이 이에 해당한다. 한편, 중국어의 경우는 이와 관련되는 확장 양상을 찾아볼 수가 없는데, 이는 한국어와도 차이가 있고, 앞서 살펴본 '甜'의 확장과도 의미 구조의 비대칭성을 이루고 있다.

한중 감각어의 신체화 연구

(119) a. 친구가 뒤에서 나를 흉본다는 것은 뒷맛이 쓴 일이 아닐 수 없었다.

b. 상대가 이렇게까지 치사하게 나오자 곽상훈은 입맛이 썼다.

c. 수능에서 쓴 맛을 보거나 내신이 안 좋아 고민하는 학생과 학부모
들의 발길이 잦다.

d. 여러 번 실패를 경험했지만 언제나 그 맛은 썼다.

e. 그런데 억울하고 속상할 때 흘리는 눈물은 짜지 않고 쓰다.

(120) a. 苦味是一種苦痛。(쓴맛은 일종의 고통이다.)

b. 有生以來第一遭, 感到她對人們的哀怨, 嘗到了苦味。(태어난 후 처음
으로 그녀가 사람에 대한 애원을 느끼고 쓴맛을 맛보았다.)

c. 他晚年的生活太苦。(그의 노년 생활은 너무 고통스러웠다/썼다.)

d. 飽嘗著限於深刻恐怖的苦味。(심각한 공포의 쓴맛을 충분히 맛보았다.)

e. 愛情要是沒有苦味, 甜蜜從何處領略？(사랑에 쓴맛이 없으면, 달콤함은
어디서 깨달까?)

예문 (119)에서 보듯이, '쓰다'를 통해 추상적인 심리적 상태, 즉 '마음'의
상태가 '찜찜함', '언짢음', '괴로움', '슬픔' 등을 의미하고 있다.

중국어의 예문 (120)도 마찬가지로 '苦'를 통해 추상적인 '마음'의 상태
'고통', '슬픔', '공포', '사랑' 등을 의미하고 있다. 구체적인 물리적 경험에
서 추상적인 심리적 경험으로 의미가 확장된 것인데, '쓰다', '苦'에 대한 신
체적 경험이 의미 확장의 체험적 토대가 된다.

예문 (119a)의 경우 한국어는 '뒷맛이 쓰다'는 표현으로 '괴로움, 언짢음'
등 의미를 전달하는데 이는 자의적인 현상이 아니다. 정수진(2005: 159)에
따르면 이는 몸의 생리적 기초에 동기화되어 있는데, 몸의 구조, 즉 혀의
뒤쪽에 쓴 맛을 느끼는 세포가 집중적으로 분포되어 있기 때문에 쓴 맛은
시간적으로, 공간적으로 뒤에 느낄 수밖에 없다. 이러한 생리적 기초가 한
국어의 경우 언어 구조의 형성에 유의미하게 작용하였다.

(121) 통 음식 맛을 모르겠어. 내 입엔 모두 쓰기만 해. (정수진 2005: 157 인용)

(122) a. 아버지의 그늘에서 벗어날 수 없다는 절망감으로 대신 자살을 택했
다는 주장 등은 입에 쓰다.

　　b. 사람다운 세상살이를 희망했던 김수근의 꿈이 그의 사후 30년도
못 버티는 걸 보는 우리 입이 쓰다.

　　c. 동네 사람들에게 친절한 사람으로 비쳤던 김 씨가 사실 엄청난 사
기꾼이었다는 말을 듣고 모두들 입이 썼다.

　　d. 나의 반문에는 대답을 하지 않았다. 입이 쓴 모양이었다.

예문 (121), (122)는 신체 부위 '입'과 결합하여 예문 (121)은 '맛없다'는 전체적인 평가를 내리고 있고, 예문 (122)는 어떤 일이나 말 따위가 못마땅하여 기분이 '언짢음'을 의미한다. 이는 한국어에만 있는 현상인데, 실제로 쓴 것을 먹었을 때의 불쾌한 느낌, 맛이 없을 때의 불만족, 어떤 질병에 걸렸을 때의 '입이 쓰다'는 생리적 특성 등 일상적인 신체적 경험에 근거하여 의미가 확장된 것이다.

이 외에도 한국어와 중국어는 예문 (123), (124)처럼 어떤 '불이익이나 불리함', '나쁨' 등을 표현하는 데 '쓰다', '苦'를 사용하기도 한다.

(123) 이제 와서 민주당에 등을 돌린 것은 달면 삼키고 쓰면 뱉는 심보 아니
고 뭔가.

(124) 差事不算苦。(일이 그렇게 어렵지/쓰지 않다.)

요컨대, '쓰다', '苦'는 구체적인 사물의 속성인 물리적 경험에서 추상적인 상황이나 심리적 상태로 의미가 확장되어 비감각적 의미를 나타내고 있다.[07]

07　중국어의 경우 '苦'는 잘라서 제거하는 것이나 손실되는 것의 정도가 '지나침, 심함' 등 의미로 사용되는 경우도 있는데 이는 방언(方言)에만 사용되는 확장 의미이다. 아래 예문과 같이 방언에서만 사용되는 확장 의미는 이 책에서는 논외로 한다.

차이점은 앞서 살펴본 것과 마찬가지로 신체 부위 '입'과 결합한 미각적 경험의 의미 확장이 한국어는 '맛없음', '언짢음'의 의미로 확장되었지만, 중국어는 존재하지 않는다.

ⓒ '시다'와 '酸'

〈표 22〉'시다'와 '酸'의 확장 의미

어휘	확장 의미
시다	① 관절 따위가 삐었을 때처럼 거북하게 저리다. ② 강한 빛을 받아 눈이 부시어 슴벅슴벅 찔리는 듯하다. ③ 아니꼽다.
酸	❶ 因疲勞或疾病引起的微痛而無力的感覺。 ❷ 迂腐(多用於譏諷文人)。 ❸ 悲痛；傷心。 ❹ 指因男女關係而引起的嫉妒。

'시다'와 '酸'의 경우 한국어와 중국어 모두 각 사전에서의 처리 방식이 다른데, '시다'가 확장 의미①②를 지시할 때는 『표준』에서는 다의어로, 『연세』에서는 동음어로 처리하였고, 중국어도 『現漢』에서는 동음어, 『大詞典』에서는 다의어로 처리하고 있어, 특히 외국인 학습자가 학습하기에 다의어인지, 동음어인지 혼란을 빚을 수 있다. 이 책에서는 두 의미 항목의 유연성을 충분히 인정할 수 있다고 판단하여 다의어로 처리하고자 한다. 구체적인 용례를 통해 살펴보면 다음과 같다.

(125) a. 어금니가 시다.

⑶ a. 指甲剪得太苦了。(손톱을 너무 바투 깎았다.)
　 b. 这双鞋穿得太苦了。(이 신발을 너무 너덜너덜하게 신어서 수선할 수가 없다.)

b. 그녀는 어깨가 쑤신다, 가슴이 결린다, 발목이 시다, 늘 불평이었다.

(126) a. 腰/脖子酸了。(허리/목이 시다.)

b. 手腕子是挺酸的。(손목이 좀 시다.)

c. 腿站酸了。(오래 서 있었더니 다리가 시었다.)

예문 (125)는 신체 부위 '어금니', '발목' 등이 저리거나 아프다는 것을 의미하고, (126)도 마찬가지로 '腰(허리)', '脖子(목)', '手腕子(손목)', '腿(다리)' 등이 어떤 행동으로 인해 저리거나 아플 때 사용된 것이다. 신 음식을 먹었을 때와 어떤 신체 부위가 저리거나 아플 때의 신체적 반응 또는 느낌이 유사하다. 이는 예문 (127), (128)에서 더 잘 나타난다.

(127) a. 눈이 실 정도로 날씨가 좋다.

b. 태양 빛이 강하여 눈이 시다.

(128) a. 強烈的閃光燈使眼睛發酸流淚。(강렬한 플래시로 눈이 시어서 눈물 난다.)

b. 燈火使我的眼睛酸痛。(등불로 눈이 시고 아프다.)

예문 (127), (128)에서 보듯이, 구체적인 사물의 속성에서 신체 부위로 그 지시 대상의 확장이 나타났는데, 실제로 신 음식을 먹었을 때의 반응과 빛이 눈부시거나 할 때의 반응을 생각해 보면 공통적으로 눈을 감아버리거나 하는 신체적 반응이 수반된다. 따라서 둘 사이의 유연성을 충분히 인정할 수 있다고 판단된다. 이런 의미가 더 추상적으로 확장되어 예문 (129), (130)과 같이 어떤 행동이나 상황에 대한 '아니꼬움'의 의미를 전달한다.

(129) a. 정말 눈이 시어서 못 봐 주겠네.

b. 그녀는 본디 눈꼴 신 것은 못 참고 사는 버릇이 몸에 배어 있는 여자였다.

c. 콧등이 시어서 못 듣겠다.

(130) a. 看得我眼睛都酸了。(눈이 시어지도록 보았다.)

   b. 她忽然鼻子一酸 , 說不下去了。(그녀는 갑자기 코가 시어져, 더 이상
      말할 수가 없었다.)

   c. 可我聽了不知怎麼鼻子一酸, 差點留下了眼淚。(듣고 나니 나도 모르게
      코가 시어지고 눈물이 나올 뻔했다.)

예문 (129)는 앞서 살펴본 신체 부위 '눈'이나 '눈꼴', '콧등'과 결합하여
육체적으로 강한 빛 등으로 인해 눈을 감는 행위가 다른 사람의 행동이나
상황이 아니꼬울 때 눈을 뜨고 차마 볼 수 없어 눈을 감을 정도로 아니꼽다
는 의미로 확장되어 위와 같이 실현된 것으로 보인다.

예문 (130)도 신체 부위 '눈'이나 '코'와 결합하여 어떤 행동이나 상황이
'슬프다'는 것을 의미하는데, 이는 관절 따위가 아플 때의 육체적인 괴로움
과 정신적인 괴로움, 즉 '슬픔' 등과 관련지어 생각해 보면 이해하기 쉽다.

한국어와 중국어 모두 신체 부위의 감각적 반응으로 추상적인 의미를
전달하는 데는 공통적이지만, 한국어의 경우는 '아니꼬움', 중국어의 경우
는 '슬픔'이나 '감동' 등을 전달하는 점에 차이가 있다.

중국어의 '酸'은 또 구체적인 대상에서 추상적인 대상으로 의미가 활발
히 확장되어 사용된다.

(131) a. 心里一酸, 眼泪就淌了下来。(마음이 시어지니 눈물이 흘러내렸다.)

   b. 十分悲酸。(몹시 슬프다.)

   c. 現在想來, 仍然心有餘悸, 讓我不由得心酸。(지금 생각해보니 아직도
      두렵고 슬프지 않을 수 없다/마음이 시다.)

   d. 想到親人的不幸, 心裡就一陣發酸。(가까운 친척의 안타까운 소식에 마
      음이 슬펐다/시어졌다.)

   e. 提起往事就覺得心酸。(옛일을 생각하면 슬프다/마음이 시다.)

   f. 他太出色, 引起一部份人酸溜溜的嫉恨。(그는 너무 출중하여 일부 사람

들의 (신) 질투/미움을 불러 일으켰다)

g. 听到被表扬的不是自己，她心里有些酸溜溜的。(칭찬받은 자가 본인이
아니라는 것을 듣고 그녀는 마음속이 좀 시어졌다/질투심을 느꼈다.)

h. 他拼命躲避莊嚴、神聖、偉大，也躲避他認為的酸溜溜的愛呀傷感呀
什麼的。(그는 장엄하고 신성하고 위대함을 피하고 있다. 그리고 그가
생각한 신맛의 사랑이나 슬픔도 피하고 있다.)

예문 (131)은 중국어에만 존재하는 확장 양상이다. 모두 추상적인 감정
을 표현하는데 '酸'과 관련지어 표현하였는데, 예문 (131a-e)는 '슬픔'이나
'아픔'을, 예문 (131f-g)는 '시샘'이나 '질투'를, (131h)는 '사랑' 등을 '酸'을
통해 표현함으로써 구체적인 대상에서 추상적인 대상으로, 물리적 경험에
서 심리적 경험으로 의미가 확장되었다.

중국어의 '酸'은 또 학자나 문인들이 세상의 물정을 잘 모르거나 옹색하
거나 융통성이 없음을 의미할 때 사용되기도 한다. 이는 중국어에만 존재
하는 문화적인 현상이다.

(132) 酸秀才/窮酸。(옹색한 선비/궁색하다.)

요컨대, '시다'와 '酸'은 구체적인 사물의 속성인 물리적 경험에서 추상
적인 심리적 경험으로 의미가 확장되어 추상적 의미를 나타내고 있다.

차이점은 신체 부위 '눈'과 결합한 미각적 경험의 의미 확장이고, 한국
어와 달리 중국어는 추상적인 감정 '질투', 사람의 특성 '옹색함, 융통성 없
음'으로도 확장된다는 점이다.

한중 감각어의 신체화 연구

ㄹ '짜다'와 '鹹'

<표 23> '짜다'의 확장 의미

어휘	확장 의미
짜다	인색하다.

'짜다'의 확장 양상은 한국어에만 존재한다.

(133) a. 우리 회사는 월급이 짜다.
　　　 b. 그 사람은 성격이 짜다.
　　　 c. 그 선생님은 학점을 짜게 준다.
　　　 d. 그는 아주 짠 사람이라 친한 친구에게도 밥 한 끼 사는 일이 없었다.
　　　 e. 너무 짜게 굴지 마라.
　　　 f. 지연의 아버지는 부자인데도 돈을 내는 일에는 굉장히 짜게 군다.
　　　 g. 씀씀이가 짜면 밑에 사람이 안 모이는 법이다.

예문 (133)과 같이, '월급', '성격', '학점', '돈 씀씀이', '인색한 행동' 등을 '짜다'로 표현함으로써 구체적인 물리적 속성에서 특정 사람의 성질이나 행위로 의미가 확장되어 실현된 것이다. '짜다'는 것은 개념 형성의 근원점이 '소금'인데, 소금은 더 이상 짜낼 수 있는 '수분'이 없다. 소금이 만들어지는 생산 과정과 그것이 소비되는 과정 모두에서 비롯되었을 것으로 보인다. 소금 결정체는 바닷물이 햇빛과 바람에 증발되면서 응축되는 과정에서 현저하게 부피가 감소된다. 그리고 음식이 짜면 양을 적게 먹게 되는데 이러한 경험이 사람의 '씀씀이'가 매우 '적다'는 의미로 확장되는 동기가 부여되었다(이경수 2012: 130 참조). 이러한 신체적 경험에 기초하여 '월급'을 너무 '적게' 준다거나 '성격'의 '좁음', '학점'을 적게 주거나 '돈 씀씀이'의 '넉넉하지 않음' 등 추상적인 의미로 확장된 것이다. 이 같은 경험이 유의미하게 개념 형성에 참여하는 것은 한국어의 특징이라고 할 수 있다.

중국어의 '鹹'은 사용역이 극히 제한되어 있고, 『現代漢語形容詞用法詞典』
에서는 등재되어 있지도 않다. 蔣紹愚(2008)에서도 중국어 '鹹'은 의미 확장이
일어나지 않은 것으로 간주하고 있다. 이 책에서도 이와 같은 입장을 취한다.

ⓓ '맵다'와 '辣'

〈표 24〉 '맵다'와 '辣'의 확장 의미

어휘	확장 의미
맵다	① 몹시 춥다. ② 연기 따위가 눈이나 코를 자극하여 아리다. ③ 성미(성질)이 사납거나 독하다. ④ 결기가 있고 야무지다.
辣	❶ 辣味刺激(口、鼻或眼)。刺痛和灼熱的感覺。 ❷ 厲害；狠毒。 ❸ 性感。

'맵다'와 '辣'[08]의 원형 의미가 확장되어 표에서 보듯이 여러 가지 추상적
인 의미로 사용된다. 예문을 통해 살펴보면 다음과 같다.

(134) a. 해가 서쪽으로 조금씩 기울어지며 냇가로 매운 바람이 불어온다.
       b. 바깥 공기는 움츠려들 만큼 차고 매웠다.

---

08 송지혜(2007)에서는 '사납다'가 '맵다'의 어원 의미이고 '맛'으로는 19세기 이후에 나타
    났음을 밝힌 바 있다. '맵다'의 중국어의 대응어 '辣'의 통시적 의미를 보면, 중국어에서
    는 미각의 의미에서 의미가 확장되어 '사납다'의 의미가 형성되었다고 분석하고 있다(蔣
    紹愚 2008: 57), 또한 중국어 '酸'의 의미 확장을 보면 먼저 미각의 의미에서 추상적인 의
    미로 확장되다가 추상적인 의미에서 다시 구체적인 의미로 변화하였다고 하는 연구가
    있다. 이 책에서는 앞서 언급한 '시원하다'도 마찬가지로 '시원하다'나 '맵다'도 원초적인
    의미는 몸의 작용을 통해 얻은 느낌으로 [신체 감각]에 모두 포함시킬 수 있다는 입장을 조
    심스럽게 취하고자 한다. 이 책에서는 공시적인 양상만 고찰하되 원형 의미의 설정도 사
    전적 해석에 따를 것이다. 무엇보다 원형 의미는 시대의 변화에 따라 달라진다.

.

    c. 제법 날씨가 맵네. 곧 서리가 내리겠군.

    d. 춥고 매운 칼날 같은 겨울날.

예문 (134)는 한국어에만 존재하는 확장 의미이다. 이는 구체적인 사물의 속성에서 자연물의 다른 대상으로 의미가 확장된 것으로 물리적 경험에서 다른 물리적 경험으로 의미가 확장되어 실현된 것이다. '바람', '공기', '날씨' 등이 칼날 같거나 찌르듯이 거세거나 춥다는 의미를 전달한다. 의미 항목①이 이에 해당한다. 실제로 우리는 매운 음식을 먹었을 때 입 안에서 쏘는 맛을 느끼고 알알해지는 것을 느낄 수 있는데, 이는 거센 바람이 몸을 쏘거나 추운 날씨로 인해 몸이 통증을 느끼는 것과 느낌이 유사하기 때문에 확장된 것으로 보인다.[09] 매운 맛이 미각에서 다루고 있지만, '맵다'가 또 통증신경에 의한 작용이라는 생물학적 특성이 언어 구조의 형성에 유의미하게 작용하고 있음을 알 수 있다.

(135) a. 주인댁이 불을 때느라고 매운 연기를 피우기 시작했다.

     b. 매운 담배 연기.

(136) 喝最烈的酒, 抽最辣的烟。(가장 독한 술을 마시고, 가장 매운 담배를 피운다.)

예문 (135), (136)은 불이나 담배 등의 '연기'를 '맵다', '辣'로 표현한 것

---

09 '연기'나 '바람'이 '맵다'는 것을 미각에서 후각이나 촉각, 시각으로 의미가 확장된 공감각적 의미 확장이라고 할 수도 있다. 예컨대, 김해미(2014: 18)에서는 '바람이 맵다.'를 미각에서 후각으로 확장되었다고 보았고, 김준기(2008: 10)에서는 '바람이 맵다.'의 경우 '맵다'가 촉각에서 시각으로 확장되었다고 보고 있다. 이처럼 학자에 따라 논의 결과가 다르게 나타나는데 이러한 점을 감안하여 이 책에서는 공감각적 의미 확장의 경우 그 영역을 대표하는 대표적인 속성명사에 한정하여 살펴보았다. 공감각적 의미 확장의 경우 대상 범위를 어느 기준까지 경계 지어야 하는지는 후속 연구를 통해 계속 논의해야 할 문제점이다.

으로 이는 매운맛이 강렬한 자극이 있는 맛, 통증에 의한 맛이라는 점에서, 매운맛이 실제로 '혀'를 아리게 하는 것과, 독한 '연기'가 '코'를 아리게 하거나 '담배'를 피울 때 독하거나 강한 속성 때문에 입이 아리게 되는 경험과 유사하기 때문에 의미가 확장된 것이다. 의미 항목②, ❶이 이에 해당한다. 이러한 확장 의미는 직접적으로 신체 부위와 결합하여 추상적인 의미를 전달하기도 한다.

> (137) a. 양파를 써니 눈이 맵다.
>   b. 조그만 게 어찌나 손이 매운지 맞은 자리가 한참 동안이나 얼얼하였다.
>   c. 코끝이 맵다.
>   d. 연기 때문에 목이 매워 기침이 난다.
>   e. 길목서 술장사 수십 년 이력이 있으니 눈이 맵긴 맵군.
> (138) a. 切洋葱切得眼睛辣辣的。(양파를 써니 눈이 맵다.)
>   b. 眼睛像是被烟熏过一样辣辣的。(눈이 마치 연기에 그을린 것 같이 맵다/아프다.)
>   c. 江湖上多是心狠手辣的人, 處處要小心。(세상에는 하는 짓이 악랄한 놈이 많으니까, 항상 조심해야 한다.)

예문 (137)은 신체 부위 '눈', '손', '코끝', '목'과 결합하여 나타난 것인데, 이는 실제로 '눈'이나 '손'이 '맵다'는 의미가 아니다. 예문 (137a-d)는 자극 대상으로 인해 '눈' 등이 아리게 되는 현상에 초점을 두어 눈이 아리게 되는 경험과 매운맛을 느낄 때 아리게 되는 경험이 유사하기 때문에 의미가 확장된 것으로 보인다. 예문 (137e)의 경우는 신체 부위 '눈'과 결합하여 성미가 '독함, 사나움'을 의미한다. 이는 '눈이 맵다'가 문맥이나 상황에 따라 의미가 다르게 선택됨을 의미한다. 예문 (137b)의 경우는 때리는 강도가 세기 때문에 즉 손의 힘센 정도를 '맵다'를 통해 표현한 것으로 맞은 자리가

한중 감각어의 신체화 연구

얼얼하게 아픈 경험을 매운맛의 알알함과 유사하기 때문에 '맵다'를 통하여 표현한 것이다. 여기에서 '손'과 결합하여 '손이 맵다'가 '살짝 때려도 매우 아플 정도로 힘이 세다.'의 확장은 한국어에만 존재한다.

예문 (138)은 중국어의 경우인데, 한국어와 마찬가지로 '눈'이 아리게 되는 경험과 매운맛을 느낄 때 아리게 되는 경험이 유사하기 때문에 확장된 것으로 한국어와 공통적인 확장 의미를 지니고 있다. 예문 (138c)는 신체 부위 '手(손)'와 결합하여 '手辣(손이 맵다)'로 성미가 '사납거나 독함'을 의미하는데, 이는 중국어에만 존재하는 확장 의미이다. 한국어의 경우 '손'과 결합한 '손이 맵다'와는 다른 확장 양상을 보이고 있다. 의미 항목❷가 이에 해당한다.

> (139) a. 어머니는 매운 시집살이를 하셨다.
>   b. 그 양반이 어쩌자고 이렇게 매운 짓을 하나 모르겠어.
>   c 그 여자의 맵고 찬 마음.
>   d. 당차고 매운 것이 한 번도 약한 모습을 보인 일이 없었던 계집애다.
>   e. 큰애가 똑똑하고 매운 성격이라 결행을 한 거겠지만 젊은 목숨이 애처롭다.
>   f. 시어머니는 너무 성격이 매워서 남을 용서할 줄 모른다.
>   g. 그의 매운 주먹 몇 대 맞고는 놈들은 줄행랑을 친다.
> (140) 口甜心辣。 (입으로는 달콤한 말을 하지만 마음속은 잔혹하다.)

예문 (139), (140)은 '성미나 성격'이 '사납거나 독하다'는 의미로 확장되어 사용된 것이다. 이는 매운맛을 경험할 때 동반되는 괴로움, 매운맛이 갖고 있는 강한 자극성 등이 바탕이 되어 '성격'이나 '성미, 성질'이 '독하거나 사나움'의 의미로 확장된 것이다. 의미 항목 ③이 이에 해당한다. 두 언어 모두 구체적인 물리적 사물의 속성에서 사람의 성질이나 행위로 의미가 확장된 것으로 보인다.

(141) a. 그이는 손이 매워서 한번 시작한 일은 빈틈없이 해낸다.

　　　b. 손끝이 매운 사람이니 일을 맡겨도 잘 해낼 거야.

　　　c. 너 정말 손이 맵구나. 살짝 쳤는데도 어쩜 이리 아프니?

(142) a. 저 녀석은 하는 일마다 맵게 잘 처리해서 마음에 든다.

　　　b. 눈썰미 야물고 매운 하인들이 재빠르게 다니면서 충직하게 심부름을 하였다.

　　　c. 소같이 일하고, 쥐같이 먹을 정도로 검약하게 사는, 맵고 부지런한 사람이었다.

　예문 (141)도 신체 부위 '손'과 결합하여 의미가 확장된 것인데, 여기에서는 일하는 것이 빈틈없고 '야무지다'는 것을 의미한다. 의미 항목④가 이에 해당한다. '빈틈이 없고 야무지다'의 의미로 확장되는 양상은 예문 (142)에서도 확인할 수 있듯이, 이는 한국어에만 존재하는 현상이다.

　(143) 她的身材很辣。 (그녀의 몸매가 매우 섹시하다.)

　예문 (143)은 중국어에만 존재하는 확장 의미이다. 사람의 몸매가 '섹시함'을 의미하는데 '辣'를 통해 표현하고 있다. 구체적인 물리적 사물의 속성에서 사람으로 확장되어 사용된 것이다. 이러한 표현은 두 가지 해석이 가능하다. 한 가지는 언어 접촉으로 인한 영향일 수 있다. 영어에서 사람의 몸이 색시하다고 표현할 때는 'hot'라는 단어를 통해 표현하기도 하기 때문에 영어의 영향을 받은 것일 수 있다. 또 한 가지 해석은 일상생활을 생각해보면 이해가 된다. 매운맛은 사람들을 끌어들이는 흡인력이 있다. '越辣越過癮 (인이 박힐 만큼 매우면 매울수록 좋다)'이라고 할 정도로 중독성이 있는 맛이다. 좋은 몸매는 역시 사람들의 시선을 끌어들이는 흡인력이 있다.

　매운 대상이 본래 갖는 속성이 사람의 영역으로 확장되어 사람이 지닌 성격이나 성질이 매운 속성을 지닌 것으로 구체화하여 표현한 것이다.

요컨대, '맵다', '辣'는 구체적인 물리적 속성에서 추상적인 대상이나 상황, 행위로 확장되는데, 두 언어 모두 '성격'이나 '성질'의 '사나움'을 의미할 때 나타낸다.

차이점은 '자연물', 성격이 '야무짐' 등은 한국어에만 존재하는 확장 의미이고, 반면 '몸매'로 확장되어 '섹시함'을 의미하는 것은 중국어에만 존재하는 확장 의미이다. 그리고 신체 부위 '손'과 결합한 '손이 맵다'도 매우 아플 정도로 힘이 세다는 의미는 한국어에만 존재하는 확장 의미이다.

ⓑ '떫다'와 '澀'

〈표 25〉 '떫다'와 '澀'의 확장 의미

어휘	확장 의미
떫다	하는 짓이나 말이 덜되고 못마땅하다.
澀	❶ 摩擦时阻力大, 不滑潤。 ❷ 难读, 难懂。

'떫다'와 '澀'의 원형 의미가 확장되어 추상적인 의미로 사용되는데 표에서 보다시피 다른 미각어보다 확장 양상이 제한적이다.

(144) a. 김 부장은 제 기분이 맞지 않다는 듯 하루 종일 떫은 표정을 짓고 있다.
b. 그것을 지켜보고 서 있는 기분이 조금 떫다.
c. 그녀가 연탄 화덕에 석쇠를 얹으며 떫은 대꾸를 한다.
d. 그 기자가 떫은 감 씹은 얼굴로 한 마디 했다.

(145) a. 聽了這話, 心里澀澀地不是滋味。(이 말을 들으니 마음이 언짢았다.)
b. 天成嘴角露出一絲澀澀的笑。(天成의 입가에 떫은 웃음이 띠고 있다.)

예문 (144), (145)는 어떤 행위나 행동에 대한 '못마땅함'을 '떫다', '澀'를 통해 기술하고 있다. 이런 못마땅함은 우리가 덜 익은 감을 먹었을 때의 입안의 텁텁한 느낌, 불쾌한 느낌을 연상하면 자연스럽게 이해된다. '떫다', '澀'에 대한 신체적 경험이 확장되어 어떤 행동이나 행위에 대해 마음에 맞갖지 않음을 의미하고 있다. 두 언어 모두 신체적 경험에 기초하여 의미가 확장된 것이다.

> (146) a. 輪油發澀, 該上油了。(회전축이 매끄럽지 않아서, 기름을 쳐야겠다.)
>   b. 抽屜是那麼澀。(서랍이 너무 매끄럽지 않다.)

예문 (146)은 구체적인 사물의 속성에서 또 다른 사물의 속성으로 의미가 확장되어 사용된 것인데, 둘 사이의 연결은 '澀'에 대한 텁텁한 느낌의 실제적인 미각적 경험이 없었더라면 불가능한 것이다. '澀'의 원활하지 않고 텁텁한 느낌을 통해 '기계'나 '가구' 등 물체가 원활하지 않거나 매끄럽지 못함을 의미할 때 사용된 것으로 이는 중국어에만 존재하는 확장 양상이다. 의미 항목 ❶이 이에 해당한다. 이러한 의미가 또 실체가 없는 추상적인 대상 '문장'이 읽기 어렵거나 유창하지 않음의 의미를 전달하기도 한다. 의미 항목 ❷가 이에 해당하는데, ❶→❷ 연쇄구조로 이루어져 있다.

> (147) a. 晦澀。(문장이 난삽하다.)
>   b. 文句艱澀。(문장이 난해하다.)

앞서 살펴보았듯이, 떫은맛은 미각뿐만 아니라 촉각신경에 의해서도 작용한다. 이런 생물학적 특성에 근거하여 예문 (148)과 같이 몸의 불편함을 표현할 때 사용된다. 이는 앞서 살펴본 '酸'의 확장 경로와 비슷한 양상을 보이고 있다. 다만 한국어의 '시다'와는 달리, '澀'는 중국어에만 나타나는 확장 양상이다.

(148) a. 眼珠發澀。 (눈알이 뻑뻑하다.)

     b. 沒有睡過覺, 眼睛有點發澀。 (잠을 안 자서 눈이 뻑뻑하다.)

     c. 眼皮發澀, 腦袋發昏。 (눈꺼풀은 뻑뻑하고, 머리는 어지럽다.)

예문 (148)은 신체 부위 '眼珠(눈알), 眼睛(눈), 眼皮(눈까풀)' 등과 결합하여 몸의 '뻑뻑함'을 표현하고 있다. 일반적으로 '눈'과 결합하여 나타난다. 같은 신체 부위더라도 한국어와 중국어에 나타나는 양상이 차이가 있고 적극적인 신체 부위가 있는가하면 덜 적극적인 신체 부위가 있다.

요컨대, '떫다', '澀'는 구체적인 사물의 속성인 물리적 경험에서 추상적인 행위나 행동으로 확장되어 '못마땅함'을 의미한다.

차이점은 중국어는 또 다른 사물 '기계'나 실체가 없는 추상적인 대상 '문장' 등으로 확장되어 '원활하지 않음', '읽기 어려움, 유창하지 않음' 등을 전달한다. 또한 신체 부위와 결합하여 몸의 '뻑뻑함'을 표현하는 것도 중국어에만 존재하는 확장 의미이다.

지금까지 살펴본 한중 미각어의 확장 의미를 한 자리에 모으면 다음과 같다.

	지시 대상	의미	
		한	중
㉠	음식	맛있음	
	(꿈, 잠) 행위, 상황	만족함	
	감정	○	
	(부정 상황) 태도	적극적	
	이익	유리함	
	(입+)[10]	식욕 좋음	말 잘함
㉡	음식	맛없음	×
	감정	○	
	이익	불리함	
	(입+)	맛없음/언짢음	×
㉢	신체	아픔	
	(눈, 콧등+)	아니꼬움	슬픔, 감동
	감정	×	시샘, 질투 등 부정
	(학자, 문인) 성격	×	옹색함, 융통성 없음
㉣	성격, 행동	인색함	×

---

10 '입+'는 신체 부위 '입'과 결합한 것을 의미한다.

⑩	자연물	춥다	×
	신체	아리다	
	성미, 성격	사나움	
		야무짐	×
	(손+)	×	(성미) 사납거나 독함
		손 힘 셈	×
	(눈+)	사나움, 독함	×
	몸매	×	섹시함
⑪	행위, 행동	못마땅함	
	기계, 가구	×	원활하지 않음
	(문장) 대상	×	읽기 어려움, 유창하지 않음
	신체	×	뻑뻑함

4. 한중 미각어의 신체화 양상

5. 한중 후각어의 신체화 양상

5.1. 후각의 특징

후각은 미각과 마찬가지로 화학적 감각에 속한다. 다른 감각도 인간의 생존과 밀접한 관련을 지니고 있지만, 특히 후각의 경우 그 관계가 더욱 밀접하다. 우리는 냄새 때문에 먹을 수 있는 음식과 먹을 수 없는 음식을 구별하며 생존하고 삶을 이어가기 때문이다. 그럼에도 불구하고 후각은 많은 냄새를 식별할 수 있지만 그것을 묘사할 만큼 충분한 어휘를 가지고 있지 못한다(김현택 외 옮김 1997). 후각은 후각신경에서 뇌로 정보가 전달되는 방식이 다른 감각과 달리 독특하다. 다른 감각들은 모두 시상(視床)이라는 중간 과정을 거쳐 대뇌의 전문 영역으로 전달되어 인지되는 반면, 후각은 그러한 중간 단계 없이 뇌로 정보가 바로 전달된다. 그뿐만 아니라 후각은 감정과 기억을 담당하는 뇌에 바로 연결된다. 그래서 냄새는 감정과 기억에 직접 영향을 미치고, 무의식적으로 작용한다(최현석 2013: 249-250 참조). 이러한 생물학적 특성이 후각어의 의미 확장에 영향을 미치고 제약을 가하고 있다. 후각 개념이 언어적으로 표상된 후각어가 다른 감각에 비해 현저히 적다. 대표적으로 몇 가지 기본 후각어의 의미 구조를 파악해 보고자 한다.

5.2. 후각어의 원형 의미

㉠ '향기롭다/고소하다/구수하다'와 '香'

〈표 27〉 '향기롭다/고소하다/구수하다'와 '香'의 원형 의미

어휘	원형 의미
향기롭다	향기가 있다. 좋은 냄새가 난다.
고소하다	볶은 깨, 참기름, 땅콩 따위에서 나는 기분 좋은 맛이나 냄새와 같다.
구수하다	보리차, 숭늉, 된장국 따위에서 나는 맛이나 냄새와 같다. 입맛을 당길 만큼 은근하고 좋다.
香	氣味好聞。

한국어의 '향기롭다', '고소하다/구수하다'는 대체로 중국어의 '香'과 상응한다. 표에서 보는 바와 같이, '향기롭다'는 '향기가 있는 좋은 냄새'를, '고소하다'는 '깨나 참기름, 땅콩 따위의 좋은 맛이나 냄새'를, '구수하다'는 '보리차나 숭늉, 된장국 따위의 좋은 맛이나 냄새'를 표현하는 데 사용되었다. '고소하다'와 '구수하다'의 경우 '맛이나 냄새'에 대한 경험을 표현하는 데 모두 사용할 수 있는데, 이를 송정근(2005: 305)에서는 미각과 후각이 나타내는 어휘가 아직 미분화 상태인 것으로 볼 수도 있고, 미각이나 후각 중 하나의 감각에만 사용되던 어휘가 다른 영역으로 사용 영역을 확장한 것으로 볼 가능성도 있다고 제시한 바 있다. 한편, 중국어의 '香'은 한국어와는 달리 구체적인 개념 형성의 근원을 제시하지 않고 포괄적으로 '좋은 냄새'의 의미로 기술되어 있다. 대체로 '좋은 냄새'의 의미를 전달하는 점에서 두 언어 모두 공통적이다. 그리고 중국어의 '香'도 음식물의 맛을 표현하는 데 사용되는데, 이를 중국어에서는 '香'이 후각 영역에서 미각 영역으로 확장된 것으로 보고 있다. 중국어와의 대조를 위해 이 책에서는 '고소하다'나

'구수하다'가 '맛'이나 '냄새'를 동시에 경험하는 데도 불구하고 후각에서 다른 이유 중의 하나이다. 더 중요한 이유는 '고소하다'나 '구수하다'를 언중들이 '맛'보다 '냄새'로 더 많이 인식되어 있다는 점이다. 기본적으로 이들은 모두 코를 통해 직접 느낄 수 있는 것으로 후각적 경험의 언어적 표상이다. 원형 의미를 나타내는 예를 보면 다음과 같다.

> (149) a. 향기로운 냄새.
> b. 샘물 주위에는 기이한 풀과 향기로운 꽃들이 무성하였다.
> (150) a. 어디서 깨를 볶는지 고소한 냄새가 풍겨 온다.
> b. 나물을 무칠 때는 참기름이 들어가야 고소한 맛이 나고 좋다.
> (151) a. 보리차 끓이는 구수한 냄새.
> b. 된장찌개가 구수하다.
> (152) a. 這花真香。(꽃이 참 향기롭구나.)
> b. 香油不香。(참기름이 고소하지 않다.)
> c. 大醬的味道又濃又香。(된장 맛이 깊고 구수하다.)

예문 (149-152)에서 보듯이, 코를 통해 감지되는 음식물의 냄새를 '향기롭다', '고소하다', '구수하다', '香'으로 표현한 것으로 두 언어의 어휘 분화의 방식에 차이가 있지만, 모두 '좋은 냄새'를 표현할 때 사용된다. '좋은 냄새'의 개념에서는 두 언어가 공통적인데, 경험의 언어적 수단은 차이가 있다. 하지만 좋은 냄새라는 점에 대한 신체적 경험은 같다고 할 수 있다. 그리고 냄새의 질도 항상 만족을 불러일으킨다.

　　　　　　　　　　　　　　한중 감각어의 신체화 연구

ⓛ '고리다/구리다'와 '臭'

〈표 28〉'고리다/구리다'와 '臭'의 원형 의미

어휘	원형 의미
고리다	『표준』: 썩은 풀이나 썩은 달걀 따위에서 나는 냄새와 같다. 『연세』: (살갗의 부스러기와 땀이 섞여서 썩은 냄새가) 고약하다.
구리다	냄새가 똥이나 방귀 냄새와 같다.
臭	(氣味)難聞。

한국어의 '고리다/구리다'는 대체로 중국어의 '臭'와 상응한다. 다만 두 언어 간의 개념 형성의 근원점이 차이가 있다. '고리다'의 경우는 『표준』과 『연세』의 처리 방식도 다르다. 예문을 통해 살펴보면 다음과 같다.

(153) a. 발에서 고린 냄새가 난다.
　　　 b. 이런 돈을 받으면 그 냄새가 고려서 돈을 세는 사람이 머리를 앓는다는 얘기를 어느 은행원한테서 들은 일이 있다.
(154) a. 구린 입 냄새.
　　　 b. 구린 방귀.
(155) a. 臭鸡蛋。(구린/썩은 달걀.)
　　　 b. 脚/口很臭。(발/입 냄새가 구리다.)
　　　 c. 放屁很臭。(방귀가 구리다.)

예문 (153-155)에서 보듯이, '고리다/구리다'와 '臭'의 경우, 한국어는 개념 형성의 근원점이 제시되어 있고, 중국어의 경우는 앞서 살펴본 '香'과 마찬가지로 포괄적으로 '나쁜 냄새'라는 의미를 나타내고 있다.[01] 하지만

01　'臭'의 경우는 통시적으로 원래 좋은 냄새, 나쁜 냄새 모두를 지칭하는 명사였는데, 지금은 나쁜 냄새만 가리키는 데 사용되어 축소지칭 현상이 나타남과 동시에 명사에서 형용사로의 품사의 전환을 거쳤다.

예문을 통해 모두 발에서 나는 냄새, 썩은 달걀 냄새, 고약한 입 냄새나 방귀 냄새 등 나쁘고 고약한 냄새를 표현할 때 사용되는데, 한국어는 '고리다/구리다'로 표현하고 있고, 중국어는 '臭'로 표현하고 있는 것이다. 모두 코를 통해 느끼는 후각적 경험으로 두 나라의 '고리다/구리다', '臭'의 신체적 경험이 '나쁜 냄새'에 대해서는 같음을 의미한다. 즉 냄새의 질에 대해 항상 불쾌감을 불러일으킨다.

ⓒ '지리다'와 '臊'

〈표 29〉 '지리다'와 '臊'의 원형 의미

어휘	원형 의미
지리다	『표준』: 오줌 냄새와 같거나 그런 맛이 있다. 『연세』: 냄새가 오래된 오줌과 같다.
臊	『現漢』: 像尿或狐狸的氣味。 『大詞典』: 腥臭的氣味。

'지리다'와 '臊'의 사전적 의미 정보를 보면, 한국어의 '지리다'의 경우 대체로 '오줌'과 같은 냄새를 표현할 때 사용되지만, 『표준』에는 '냄새' 뿐만 아니라 '맛'도 같이 나타난다. 다만 '맛'보다 '냄새'를 가리키는 것이 더 적절해 보인다. 중국어 '臊'의 경우는 『現漢』은 '오줌'이나 '여우'의 냄새를, 『大詞典』에는 '비리고 구린 냄새'로 풀이되어 있다. '오줌'과 같은 냄새를 가리킬 때, 그리고 모두 '나쁜 냄새'를 가리킨다는 점에서는 두 언어 모두 공통적이다.

(156) a. 소녀는 세 입도 못 먹고, "아, 맵고 지려." 하며, 집어던지고 만다.
　　　 b. 그 동네의 골목에서는 지린 오줌 냄새가 났다.
(157) a. 哪来的一股臊味? (어디서 나오는 한 줄기의 지린 맛?)

b. 馬尿臊多難聞。 (말 오줌은 아주 지려서 냄새가 고약하다.)

예문 (156), (157)에서 보듯이, 코를 통해 감지되는 어떤 음식물의 맛이나 오줌의 냄새를 '지리다', '臊'로 표현한 것으로 나쁜 냄새를 가리키는데, 이는 '지리다', '臊'에 대한 두 언어사용자의 신체적 경험이 같음을 의미한다.

㉣ '노리다/누리다'와 '膻', '臊'

〈표 30〉 '노리다/누리다'와 '膻', '臊'의 원형 의미

어휘	원형 의미
노리다	짐승의 고기에서 나는 기름기 냄새나, 고기 또는 털 따위의 단백질이 타는 냄새처럼 역겨운 냄새가 있다. 노래기의 냄새와 같다
누리다	짐승의 고기에서 나는 기름기 냄새나, 고기 또는 털 따위의 단백질이 타는 것처럼 냄새가 역겹다.
膻	像羊肉的氣味。[02]
臊	〈표 29〉에 제시된 것과 같음.

한국어의 '노리다/누리다'는 대체로 중국어의 '膻(누릴 전)', '臊(누릴 조)'와 상응한다. 여기에서 '누리다'의 경우는 『표준』에만 등재되어 있는데, 의미 풀이가 '노리다'와 완전히 동일하다. 용례를 통해 살펴보면 다음과 같다.

(158) a. 고기 냄새가 노려서 입에 대지도 못하겠다.
    b. 노린 고기도 양념을 잘하면 먹을 만하다.
    c. 몸에서 노린 냄새가 난다.
(159) a. 다른 고기보다 양고기를 구울 때, 특히 누린 냄새가 많이 난다.
    b. 그 고기는 기름기를 빼지 않고 요리하였기 때문에 누려서 먹기가

---

02 '膻'의 옛 글자가 '羴'이다.

힘들 정도이다.

(160) a. 這羊肉不膻。(이 양고기는 노리지 않다.)

　　　 b. 有些人聞不慣羊肉的膻味。(어떤 사람은 양고기의 노린내를 싫어한다.)

　　　 c. 他身上有股膻味儿。(몸에서 노린 냄새가 난다.)

(161) 馬尿臊多難聞。(말 오줌은 아주 노려서 냄새가 고약하다.)

　　예문 (158-161)에서 보듯이, 한국어는 '고기'의 냄새나 '몸'에서 나는 역겨운 냄새, 또는 (158b), (159b)와 같이 고기에 기름기가 많아 냄새가 '메스껍다'는 뜻으로 사용하고 있다. 『연세』에는 하나의 의미 항목만 등재되어 있고, 『표준』의 경우는 『연세』와 첫 번째 의미 항목은 같지만, 두 번째 의미 항목에 '고기에 기름기가 많아 맛이 메스껍고 비위에 거슬리다.'가 별도의 의미 항목으로 배치되어 있는데 모두 '고기'의 냄새를 가리키는 것으로 보아 첫 번째 의미 항목에 포함시켜 논의하여도 무방할 것으로 보인다. '노리다/누리다'가 대체로 '膻'과 대응하는데 예문 (161)에서 제시한 바와 같이, 중국어의 '臊'는 앞서 살펴본 '지리다' 뿐만 아니라 '노리다'와도 대응하고 있음을 확인할 수 있다. 대체로 '膻'과 대응 관계를 이루고 있고 모두 '나쁜 냄새, 좋지 않은 냄새'에 대한 신체적 경험으로 두 언어가 같음을 의미한다.

　　ⓜ '비리다/배리다'와 '腥'

〈표 31〉'비리다/배리다'와 '腥'의 원형 의미

어휘	원형 의미
비리다	날콩이나 물고기, 동물의 피 따위에서 나는 맛이나 냄새가 있다.
배리다	날콩이나 물고기, 동물의 피 따위에서 나는 맛이나 냄새와 조금 같은 데가 있다.
腥	有腥氣。

'비리다/배리다'와 '腥'은 개념 형성의 근원점이 차이가 있는데, 한국어의 경우는 명시적으로 '날콩', '물고기', '피'를 제시한 반면, 중국어는 포괄적으로 기술되어 있는데, 동어반복적인 설명이라 효과적인 의미 기술 방법이 아니다. 예문을 통해 구체적인 원형 의미를 살펴보면 다음과 같다.

(162) a. 생콩을 볶으면 비리지 않고 고소한 맛이 난다.
b. 어시장에서 생선의 비린 냄새가 물씬물씬 풍겨 왔다.
c. 18일 열린 이탈리아와 미국의 E조 2차전은 그라운드의 감동은 사라지고 비린 피의 냄새만이 가득한 '전투'였다.
(163) 생선회가 좀 비리긴 하지만 얕은맛이 있어 먹을 만하다.
(164) a. 這肉眞腥。(고기가 매우 비리다.)
b. 我不愛去水産市場, 魚腥味受不了。(나는 수산시장에 가기 싫어한다. 생선의 비린 냄새가 견딜 수 없다.)
c. 血腥氣。(피 비린 냄새.)

예문 (162-164)에서 보듯이, 대체로 생선이나 피에서 나는 냄새를 가리킬 때 '비리다', '腥'으로 표현한 것으로 두 언어 모두 공통적이다. 다만 언어적 표상이 두 언어 간에 차이가 있다. 그리고 중국어의 '腥'은 날고기나 생선 따위의 비린 것이라는 명사에서 품사가 전환되어 형용사로 사용된 점이 특징적이다. 코를 통해 느끼는 '비리다/배리다', '腥'의 신체적 경험은 같다고 할 수 있다.

지금까지 후각어의 원형 의미를 살펴본 결과, 대체로 '좋은 냄새', '나쁜 냄새'를 가리키는 개념으로 두 언어 모두 공통적이다. 다만 언어적 표현에 있어서 두 언어 간에 차이가 있다. 중국어의 경우는 포괄적으로 의미를 지칭하는 경향이 있고, 한국어의 경우는 개념 형성의 근원점을 자세히 명시하는 경향이 있다. 하지만 좋은 냄새, 나쁜 냄새를 겪는 신체적 경험이 두 언어 모두 동일하다고 하겠다.

5.3. 후각어의 공감각적 의미

공감각적 의미 확장은 후각어가 후각 영역에서 다른 감각 영역으로 확장되는 경우에 사용됨으로써 일어나는 확장 의미이다. 후각어의 경우 다른 감각 영역으로 확장되는 경우 논리적으로는 시각, 청각, 미각, 촉각이 있다. 구체적인 예문을 통해 공감각적 의미 확장 양상을 살펴보고자 한다.

5.3.1. 후각 → 미각

한중 후각어가 미각 영역의 대표적인 속성명사 '맛'/'滋味'를 수식하거나 서술하는 용례는 다음과 같다.

> (165) a. 타박타박 씹히는 꽁치 맛은 분명히 고소한 맛 그것이었습니다.
>   b. 베이질향이 첨가되어서인지 생선 비린 맛도 전혀 느껴지지 않았다.
>   c. 이 때 팥 삶은 물을 붓고 지으면 색이 고울 뿐 아니라 구수한 맛도
>   즐길 수 있다.
>   d. 한 모금 쑥 빨고 나니, 담배와 같이 향기로운 맛이 없고 맥맥하였다.

예문 (165)는 후각어 '고소하다', '비리다', '구수하다', '향기롭다'가 미각 영역으로 확장되어 사용되었다고 할 수 있다. 미각과 후각의 관계가 밀접하기 때문에 앞서 살펴본 바와 같이 확장 양상도 풍부하다. 이는 무엇보다 후각과 미각이 인접한 두 감각기관으로 인해 많은 경험을 같이 공유하기 때문으로 추정된다.

> (166) a. 一股血腥味。(한 줄기의 피비린내.)

한중 감각어의 신체화 연구

b. 噁心的臭味。(구역질이 나게 하는 악취.)

c. 一股特別的香味 , 直扑鼻孔。(특이한 향기가 콧구멍을 찌르고 있다.)

예문 (166)과 같이 후각 영역에 속하는 '血腥', '臭'와 '香'은 '味'와 결합되어 이미 한 단어로 굳어져 있다.[03]

5.3.2. 정리

지금까지 후각어가 후각 영역에서 시각, 청각, 후각, 미각 영역으로 확장되는 양상을 살펴보았는데, 한국어와 중국어 모두 후각어가 미각 영역으로만 확장되어 사용되고 있음을 알 수 있다. 도식화하면 다음과 같다.

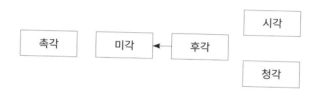

〈그림 22〉 한중 후각어의 공감각적 의미 확장

〈그림 22〉를 통해 두 언어 간의 공통점과 차이점을 살펴보면 다음과 같다.

첫째, 두 언어 모두 '후각→미각'으로의 확장이 존재한다. 후각어가 다른 감각 영역으로 확장되는 용례는 미각 영역 이외에는 두 언어 모두 다른 감각 영역으로 확장되지 않는다. 이는 후각어가 다른 감각에 비해 그 어휘수가 현저히 적고 촉각보다 후각이 더 높은 차원에 속하는 감각이기 때문으로 보인다. 예컨대, 후각어가 시각으로 확장되는 표현은 21세기 말뭉치

---

03 사실, 중국어의 '味'는 미각과 후각이 미분화된 어휘라서 미각뿐만 아니라 후각의 경우로도 쓰임으로, 후각에서 미각으로의 확장 양상이라고 말하기 어렵지만 사전에 등재된 첫 번째 의미 항목이 '미각'이고, 두 번째 의미 항목이 '후각'이라는 점을 고려하여 후각에서 미각으로의 확장으로 다루었다.

에서 검색되지 않았다. 후각이 시각보다 낮은 차원에 속하여, 시각으로의 확장이 자연스러울 것이라는 예상과는 달리 극히 제한적임을 알 수 있다. 중국어의 경우도 마찬가지로 후각에서 시각으로의 확장이 존재하지 않는 다. 그 이유는 이는 후각의 생물학적 특성에 기인한다고 할 수 있다. Neil R. Carlson에 의하면, 인간은 많은 냄새를 식별할 수는 있지만 그것을 묘사할 만큼 충분한 어휘를 가지고 있지 못하다(김현택 외 옮김 1997: 282). 그리고 후각은 다른 감각과는 달리 후각 자체를 표현하는 말이 없다(최현석 2013: 245). 일상생활에서 눈을 바탕으로 후각 경험을 표현할 수 있으나, 코를 통해 시각 경험을 표현할 수 없기 때문이다. 이러한 생물학적 특성이 언어적 구조·개념적 구조를 형성하는 데 유의미하게 작용하였다.

둘째, 후각어가 청각 영역으로 확장된 양상은 두 언어에서 모두 찾을 수가 없었다. 이는 앞서 언급한 바와 같이, 비록 후각이 낮은 차원에 속하고, 청각이 높은 차원에 속하지만, 후각의 어휘적 표상이 극히 제한되어 있다는 점을 생각해 보면, 후각에서 청각으로의 확장이 존재하지 않는 것은 자연스러운 결과라 할 수 있다. 그 이유는 무엇보다 후각기관 '코'와 청각기관 '귀'는 서로 동떨어져 있고 귀를 통해 후각 경험을 표현할 수가 없는데 이러한 생물학적 특성이 언어적 구조·개념적 구조를 형성하는 데 유의미하게 작용하였음을 뜻한다.

셋째, 차이점은 '후각→미각'으로 활발 정도가 한국어가 중국어보다 생산적이다.

5.4. 후각어의 추상적 의미

후각어는 앞서 미각어와 마찬가지로 모두 구체적인 대상의 성질이나 상태를 표현한 것이다. 이것이 추상적인 대상이나 상황 또는 행위 등 사태에 사용되어 확장 의미를 획득한다. 구체적으로 살펴보면 다음과 같다.

ㄱ '(향기롭다)/고소하다/구수하다'와 '香'

〈표 32〉 '고소하다/구수하다'와 '香'의 확장 의미

어휘	확장 의미
고소하다	① 기분이 유쾌하고 재미있다. ② 미운 사람이 잘못되는 것을 보고 속이 시원하고 재미있다.
구수하다	① 말이나 이야기 따위가 마음을 잡아끄는 은근한 맛이 있다. ② 마음씨나 인심 따위가 넉넉하고 푸근하다.
香	❶ 食物味道好。 ❷ 吃東西胃口好。 ❸ 形容睡得踏實, 酣暢。 ❹ 受歡迎, 被看重。

'고소하다/구수하다', '香'이 원형 의미가 확장되어 표에서 보듯이 여러 가지 추상적인 의미로 사용된다. 예문을 통해 살펴보면 다음과 같다.

(167) a. 자네 요즘 새살림 재미가 무척이나 고소한가 봐. 퇴근하기 무섭게 집으로 직행하는 걸 보니.
　　　b. 눈이 내리는 밤이면, 눈 쌓인 지붕 밑의 이야기는 더욱 고소했다.
　　　c. 옛날 얘기도 아주 고소하게 잘해 주셨다.
(168) a. 구수한 옛날이야기.
　　　b. 아저씨의 익살은 늘 구수했다.
　　　c. 우리 할아버지는 말씀을 아주 구수하게 잘하신다.
　　　d. 황방호의 입담은 이만저만 구수하지가 않았다.

예문 (167), (168)은 '고소하다', '구수하다'가 추상적인 대상이나 상황에 사용되어 '말'이나 '이야기', '살림' 등이 '재미있음'을 의미할 때 사용된 것

으로 구체적인 사물의 속성에서 의미가 확장되어 추상적인 대상의 속성을 표현한 것이다. 맛있는 깨나 숭늉 등은 거부감 없이 받아들이고 맛있으면 기분이 좋아진다. 후각은 감정을 담당하는 뇌에 바로 연결되기 때문에 좋은 냄새는 좋은 느낌으로 바로 연결된다. 따라서 음식물의 좋은 냄새로 인한 좋은 느낌이 추상적인 대상으로 확장되어 사용되었다고 할 수 있다. 상황이나 기준에 따라 달리 나타나지 않고 좋은 냄새는 좋은 감정이나 느낌과 직결된다.

> (169) a. 這飯真香。(이 밥은 정말 맛있군!)
> b. 炒什麼菜啊？好香呀！(무슨 요리를 하니? 맛있는 냄새가 나네!)
> (170) a. 這兩天吃飯不香。(요즈음은 입맛이 없다.)
> b. 昨晚沒睡好, 吃飯不香。(어젯밤에 잘 자지 못하여, 입맛이 없다.)

예문 (169), (170)은 중국어의 예문인데, '香'은 개념 형성의 근원점을 제시하지 않고 포괄적으로 좋은 냄새를 지시할 때 사용된다. 특정한 속성 '香'으로 밥이 맛있거나 또는 맛있게 먹는 행위에 사용된 것으로 '맛있다'는 전체적인 평가를 내리고 있다. 한국어의 경우는 '달다'가, 중국어의 경우는 '香'이 이러한 확장 양상을 보이고 있다.

> (171) a. 넌 내가 골탕 먹는 것이 그렇게 고소하냐?
> b. 난 야단을 맞고 있는 동생이 어쩐지 고소한 기분이 들었다.
> c. 강 여사가 곤욕을 치르는 꼴이 은근히 고소하다는 생각까지 들기도 했었다.
> d. 그 얄미운 놈이 시험에 떨어졌다니 그것 참 고소하다.

예문 (171)은 미운 사람이 잘못되는 것을 보고 속이 시원하고 유쾌하다는 것을 표현하고 있다. '고소하다'의 의미 자체는 항성 긍정적인 감각 가치를 지니고 있는데 여기에서는 부정적인 문맥에 사용되었을 뿐, 어떤 상황으로 인한 '기분 좋음'은 공통적이다. '고소하다'나 '구수하다'는 좋은 냄새를 지시한다. 좋은 냄새는 누구나 원하거나 거부감이 없고 좋아하는 냄새이다. 이런 인지주체가 원하는 냄새는 예문 (171d)에서처럼 얄미운 놈이 시험에 떨어지기를 원하고 있는 상황에서 원하는 상황이 실현되어 '기분 좋음'을 '고소하다'를 통해 표현한 것이다. 이러한 사용은 한국어에만 나타나는 확장 의미이다. 중국어는 후각어 '香'을 남의 잘못에 대한 통쾌함으로 사용되지 않는다.

> (172) a. 마을 사람의 인심이 구수하다.
>   b. 균형이 꽉 잡힌 늘씬한 사나이야. 얼굴도 남에게 뒤지지 않을 정도로 구수하고 씩씩하게 생겼거든.
>   c. 느긋하고 구수한 마음씨는 헌책방 주인의 필수 요건이다.
>   d. 초가집은 구수하고 훗훗한 한국인의 정서를 느끼게 한다.

예문 (172)는 '구수하다'를 통해 추상적인 '마음씨', '인심' 따위가 '넉넉함, 좋음'을 의미하고 있다. 구체적인 사물의 속성에서 사람의 속성으로 의미가 확장된 것인데, 예컨대, 구체적인 '보리차'나 '숭늉'이 갖는 본원적인 속성 '구수하다'를 경험하는 것에 근거하여 추상적인 대상 '마음씨'나 사람이 갖는 속성이 '좋음'을 '구수하다'를 통해 표현한 것이다. 구체적인 사물의 물리적인 속성으로 사람의 '마음씨'를 표현한 것이다.

> (173) a. 睡得真香, 睡到這個時候才起來！(달게 잤다. 여태까지 자고 이제 일어났다.)
>   b. 我最近睡觉也不香, 老做噩梦。(요즈음 잠이 달지 않고 계속 악몽을 꾼다.)
>   c. 小孩睡得又香又甜。(어린이가 달게 자고 있다.)

예문 (173)은 '잠', 잠자는 행위에 대한 '만족'을 '香'을 통해 표현한 것이다. 이는 '잠'에 대한 만족감을 한국어는 '달다'로, 중국어는 '甛(달다)' 뿐만 아니라 '香'을 통해서도 표현된다는 점이 차이가 있다.

> (174) a. 這種貨物在農村很香。 (이런 상품은 농촌에서 인기 있다.)
> b. 吃香。 (인기 있다.)
> c. 這種人不怎麼香吧。 (이런 사람은 별로 인기가 없지.)
> d. 他们俩有时候香, 有时候臭。 (그들 두 사람은 사이가 좋았다 나빴다 한다.)
> e. 他们俩原来很香, 近来又臭了。 (그들 두 사람은 원래는 사이가 좋았는데, 요즘 나빠졌다.)

예문 (174) 역시 중국어에만 존재하는 확장 양상인데, '상품'이나 '사람', '인간관계' 등이 '인기 있음', '좋음'을 의미하고 있다. 예컨대, 냄새가 좋은 음식물은 더 먹고 싶고 더 먹고 싶으면 더 많이 찾게 되어 자연스럽게 인기가 있듯이, '물건'이나 '사람'도 '냄새'가 '좋으면' 더 많이 찾게 되어 인기가 생기게 마련이다. 음식물이나 사물에 대한 '香'의 긍정적인 신체적 경험이 바탕이 되어 의미가 확장된 것이다.

ⓒ '고리다/구리다'와 '臭'

<표 33> '고리다/구리다'와 '臭'의 확장 의미

어휘	확장 의미
고리다	『표준』: 마음씨나 하는 짓이 아니꼬울 정도로 옹졸하고 인색하다. 『연세』: 보잘 것 없다.
구리다	① 하는 짓이 더럽고 지저분하다. ② 말이나 행동이 수상하거나 떳떳하지 못하다

| 臭 | ❶ 惹人厭惡的。
❷ 拙劣 ; 不高明。 |

'고리다', '구리다', '臭'의 원형 의미가 확장되어 표에서 보듯이 여러 가지 추상적인 의미로 사용된다. 예문을 통해 살펴보면 다음과 같다.

(175) 어찌나 고리게 구는지 돈 한 푼 쓰는 데 벌벌 떤다.
(176) 주머니엔 고린 동전 한 푼 없다.

예문 (175), (176)은 어떤 행위나 상황에 대한 부정으로 '고리다'를 통해 표현하고 있다. 예문 (175)는 '인색함', 예문 (176)은 '보잘 것 없음'을 나타내고 있는데, 이는 '썩은 풀'이나 '썩은 달걀'의 냄새에 대한 불만족 또는 불쾌함이 어떤 상황이나 행동에 대한 불만으로 확장되어 사용되었다. 후각은 감정을 담당하는 뇌에 바로 연결되기 때문에 '나쁜 냄새'는 바로 '불쾌한 느낌'으로 직결된다.

(177) a. 구리게 놀다.
　　　b. 속이 구리다.
　　　c. 사람들의 구리고 지저분한 뒷구석만 부쩍 보이는 요즘이다.
　　　d. 우유부단한 성격이 이렇게 구린 성격인지 오늘 알았어요.
(178) 엉덩이가 구리다.

예문 (177)은 '구리다'를 통해 짓이나 행동의 '지저분함', '마음'이나 '성격' 등이 '지저분함'을 나타내고 있다. 이것은 아래 예문 (179)와 같이 지저분하기 때문에 떳떳하지 못하고, 떳떳하지 못하기에 사람들의 의심을 받는 것과 연결되어 의미가 확장된 것이라 할 수 있다. 그리고 예문 (178)은 신체부위 '엉덩이'와 함께 결합하여 '부정이나 잘못을 저지른 장본인과 같다.'

는 의미로 확장되어 쓰인다. 엉덩이에서 나는 방귀의 악취, 방귀를 뀐 사람을 생각해 보면 이해하기 쉽다.

> (179) a. 그 사람이 하는 짓이 뭔가 구리다.
>   b. 아이가 무언가 구린 것이 있는지 내 눈치를 슬금슬금 본다.
>   c. 백승하한테는 의외로 구린 구석이 없었다.
>   d. 고깝게 여길지는 몰라도 나로선 아무 구린 데가 없단 말이요.
>   e. 두 정치인이 정치자금에 대하여 한 목소리를 내는 것을 보니 확실히 뭔가 구린 데가 있기 있는 모양이다.

예문 (179)는 어떤 행동이 '떳떳하지 못함', '의심스러움'을 의미하고 있다. 이는 악취에 대한 부정적인 느낌과 떳떳하지 못한 행위가 유사하기 때문에 의미가 확장된 것이다. 또 행동이 떳떳하지 못하기 때문에 의심을 초래하기 마련이다.

> (180) a. 名聲很臭。(평판이 아주 더럽다.)
>   b. 他们把事情弄得很臭。(그들이 일을 매우 너절하게 처리했다.)
>   c. 摆臭架子。(더럽게 잘난 체하다.)
>   d. 臭錢。(더러운 돈.)
> (181) a. 臭棋。(서툰 바둑/똥바둑.)
>   b. 球踢得臭极了。(공을 서툴게/더럽게 찬다.)
>   c. 课讲得真臭。(강의를 서툴게/더럽게 한다.)
>   d. 他们本是好友, 近来忽然臭了。(그들은 원래 친구였는데, 최근에 관계가 서툴게 되었다.)

예문 (180), (181)은 중국어에만 존재하는 의미 확장이다. 나쁜 냄새를 가리키는 '臭'는 사람들의 혐오감을 자아낸다. 사람이 '평판'이 좋지 않거나 일을 너절하게 처리하거나 잘난 척하는 것도 사람들의 혐오감을 자아낸다.

한중 감각어의 신체화 연구

이는 구체적인 사물에 대한 경험에 바탕을 두고 추상적인 대상이나 사태를 이해한 것이다. 예문 (181)도 마찬가지로 '수법'이나 '기교' 등이 서툴거나 졸렬할 때 '臭'를 통해 표현하는 것도 '臭'에 대한 원초적인 신체적 경험이 바탕이 되고 있다.

ⓒ '지리다'와 '臊'

'지리다'와 '臊'의 경우는 의미가 확장되어 사용되지 않았다.

ⓔ '노리다/누리다'와 '(膻)'

〈표 34〉 '노리다/누리다'의 확장 의미

어휘	확장 의미
노리다/누리다	마음을 쓰는 것이 인색하고 치사하다.

'노리다/누리다'의 경우는 『표준』에 모두 등재되어 있고, 『연세』에는 '노리다'만 등재되어 있고 제시된 확장 의미는 없다. 사전에 기술된 '노리다/누리다'의 의미 정보가 동일하게 나타나 있다는 점이 다른 후각어와 다르다.

(182) 천석꾼이라더니 그렇게 노린 사람은 처음 본다.

예문 (182)는 사람의 '인색함'을 '노리다'로 표현한 것으로 '노리다'가 역겨운 냄새라는 신체적 경험에 바탕을 두고 의미가 확장된 것이다. 한편, 중국어는 의미가 확장되지 않았다.

ⓔ '비리다/배리다'와 '腥'

〈표 35〉 '비리다/배리다'의 확장 의미

어휘	확장 의미
비리다/배리다	① 하는 짓이 좀스럽고 구차스러워서 더럽고 아니꼽다. ② 너무 적어서 마음에 차지 않다.

'비리다/배리다'의 원형 의미가 확장되어 추상적인 의미로 사용되는 용례는 다음과 같다. 중국어의 경우 사전에는 관련 확장 의미가 제시되어 있지 않지만, 예문 (185)처럼 실제 언어생활에서는 극히 제한적이지만 사용된 용례가 있음을 알 수 있다.

(183) 그는 비리게 굴어서 모두 싫어한다.
(184) 그는 배릴 만큼 적은 보수에도 묵묵히 일만 하였다.
(185) 摆腥架子。(더럽게 잘난 체하다.)

예문 (183), (184), (185)는 '행동', '상황'에 대한 '불쾌함'이나 '불만족'으로 '비리다/배리다'나 '腥'을 통해 표현한 것이다.

요컨대, 후각어의 추상적인 의미 확장은 다양하지 않지만 정연하게 일관된 경로로 이루어져 있다.

좋은 냄새 ― 긍정/좋음(추상적 대상 사태)
나쁜 냄새 ― 부정/나쁨(추상적 대상, 사태)

〈그림 23〉 후각어의 추상적 의미 확장

〈그림 23〉에서 보다시피, 후각어의 의미 확장은 정연한 체계를 이루고 있다. 좋은 냄새는 대상이나 사태에 대한 긍정이나 좋음으로 직결되고, 나쁜 냄새는 대상이나 사태에 대한 부정이나 나쁨으로 직결된다. 다만 어떤 대상이나 어떤 사태인지는 두 언어 간에 차이가 있다. 그리고 모든 후각어가 모두 추상적인 의미로 확장되는 것이 아니고, 한국어의 경우 중국어보다 확장 양상이 다양하다는 점이 특징적이다.

지금까지 살펴본 한중 후각어의 확장 의미를 한 자리에 모으면 다음과 같다.[04]

〈표 36〉 한중 후각어의 추상적 의미 확장

	지시 대상	의미	
		한	중
㉠	(말/이야기/살림 등) 대상이나 상황	재미있음	×
	타인의 잘못된 상황	후련함, 통쾌함	×
	마음씨, 인심	넉넉함, 좋음	×
	(잠) 행위, 상황	×	만족함
	(유행) 대상	×	인기 있음
㉡	행위, 상황	인색함, 보잘 것 없음	×
	성격	지저분함	×
	행동	떳떳하지 못함	×
	(사람) 평판	×	나쁨
	수법, 기교	×	서툴음

04   ㉢의 경우 확장 의미가 존재하지 않는다.

| ㉣ | 성격 | 인색함 | × |
| ㉤ | 행동, 상황 | 불쾌함, 불만족 | |

한중 감각어의 신체화 연구

6. 한중 청각어의 신체화 양상

6.1. 청각의 특징

청각은 어떤 면에서 입을 통한 의사소통에서 시각보다 더 중요하다. 그러한 예로 맹인은 귀머거리보다 다른 사람들과의 의사소통에 더 유리하다 (김현택 외 옮김 1997: 246). 청각은 청각중추에서 음이 인식될 때 시각의 빛과 마찬가지로, 소리도 세 가지 지각적 차원을 가지고 있다. 음고(音高), 음강(音强), 음색(音色)이다. 각각 물리적 차원의 진폭(강도), 주파수, 혼합양상에 따라 결정된다. 이들은 모두 인간의 뇌에서 지각되는 현상이다. 음강(音强), 즉 소리의 '크고 작음'은 진폭이 크면 소리의 크기가 커지고, 작으면 작아진다. 음고(音高), 즉 소리의 '높고 낮음'은 주파수가 높으면 고음의 소리가 나거나 소리가 높아지고, 주파수가 낮으면 저음의 소리가 나거나 소리가 낮아진다. 음색(音色), 즉 소리의 '맑고 탁함'은 파형의 모양에 따라 음이 맑거나 탁하게 들리는 것인데, 예컨대 세부적인 모양의 차이가 결과적으로 같은 음을 내는 악기의 소리가 전혀 다른 느낌으로 다가오게끔 하는 것이다.

한중 청각어는 일대일로 일치하게 대응하지 않기 때문에 일대일로 대응시켜 분석하기가 어렵다. 그렇지만 모두 [±소리] 의미특성을 갖고 있기에 [+소리][-소리]로 나누어 구체적인 청각어의 의미 구조를 파악하고자 한다.

6.2. 청각어의 원형 의미

㉠ '시끄럽다', '떠들썩하다', '요란하다'와 '吵', '鬧', '喧嘩'

〈표 37〉 '시끄럽다, 떠들썩하다, 요란하다'와 '吵, 鬧, 喧嘩''의 원형 의미

어휘	원형 의미
시끄럽다	듣기 싫게 소리가 크고 떠들썩하다.
떠들썩하다	여러 사람이 큰 소리로 마구 떠들어 몹시 시끄럽다.
요란하다	시끄럽고 떠들썩하다.
吵	聲音大而雜亂。
鬧	喧嘩；不安靜。
喧嘩	聲音大而雜亂。

　　청각어의 경우 한국어와 중국어를 일대일로 대응시키기 어렵다. 위에서 제시한 청각어는 대체로 [+소리]의 경우로 '소리의 크기'와의 관련성에서 어떤 기준보다 큰 소리인 경우를 가리킨다(정인수 2002: 107 참조). 이는 두 언어 모두 공통적이다. 하지만 청각어의 경우 한국어나 중국어 모두 동어 반복적인 설명으로 기술되어 있어 효과적인 의미 기술 방식은 아니다.

(186) a. 차소리가 너무 시끄럽다.
　　　 b. 악악대는 소리가 몹시 시끄럽다.
(187) a. 뜰에는 온통 떠들썩한 소리로 가득하다.
　　　 b. 웃음소리 말소리가 떠들썩하다.
(188) a. 요란한 박수 소리.
　　　 b. 코를 요란하게 골다.
　　　 c. 밤은 초저녁부터 내리던 비가 아직도 북을 치듯이 요란하게 내려 쏟고 있다.

　　　　　　　　　한중 감각어의 신체화 연구

예문 (186), (187), (188)은 '시끄럽다', '떠들썩하다', '요란하다'의 원형적인 용법들이다. 대체로 '소리', '말소리' 등이 '높음'을 의미한다. 이러한 '높음'은 소리의 크기의 정도성에는 차이가 있지만, 인간에게는 불쾌감을 가져다주는 경우가 대부분이다. 이와 같이 귀를 통해 얻은 청각적 경험이 인지 주체에게 불쾌감을 가져다주기 때문에, 이런 신체적 경험에 바탕을 두고 확장된 의미도 부정적인 의미로만 사용된다. 확장 의미에 대해서는 후술할 것이다.

(189) a. 車聲太吵。(차소리가 너무 시끄럽다.)
     b. 機器聲太吵。(기계소리가 너무 시끄럽다.)
     c. 這裡鬧得很, 沒法看書。(여기 너무 시끄러워/떠들썩하여 책을 볼 수 없다.)
     d. 笑語喧嘩。(웃음소리가 떠들썩하다.)
     e. 昨天夜裡隔壁屋裡死人了, 吵得我一夜沒睡。(어젯밤 이웃집에서 사람이 죽어 떠들썩하여 밤새 자지도 못했다.)

예문 (189)는 중국어 용례들이다. 중국어도 한국어와 어휘 분화 방식에 있어서 완전히 동일한 대응관계를 찾기 어렵지만 소리의 성질 가운데 그 소리의 높낮이가 어떤 기준보다 높기 때문에 한국어와 마찬가지로 불쾌감을 가져다준다. 부정적인 신체적 경험은 두 언어 모두 공통적이다.

소리의 크기와 관련하여 어떤 기준보다 큰 소리를 예문과 같이 표현하고 있는데, 귀를 통해 소리의 높낮이(정도)를 감지할 수 있기 때문이고 감지한 내용, 즉 소리의 질이 불만족을 불러일으킨 것으로 소리가 불쾌하게 크다는 것을 의미하는 점에서 두 언어 모두 공통적이다. 대응관계를 보면 중국어는 한국어의 '시끄럽다'나 '떠들썩하다'로 더 자연스럽게 번역이 된다.

ⓛ '조용하다', '고요하다', '잠잠하다'와 '靜', '安靜', '寂靜'

〈표 38〉'조용하다, 고요하다, 잠잠하다'와 '靜, 安靜, 寂靜'의 원형 의미

어휘	원형 의미
조용하다	아무런 소리도 들리지 않고 고요하다(잠잠하다).
고요하다	조용하고 잠잠하다.
잠잠하다	『표준』: 분위기나 활동 따위가 소란하지 않고 조용하다. 『연세』: 움직이지 않고 조용하다.
靜	沒有聲響。
安靜	沒有聲音；沒有吵鬧和喧嘩。
寂靜	沒有聲音；安靜。

표에서 제시한 단어들은 앞서 논의한 청각어와 반대로 [-소리]의 의미 특성을 지니고 있다(정재윤 1989: 38). 이는 실제로 소리가 완전히 없는 상태를 지시한다.

(190) a. 조용한 밤.
　　　b. 주위가 조용하고 공기가 맑다.
　　　c. 아무도 없는 듯이 집이 조용하고 썰렁하다.
(191) a. 한밤중의 고요한 정적.
　　　b. 텅 빈 방안이 고요하고 쓸쓸하다.
　　　c. 적장들은 진주성 안이 하도 고요하니 도리어 마음이 불안했다.
(192) a. 그 사무실은 늘 잠잠하다.
　　　b. 한동안 잠잠하던 극장 쪽에서 다시 확성기를 통한 영화 선전이 왁자지껄 울려 퍼졌다.

예문 (190), (191), (192)는 '조용하다', '고요하다', '잠잠하다'의 원형적인

한중 감각어의 신체화 연구

용법들이다. 대체로 소리가 없는 상태를 표현한 것으로 '소리가 없음'을 의미한다. 이는 인간에게 만족감을 가져다주는 경우가 대부분이다. 이와 같이 귀를 통해 얻은 청각적 경험이 인지 주체에게 만족감을 가져다주기 때문에, 이런 신체적 경험에 바탕을 두고 확장된 의미도 긍정적인 의미로 사용된다. 확장 의미에 대해서는 후술할 것이다.

> (193) a. 風平浪靜。(바람이 자고 파도도 잠잠하다.)
>   b. 會場靜得有些怕人, 誰也不發言。(집회 장소가 무서울 정도로 조용해서 아무도 발언하지 않는다.)
>   c. 這院子安靜。(이 정원은 고요하다.)
>   d. 寂靜的深夜。(고요하고 적막한 깊은 밤.)
>   e. 寂靜的校園。(고요한 캠퍼스.)

예문 (193)은 중국어의 경우인데 한국어의 경우와 비슷하다. 공간의 조용함이나 '소리 없음'을 의미하는 데 사용된다. 이는 인간에게 만족감을 가져다주는 경우가 대부분이다. 수업시간에 교실이 시끄러운 상황과 조용한 상황을 생각해 보면 자연스럽게 이해할 수 있다.

요컨대, 청각어의 경우 한국어와 중국어 간에 어휘 분화 방식에 차이가 있다. 하지만 귀를 통해 감지된 정보에 대한 반응을 언어화한 것으로 구체적인 사물의 속성을 지니고 있다는 점에서 공통적이다. 다만 그 표현 방식이 문화권에 따라 다를 수 있다.

6.3. 청각어의 공감각적 의미

공감각적 의미 확장은 청각어가 청각 영역에서 다른 감각 영역으로 확장되는 경우에 사용됨으로써 일어나는 확장 의미이다. 청각어의 경우 다른 감각 영역으로 확장되는 경우 논리적으로는 시각, 후각, 미각, 촉각이 있다. 구체적인 예문을 통해 공감각적 의미 확장 양상을 살펴보고자 한다.

6.3.1. 청각 → 시각

한중 청각어가 시각 영역의 대표적인 속성명사 '색'/'(顔)色'를 수식하거나 서술하는 용례는 다음과 같다.

> (194) 요란한 색깔이나 기발한 움직임은 더 효과가 있다.

예문 (194)는 청각적 경험에 속하는 '요란하다'가 시각 영역에 속하는 '색깔'을 수식하여 표현한 것으로 청각에서 시각으로 의미가 확장된 경우이다. 이는 청각적 경험과 시각적 경험의 관련된 속성들 사이에서 유사성혹은 인접성을 지각한 공감각 비유의 확장이다. '색깔'의 지나친 정도와 청각적 경험의 지나친 정도 사이에 유사성을 지각한 결과이다.

> (195) 他們行走在高原寧靜的顔色之中。(그들은 고원의 고요한 색 속에서 걸어
> 가고 있다.)

예문 (195) 중국어도 역시 청각적 경험과 시각적 경험의 관련된 속성들사이에서 유사성 혹은 인접성을 지각한 공감각 비유의 확장이다.

청각에서 시각으로의 확장은 말뭉치를 검색해 보니, 한국어와 중국어두 언어 모두 용례가 제한적이었다. 이는 청각에서 시각으로의 확장이 그렇게 활발하지 않음을 뜻한다. 청각과 시각이 모두 고차원에 속하는 감각으로 이들의 공감각적 양상이 활발하지 않은 것은 어쩌면 자연스럽다고 할수 있겠다.

한중 감각어의 신체화 연구

6.3.2. 청각 → 후각

한중 청각어가 후각 영역의 대표적인 속성명사 '냄새'/'氣味'를 수식하거나 서술하는 용례는 다음과 같다.

(196) 입맛만 버린 한 사발의 막걸리가 되잖게 냄새만 요란하다 싶었다.

예문 (196)은 청각 영역에 속하는 '요란하다'가 후각 영역에 속하는 '냄새'를 서술하여 청각에서 후각으로의 확장이 나타났다. 말뭉치를 검색해 본 결과 청각에서 후각으로의 확장은 용례가 추출하기 어려울 정도이다. 즉 활발하게 이루어지는 공감각 양상이 아니다.

(197) "已经闻到香气了", 他指指炉子, "是清静的氣味", 他看着她。("이미 향기가 맡아진다." 그는 화로를 가리키면서 말했다. 또 그는 그녀를 보면서 "고요한 냄새이다."라고 말했다.)

예문 (197)은 청각 영역에 속하는 '清静(조용하다, 고요하다)'이 후각 영역에 속하는 '氣味'를 수식하여 청각에서 후각으로의 확장이 나타났다. 한국어와 마찬가지로 청각에서 후각으로의 확장 양상이 제한적으로 이루어져 청각에서 후각으로의 확장은 많이 이루어지는 공감각 양상이 아니다.

지금까지 청각어가 청각 영역에서 시각, 후각, 미각, 촉각 영역으로 확장되는 양상을 살펴보았는데, 한국어와 중국어 모두 후각, 시각으로의 확장이 존재하였다. 도식화하면 다음과 같다.

<그림 24> 한중 청각어의 공감각적 의미 확장

〈그림 24〉를 통해 두 언어 간의 공통점과 차이점을 살펴보면 다음과 같다.
두 언어 모두 '청각→시각', '청각→후각'으로의 확장이 존재하였다. 하
지만 용례가 제한적이고 많이 이루어지는 의미 확장이 아니다. 이는 청각
어가 시발감각으로서의 위상이 높지 않음을 뜻한다.

6.4. 청각어의 추상적 의미

청각어가 추상적인 영역으로 확장되는 양상을 구체적으로 살펴보고자
한다.

㉠ '시끄럽다', '떠들썩하다', '요란하다'와 '吵', '鬧', '喧嘩'

<표 39> '시끄럽다, 떠들썩하다, 요란하다'의 확장 의미

어휘	확장 의미
시끄럽다	① 말썽이 나서 어지러운 상태에 있다. ② 마음에 들지 않아 귀찮고 성가시다.
떠들썩하다	소문이나 사건 따위로 분위기가 수선스럽다.
요란하다	(겉모습이나 모양) 정도가 지나쳐 어수선하고 야단스럽다.

한국어의 '시끄럽다', '떠들썩하다', '요란하다'가 원형 의미에서 추상적

한중 감각어의 신체화 연구

인 의미로 확장되어 사용되고 있는 반면, 중국어는 확장된 의미를 찾을 수가 없다.

(198) a. 사형수의 탈옥으로 세상이 시끄럽다.
　　　b. 아이의 가출로 이웃집은 며칠째 시끄러웠다.
　　　c. 무슨 일로 이 동네가 이렇게 시끄럽니?
　　　d. 한동안 공직자 뇌물 사건으로 세상이 시끄러웠다.
(199) a. 몸이 피곤해선지 나는 그의 칭찬이 시끄럽기만 했다.
　　　b. 늙음 때문에 매우 마음이 약하여진 그는, 이 귀찮고 시끄러운 지위에서 몸을 빼어서 불길한 책임에서 피하고자 하는 생각을 여러 번 하여 보았다.

예문 (198)은 어떤 원인으로 인해 '세상'이나 '동네'가 말썽이나 탈이 많은 상황이나 상태를 '시끄럽다'를 통해 표현한 것으로 지나친 소리의 크기로 인한 거부감과 지나친 상황으로 인한 거부감과 '정도의 지나침'에 있어서 유사하게 지각하였기 때문에 의미가 확장된 것으로 추정된다. 의미 항목①이 이에 해당한다.

예문 (199)는 모두 어떤 상황이나 인간의 행위에 대한 불만으로 부정적인 '미움'의 의미를 전달한다. '소리'가 기준보다 지나쳐 듣기 싫을 정도의 부정적인 이미지가 사상되어 그의 칭찬도 그의 소리와 함께 부정적으로 들리는 이른바 환유 기제가 작용한 결과라 할 수 있다. 의미 항목②가 이에 해당한다.

(200) a. 뇌물 사건으로 정계가 떠들썩하다.
　　　b. 장쇠가 평양 부대에서 상등병이 되었다고 해서 온 마을이 떠들썩한 적이 있었다.
　　　c. 어제 일어난 버스사고 사건으로 떠들썩합니다.

d. 맹경자의 죽음에 대한 소문은 회사 안이 떠들썩하게 퍼졌다.

예문 (200)은 '나라', '사회', '세상'의 상황, '비리', '사건', '사고'로 인한
상황, '소문'이 퍼지는 상황 등을 '떠들썩하다'로 표현한 것으로 상황이나
분위기가 '좋지 않음'을 의미한다.

(201) a. 그녀는 차림새가 요란하고 색안경을 쓰고 있었다.
　　　 b. 환갑도 아닌데, 그 생일상 한번 요란하구먼.
　　　 c. 요란한 몸짓.
　　　 d. 실속 없는 사람이 겉만 요란하다.

예문 (201)의 '요란하다'는 소리가 기준보다 큰 특성을 이용하여 '차림
새'나 '몸짓' 등이 기준보다 '지나치다'는 의미로 부정적인 의미를 표현하
고 있다.

한국어의 '시끄럽다, 떠들썩하다, 요란하다'는 또 인간의 '성격'과 관련
지어 이야기할 수 있다.

(202) a. 레닌은 시끄럽고 떠들썩한 성격에 농담을 좋아했다.
　　　 b. 폼 잡는 것은 좋지만 성격 요란한 사람으로 보여서는 곤란하지 않
　　　　 을까.

예문 (202)에서 보다시피 모두 바람직하지 않은 성격을 '시끄럽다', '떠
들썩하다', '요란하다'와 관련지어 표현하고 있다. '성격'과 관련지어 청각
어를 사용하는 데 있어서는 한국어와 중국어의 차이가 분명하다.

ⓛ '조용하다', '고요하다'와 '靜', '安靜', '寂靜'

〈표 40〉 '고요하다, 조용하다', '靜, 安靜, (寂靜)'의 확장 의미

어휘	확장 의미
고요하다	① 움직임이나 흔들림이 없이 잔잔하다. ② 모습이나 마음 따위가 조용하고 평화롭다.
조용하다	① 말이나 행동, 성격 따위가 수선스럽지 않고 매우 얌전하다. ② 말썽이 없이 평온하다. ③ 북받쳤던 감정이 가라앉아 마음이 평온하다. ④ 바쁜 일이 없이 한가하다. ⑤ 공공연하지 않고 은밀하다. ⑥ (장면이나 환경이) 혼란하거나 시끄럽지 않다.
靜	安靜 ; 平靜。
安靜	安穩平靜。

표에서 제시한 바와 같이, 원형적인 의미가 추상적인 의미로 확장되어 사용되고 있는데 특히 '조용하다'의 경우 광범위하게 추상적인 의미를 나타내고 있음을 알 수 있다.

(203) a. 고요한 강물에서는 두어 사람이 다슬기를 줍고 있다.
　　　 b. 섬 앞 바다의 물결은 비단처럼 고요하고 부드러웠다.
(204) a. 촛불이 우리의 마음을 고요하게 가라앉혀 주는 데 비해 횃불은 마음을 뒤흔들어 놓는다.
　　　 b. 그 물결을 바라보는 순간 아사녀의 설레던 가슴도 맑고 고요하게 가라앉았다.
　　　 c. 고요하게 잠든 처녀의 모습은 선녀의 얼굴처럼 예뻐만 보였다.
　　　 d. 예로부터 우리나라를 일컬어 아름답고 고요한 아침의 나라라고 하였다.

예문 (203)은 '물결'이나 '강물'이 움직임이 없는 상태를 '고요하다'로 표현하고 있다. 예문 (204)는 '마음'의 상태가 평화롭다는 의미로 '고요하다'를 이용하고 있다.

    (205) a. 그녀는 말 한 마디 없이 조용하게 밥을 먹고 있었다.
          b. 조용하던 사람들이 일시에 술렁거렸다.
          c. 아주머닌 조용한 사람만 찾더니, 혼자 사는 아가씨가 들어오니, 잘
             됐죠.
          d. 아드님이 조용하고 말이 없으신 것 같아요.

예문 (205)는 '말'이 적고, '행동', '성격' 등이 '차분함'을 의미한다. 말수가 적은 사람은 일반적으로 조용하고, 성격이 차분한 사람은 시끄럽지가 않다. 이러한 일상적인 경험에 바탕을 두고 의미가 확장된 것으로 보인다.

    (206) a. 올해는 큰 사건 없이 조용하고 평화롭게 지나갔다.
          b. 형의 성격으로 봐서 이번엔 조용하게 넘어가지 않을 것 같다.
    (207) a. 흥분이 가라앉은 조용한 마음.
          b. 그는 다시 침착하고 조용하게 말을 이었다.
          c. 그가 다시 조용한 목소리로 여인에게 물어왔다.

예문 (206)은 어떤 상황의 '평온함'을 의미하고, 예문 (207)은 '마음'의 상태의 '평온함'을 나타내는 데 사용되고 있다. '마음'의 상태가 평온하면 '말'을 할 때 소리가 크지 않다. 그리고 '마음'의 상태가 평온하면 자연스럽게 심리적 여유가 생기게 마련인데, 이는 아래와 같이 '시간' 등이 '한가함'을 의미하는 데까지 확장되었다.

    (208) a. 조용한 틈을 타서 책을 읽었다.

b. 이비인후과는 조용하고 한가한 안과와는 반대로 한참 붐비고 있었다.
　　　c. 나는 하루라도 조용하게 지내고 싶다.

　예문 (208)은 추상적인 시간 개념을 나타내는 '틈', '한가하다', '하루' 등
과 같이 나타나 바쁜 일이 없는 한가한 상태나 상황을 '조용하다'를 통해
표현하고 있다.

　(209) a. 그들은 조용하게 섬을 떠났다.
　　　b. 이 사건은 사장의 치부와 관련되는 일인 만큼 조용하게 처리해야
　　　　한다.
　　　c. 아버지는 나를 조용히 찾아오셨다.
　　　d. 조용하게 일을 처리하다.

　예문 (209)는 인간의 어떤 행위의 '은밀함'을 나타내고 있는데, 남모르게
하는 행위는 소리 없이 진행해야 하는 일상적인 경험에 바탕을 두고 의미
가 확장된 것을 보인다.

　(210) a. 의사는 조용한 데로 보내서 요양을 하게 하라고 말했다.
　　　b. 먼저보다 바람기가 스러지면서 눈발은 이제 조용한 흩날림으로 변
　　　　하고 있었다.
　　　c. 병원 근처에 어디 조용하고 맛있는 음식점이 있나요?

　예문 (210)은 장면이나 환경이 시끄럽지 않음을 '조용하다'와 관련지어
표현하고 있다. 이는 특정 자극에서 전체 환경이나 장면으로 지시 대상의
범위가 확대되어 사용된 것으로 보인다.
　중국어의 경우를 살펴보면, 한국어와 달리 청각어의 의미 확장 양상이
제한적이다.

(211) a. 靜心。 (마음을 가라앉히다.)

      b. 少劍波說完後, 戰士們的憤怒情緒才安靜了一些。 (少剑波의 말이 끝나서야 전사들의 분노가 좀 가라앉았다.)

(212) a. 孩子睡得很安靜。 (어린애가 매우 편안하게 자고 있다.)

      b. 過了幾年安靜的生活。 (몇 년 간 편안한 생활을 보냈다.)

예문 (211)은 마음의 상태가 조용해지는 것으로 의미가 확장되어 사용된다. 이 용법은 한국어와 유사하다. 예문 (212)는 '잠'이나 '생활'의 '편안함'을 표현할 때 '安靜'과 관련지어 나타내고 있다.

청각은 다른 감각과 달리, 대체로 추상적인 영역으로의 확장이 제한적이다. 이는 청각이 시각과 달리 확실한 것으로 간주할 수 있는 감각도 아니고, 미각이나 촉각, 후각과 달리 접촉하거나 근접하여 정보를 획득하는 것도 아니기 때문에 원형 의미에서 다른 영역으로의 확장이 제한적이라 추정된다.

중국어와 달리, 한국어의 '조용하다, 잠잠하다'는 모두 '성격'과 관련지어 나타난다. 반면, 중국은 '安靜' 정도만 인간의 심리적 속성인 '태도'나 '성격'과 관련지어 표현할 수 있다.

(213) a. 제가 말수도 많지 않고 조용한 성격입니다.

      b. 채식주의자나 채식을 즐기는 아이들을 보면 온순하고 소심하며 나서기를 싫어하는 조용한 성격이 많다.

      c. 너도 화낼 줄 아냐라는 말을 들을 정도로 잠잠한 성격이었는데, 최근 들어 소소한 일에도 유난히 화가 치밀고, 분노제어가 잘 되지 않습니다.

      d. 성격이 잠잠한 사람들만 모입니다. 떠들기 싫고 말하기 싫어하는 사람들만.

(214) a. 那個人氣度向來很安靜。 (그 사람은 태도가 언제나 침착하다.)

b. 性格安靜, 話不多的女生。(성격이 조용하고 말수가 적은 여학생.)

　요컨대, 청각어의 경우 한국어와 중국어의 의미 확장 양상에 현저한 차이가 보인다. 지금까지 살펴본 한중 청각어의 확장 의미를 한 자리에 모으면 다음과 같다.

〈표 41〉 한중 청각어의 추상적 의미 확장

	지시 대상	의미	
		한	중
㉠	(세상, 동네 등) 상황	탈 많음, 어지러움, 지나침	×
	외모, 차림새	지나침	×
	성격	바람직하지 않음	×
㉡	(강물) 자연물	움직임 없음	×
	말	적음	×
	성격	차분함	
	(마음) 상태	평온함	
	시간	한가함	×
	행위	은밀함	×

7. 한중 시각어의 신체화 양상

7.1. 시각의 특징

시각은 눈을 통해 얻는 감각이다. 망막에서 감지된 빛의 자극이 시신경·대뇌를 거쳐 지각되며 인간은 외부로부터의 정보의 85%이상을 시각에 의존한다(박연선 2007).[01] 우리 주위의 대상들은 선택적으로 어떤 파장의 빛은 흡수하고 어떤 것은 반사하여 우리 눈에 여러 가지 색채로 보인다. 빛의 색채는 세 가지 차원을 지니는데, 각각 색상, 명도, 채도[02]로 지각된다. 이 세 가지 차원은 파장, 강도, 순도의 물리적 차원에 대응한다(Neil R. Carlson, 김현택 외 옮김 1997: 197-245).

시각은 고차원 감각에 속하는데, 실제로 우리는 시각기관을 통해 다른 감각기관의 경험을 언어로 표현할 수 있지만 그 역은 어렵다(최현석 2013: 128). 시각은 빛의 감각으로서 눈을 통해 이루어지는데, 빛의 감각에는 빛의 종류를 구별하는 색의 감각 외에, 빛의 양이 많고 적음을 구별하는 밝기의 감각이 있다.[03] 이 절에서 다루는 색의 감각은 '검다, 희다, 붉다, 푸르다,

---

01 네이버 지식백과 참조.
02 색상은 색의 종류를 말하고, 명도는 밝고 어두움을 표시하며, 채도는 색상의 포함 정도를 말한다(최현석 2013: 145-147 참조).
03 네이버 두산백과 해석 참조.

누르다'[04], 중국어는 '黑, 白, 紅, 綠, 黃, 藍'이고, 빛의 감각은 '밝다, 어둡다', 중국어는 '亮, 暗'이다.

색은 뇌에서 형성되는 감각이다. 다시 말해 색은 어떤 물체의 고유한 성질이 아니라 그 물체에서 반사되는 빛의 특정 파장 성분을 인간의 신경계가 인식하는 내용이다. 결국 색이란 어떤 물체에서 반사된 빛을 인간의 눈과 뇌가 받아들인 느낌이다. 아래에서는 구체적으로 시각어의 의미 구조를 파악해 보고자 한다.

7.2. 시각어의 원형 의미

먼저, 빛의 종류를 구별하는 색의 감각을 살펴보고자 한다.

---

04 많은 학자들은 이 오색을 한국어의 기본 색채어로 보고 있다. 한국어의 경우 '누르다'보다 실제 사용빈도는 '노랗다', '누렇다'가 훨씬 많이 사용된다. 서상규(2014)의 『한국어 기본어휘 의미빈도 사전』에서 수록된 관련 색채어의 의미빈도를 도식화하여 제시하면 다음과 같다. '검다, 희다, 누르다, 푸르다' 등과는 명도나 채도에서 차이가 있을 뿐 색상 자체는 본질적으로 다르지 않다고 본다. 이들이 중국어의 색채어와 상응하기 때문에 한국어의 경우는 '까맣다, 하얗다/허옇다, 빨갛다, 노랗다 파랗다' 등도 분석대상에 포함된다.

[검다] 계열		[희다] 계열		[붉다] 계열		[누르다] 계열		[푸르다] 계열	
검다	158 (0.0085%)	희다	89 (0.0048%)	붉다	83 (0.0045%)	누르다	3 (0.00016%)	푸르다	147 (0.0079%)
까맣다	54 (0.0029%)	하얗다	155 (0.0083%)	빨갛다	105 (0.0057%)	노랗다	58 (0.0031%)	파랗다	64 (0.0034%)
꺼멓다	-	허옇다	25 (0.0013%)	뻘겋다	-	누렇다	37 (0.0020%)	퍼렇다	-

㉠ '검다'와 '黑'

<표 42> '검다'와 '黑'의 원형 의미

어휘	원형 의미
검다	숯이나 먹의 빛깔과 같이 어둡고 짙다.
黑	像煤或墨的顏色。黑暗。

'검다'와 '黑'는 숯이나 먹의 빛과 같은 것으로 한국어와 중국어 모두 공통적인 원형 의미를 지니고 있다. 구체적인 용례를 통해 살펴보고자 한다.

(215) a. 노인이 검게 숯이 된 고깃점들을 석쇠 가장자리로 골라냈다.
b. 햇볕에 살이 검게 탔다.
c. 새털구름이 낀 하늘이 검게 물들며 저녁 시간이 왔다.
d. 그는 검은 어둠이 가득 담겨 있는 부엌을 들여다보고, 변소간을 들여다보았다.
(216) a. 黑板。(칠판)
b. 臉都曬黑了。(얼굴이 검게 탔다.)
c. 天黑了。(날이 어두워졌다.)
d. 屋子里很黑。(방안이 어둡다.)

예문 (215), (216)에서 보듯이, 눈을 통해 인식하는 물체의 색상을 표현한 것으로 두 언어 모두 공통적이다. 예문 (215c-d), (216c-d)의 경우 '어둡다'의 의미로 '하늘'이나 '날'을 표현한 것인데, 『표준』에서는 첫 번째 의미항목에서 제시하였고, 『연세』나 중국어의 경우는 두 번째 의미항목으로 제시하였다. 색상을 표현하는 '검다', '黑'는 빛을 완전히 흡수하기 때문에 가장 어두운 색이다. 따라서 '검다', '黑'로 '어두움'을 표현할 수 있게 되는데, 이는 환유에 의한 의미 확장이다. 다만 모두 빛의 감각, 시각 영역에 속하는 것으로 이 책에서는 원형 의미에 포함시켜 다루고자 한다. 눈을 통해 겪게 되는 '검다', '黑'의 신체적 경험이 두 언어에서 같음을 의미한다.

ⓒ '희다'와 '白'

〈표 43〉 '희다'와 '白'의 원형 의미

어휘	원형 의미
희다	눈이나 우유의 빛깔과 같이 밝고 선명하다.
白	像霜或雪的顔色。

'희다'와 '白'는 눈의 색과 같은 것으로 한국어와 중국어 모두 공통적인 원형 의미를 지니고 있다. 용례를 통해 살펴보면 다음과 같다.

(217) 피부가 희다./ 흰 종잇장.
(218) 皮肤白。/纸很白。 (피부가 희다./종잇장이 희다.)

예문 (217), (218)에서 보듯이, '피부'의 색이나 '종잇장'의 색을 '희다', '白'로 표현한 것으로 두 언어 간에 공통적이다. '검다', '黑'와 마찬가지로 이에 대한 신체적 경험이 같음을 의미한다.

ⓒ '붉다'와 '紅'

〈표 44〉 '붉다'와 '紅'의 원형 의미

어휘	원형 의미
붉다	빛깔이 핏빛 또는 익은 고추의 빛과 같다.
紅	像鮮血的顔色。泛指像火、鮮艶的顔色。

'붉다'와 '紅'은 핏빛과 같은 색으로 한국어와 중국어 모두 공통적인 원형 의미를 지니고 있다. 모두 눈을 통해 볼 수 있는 색으로 구체적인 신체 감각에 속한다. 용례를 통해 살펴보면 다음과 같다.

    (219) a. 붉은 장미/붉은 노을
          b. 입술이 붉다.
    (220) a. 紅玫瑰/晚霞。 (붉은 장미/붉은 저녁노을)
          b. 小姑娘的臉真紅。 (소녀의 얼굴이 참 붉다.)

예문 (219), (220)에서 보듯이, '장미', '노을', '입술'이나 '얼굴'의 색을 '붉다', '紅'으로 표현한 것으로 두 언어 간에 공통적이다. 이는 '붉다', '紅'의 신체적 경험이 같음을 의미한다.

    ⓒ '누르다'와 '黃'

〈표 45〉'누르다'와 '黃'의 원형 의미

어휘	원형 의미
누르다	황금이나 놋쇠의 빛깔과 같이 다소 밝고 탁하다.
黃	『現漢』: 像絲瓜花或向日葵的顏色。 『大詞典』: 像金子或成熟的杏子的顏色。

'누르다'와 '黃'의 경우 사전마다 처리 방식에 약간의 차이가 있다. 『연세』에서는 '칙칙하게 누렇다.'로 동어반복적인 설명으로 기술되어 있다. 『표준』에 따르면 '황금'이나 '놋쇠'의 색을 표현할 때 사용된다. 한편, 중국어의 경우 『現漢』는 '수세미외 꽃'이나 '해바라기 꽃'과 같은 색깔을, 『大詞典』은 '황금'이나 익은 '살구' 같은 색을 지시한다. 한국어의 '누르다'가 놋쇠 문화의 연원이 된 청동기시대 문화를 이어받아 '黃銅'의 뜻을 지닌 '놋'

에서 '놀(놋)〉노르다〉누르다'라는 과정을 거쳤다고 하고,[05] 중국어는 『說文解字』에서 "地之色也"라고 하여 땅의 색을 나타낸다고 할 수 있다. 하지만 사전에서는 '땅'의 색보다 해바라기 꽃이나 황금을 개념 형성의 근원점으로 제시하고 있다. 구체적인 근원점이 다르지만 대체로 '황금'과 같은 색을 지시하는 것으로 한국어와 중국어 모두 공통적인 원형 의미를 지니고 있다고 하겠다.

(221) 누른 잎을 따다.
(222) 摘黄叶子。(누른 잎을 따다.)

예문 (221), (222)에서 보듯이, '잎'의 색을 '누르다', '黃'으로 표현한 것으로 두 언어 모두 공통적이다. 이는 눈을 통해 인식하는 '누르다', '黃'의 신체적 경험이 같음을 의미한다. 『표준』에서는 '노르다'도 등재되어 있는데, '달걀노른자의 빛깔과 같이 밝고 선명하다.'로 기술되어 있다. 이 책에서는 '누르다'와 '노르다', 또는 '노랗다'나 '누렇다', 즉 '누르다' 계열이 의미 확장에 있어서 어떠한 차이를 보이는지를 고찰하는 것이 아니라, 이런 '누르다'나 '노르다' 또는 '노랗다/누렇다' 등 동일한 개념 '노랑'을 지시하는 이들의 시각적 경험이 어떻게 추상적인 의미로 확장되는지를 고찰하는 것이기 때문에 이들도 분석 대상으로 삼고자 한다.

---

05 최창렬(1986: 236-238), 왕단 (2012: 216) 재인용.

ⓜ '푸르다'와 '藍'과 '綠'

〈표 46〉'푸르다'와 '藍', '綠'의 원형 의미

어휘	원형 의미
푸르다	맑은 가을 하늘이나 깊은 바다, 풀의 빛깔과 같이 밝고 선명하다.
藍	像晴天天空的顏色。
綠	像草和樹葉茁壯生長時的顏色。

한국어의 '푸르다'는 대체로 중국어의 '藍', '綠'[06]와 상응한다. 하늘색의 경우는 '藍', 풀색의 경우는 '綠'이다. 한국어는 분화되지 않은 어휘, 중국어는 두 가지로 분화된 어휘로 동일한 원형 의미를 설정할 수 없다. 하지만, 하늘의 색과 풀의 색에서는 일치한 것이므로 여기에서는 같이 제시하기로 한다.

(223) a. 푸른 가을 하늘.
    b. 오랜만에 푸른 바다를 보니 기분이 참 좋다.
    c. 푸른 잎.
(224) a. 天空很藍。 (하늘이 푸르다.)
    b. 海水真藍。 (바닷물이 푸르다.)
    c. 春天來了, 樹葉綠了。 (봄이 오니 나뭇잎이 푸르게 변했다.)

예문 (223), (224)에서 보듯이, 대체로 한국어는 하나의 어휘로 분화되었고, 중국어는 '藍', '綠' 두 어휘로 분화되었다. 이는 한중 두 언어사용자의 신체적 경험이 다름을 의미한다. '푸르다'의 경우 청색, 녹색, 남색이 미분화 상태를 보여 '푸르다'로 두루 쓰고 있고(이건환 2007: 248 참조), 구본

---

06 '靑'도 있는데 '靑'의 경우는 단일 형식으로 사용할 수 없어 논외로 하였다.

관(2008: 264)은 '푸르다'가 청색이 아니라 녹색이어서 한국어의 색채도 Berlin & Kay(1969)에서 말한 언어 보편적 특징과 일치한다고 본다. 이는 중국어의 '綠'과 '藍', '靑'이 분화된 상태를 보여주는 것과 차이점이 있다.

하지만, 모두 Berlin & Kay(1969)에서 제시된 계층구조[07] 중 왼쪽 네 번째 줄까지 포함되는 어휘임은 명백하다.

다음으로 빛의 양이 많고 적음을 구별하는 밝기의 감각을 살펴보고자 한다.

ⓑ '밝다', '亮'

〈표 47〉 '밝다', '亮'의 원형 의미

어휘	원형 의미
밝다	어떤 물체가 내는 빛이 환하다.
亮	光线强。

한국어의 '밝다'는 대체로 '亮'과 상응한다. 빛의 양이 많음을 표현하는 것으로 두 언어 모두 공통적이다.

(225) a. 전등이 밝다.

---

07 색채어의 인지 발달(Berlin & Kay 1969: 4)은 다음과 같이 범언어적으로 존재하는 보편적인 계층구조를 제시한 바 있다. 사실 이 계층구조에 따라 이 책의 연구 대상을 한국어와 중국어에 모두 해당하는 어휘로 한국어는 '검다, 희다, 붉다, 푸르다, 누르다', 중국어는 '黑, 白, 紅, 綠, 黃, 藍'을 선정하였다.

| white black | < | red | < | green yellow | < | blue | < | brown | < | purple pink orange grey |

b. 초저녁부터 달이 휘영청 밝았다.

　　c. 밝은 빛깔의 립스틱이 여자의 살찐 몸매와 잘 어울린다.

(226) a. 這盞燈不亮。 (이 전등이 밝지 않다.)

　　b. 皮鞋擦得很亮。 (구두를 반짝반짝하게 닦았다.)

　예문 (225), (226)은 '밝다', '亮'의 용법들이다. 예문 (225)는 '전등', '달', '빛깔' 등과 결합하여 빛의 감각이 '환함'을 의미한다. (225a-b)는 빛의 감각 중 밝기의 감각을 의미하고, (225c)는 빛의 감각 중 색의 감각을 의미한다.[08] 예문 (226)은 '전등', '구두의 빛깔' 등이 '환함'을 뜻한다. 반들반들한 '구두'의 빛깔을 가리킬 경우 한국어는 '밝다'로 표현하지 않고 '반들반들하다'나 '반짝반짝하다'로 표현한다. 따라서 '밝다', '亮'의 경우 신체적 경험이 대체로 유사하지만 부분적으로 그 지시대상이 달리 나타나는 측면도 있음을 의미한다.

　ⓐ '어둡다', '暗'

<표 48> '어둡다', '暗'의 원형 의미

어휘	원형 의미
어둡다	빛이 없어 밝지 아니하다.
暗	光线不足 ; 黑暗 ; 暗淡。

　한국어의 '어둡다'는 대체로 중국어의 '暗'과 상응한다. 빛의 양이 없거나 적음을 표현하는 것으로 두 언어 모두 공통적이다.

08　색의 감각의 의미일 경우는 대응하는 '亮'뿐만 아니라, '鮮明', '鮮艶'과도 자연스럽게 대응한다. '색채가 밝다'는 '色彩鮮明', '밝은 색의 옷'은 중국어로 번역하면 '鮮艶的衣服'이다.

　　　　　　　　　　　　　　한중 감각어의 신체화 연구

(227) a. 날이 어두울 때까지 단 한 다발도 못 파는 날이 있었다.

    b. 방안은 어두웠지만 그들은 불을 켜지 않았다.

    c. 어두운 갈색

(228) a. 太陽已經落山, 天色漸漸暗下來了。 (해가 이미 져서, 날이 어두워졌다.)

    b. 這間屋子太暗。 (이 방은 너무 어둡다.)

    c. 暗紫 (어두운 보라색)

예문 (227), (228)은 '어둡다', '暗'의 용법들이다. 예문 (227)은 '날', '방안', '색' 등이 빛의 없음으로 인해 '환하지 않음'을 의미한다. '어둡다', '暗'에 대한 신체적 경험이 두 언어 간에 같음을 의미한다.

7.3. 시각어의 공감각적 의미

공감각적 의미 확장은 시각어가 시각 영역에서 다른 감각 영역으로 확장되는 경우에 사용됨으로써 일어나는 확장 의미이다. 시각어의 경우 다른 감각 영역으로 확장되는 경우 논리적으로는 청각, 후각, 미각, 촉각이 있다. 구체적인 예문을 통해 그 공감각적 의미 확장 양상을 살펴보고자 한다.

7.3.1. 시각 → 청각

시각어가 청각 영역의 대표적인 속성명사 '소리'/'聲音'을 수식하거나 서술하는 용례는 다음과 같다.

(229) a. 푸른 목소리.

    b. 밝은 소리와 어두운 소리의 차이 등을 설치물과 체험을 통해 알아보는 공간이다.

예문 (229)와 같이, 시각어 가운데 색에 대한 반응어인 시각어가 청각 영역으로 확장되는 용례는 (229a) '푸르다'가 검색되었는데, 이는 '푸르다'에 대한 경험과 청각적 경험 간의 유사성 혹은 인접성을 파악한 것으로 시각에서 청각으로 확장되었다. (229b)는 명암의 '밝다, 어둡다'가 확장된 용례이다. 용례가 극히 제한적이어서 시각에서 청각 영역으로의 확장은 다양하게 이루어지는 양상은 아님을 뜻한다.

(230) 一股明亮的聲音蓋過了周遭的嘈雜。(밝은 소리가 주변의 시끄러움을 압도했다.)

예문 (230)은 중국어의 시각어가 청각 영역으로 확장된 것인데, 단음절이 아닌 이음절 '明亮'이 사용되고 있다. 중국어의 경우 시각 영역에 속하는 시각어가 청각적 경험을 표현하는 데 이용된 용례는 극히 드물다.

7.3.2. 시각 → 후각

시각어가 후각 영역의 대표적인 속성명사 '냄새'/'氣味'를 수식하거나 서술하는 용례는 다음과 같다.

(231) a. 雨後的山谷彌漫著青綠色的氣味, 丹和歡活躍起來, 矯健典雅的舞步, 把陽光草地裁剪成飛動的色塊。(비가 온 뒤의 산골짜기가 푸른 청록색 냄새를 풍기고 있다. 단화환(丹和歡)은 흥이 나서 춤을 추기 시작했다. 힘차고 우아한 스텝이 햇빛이 비춰진 잔디를 떠다니는 색 조각으로 잘랐다.)
　 b. 黑色的湍流, 黑色的死亡, 黑色的氣味, 讓人莫名地害怕, 而在它的周邊是一座座新房。(검은 흙탕물, 검은 사망, 검은 냄새는 사람으로 하여금 아무 이유도 없이 겁나게 한다. 그것 주변에는 새집들이 있다.)

예문 (231)은 중국어의 용례인데, 시각 영역에 속하는 '靑綠色', '黑色'가 후각 영역에 속하는 '氣味'를 수식하여 시각에서 후각으로의 의미 확장이 이루어졌다. 이는 시각에서도 색상을 나타내는 시각어가 후각으로 확장된 양상이라는 점이 특징적이다.

지금까지 시각어가 시각 영역에서 다른 감각 영역으로 확장되는 양상은 활발하지 않았다. 이는 시각어가 높은 차원에 속하는 감각어로 낮은 차원에 속하는 감각을 수식하는 경우가 그 역보다 어려움을 뜻한다.

〈그림 25〉 한국 시각어의 공감각적 의미 확장

〈그림 26〉 중국 시각어의 공감각적 의미 확장

〈그림 25〉와 〈그림 26〉을 통해 두 언어 간의 공통점과 차이점을 살펴보면 다음과 같다.

첫째, 두 언어 모두 '시각→청각'으로의 확장이 존재하지만 모두 활발히 이루어지는 공감각적 확장 양상이 아니다.

둘째, 차이점은 중국어는 한국어와 달리 '시각→후각'이 비록 다양하게
이루어지는 의미 확장이 아니지만 존재한다는 점이다.

7.4. 시각어의 추상적 의미

㉠ '검다'와 '黑'

<표 49> '검다'와 '黑'의 확장 의미

어휘	확장 의미
검다	① 속이 엉큼하고 흉측하거나 정체를 알기 어렵다. ② 침울하고 암담하다.
黑	❶ 秘密, 非法的, 不公開的。 ❷ 壞 ; 狠毒。 ❸ 臉色陰沉, 嚴歷。

'검다'와 '黑'의 원형 의미가 확장되어 표에서 보는 바와 같이 추상적인
의미로 사용된다. 예문을 통해 살펴보면 다음과 같다.

    (232) a. 대기업 탈세 자금이 세탁되면서 우리 사회를 검게 물들였던 것이다.
          b. 정치권과 기업의 '검은 거래'는 국가와 사회를 병들게 하는 구태라
             고 강조한다.
          c. 검은 돈의 흐름을 막다.
    (233) 黑钱/黑交易/黑社会 (검은 돈/비밀 교육/비밀 사회)

예문 (232), (233)은 '검다', '黑'의 의미가 확장되어 '돈', '거래' 등이 '불법
적이고 부정적임'을 의미한다. 이는 두 언어 모두 공통적이다. '검다', '黑'
가 빛을 완전히 흡수하기 때문에 가장 어두운 색으로, 빛이 없는 어두운 곳

에서 행해지는 어떤 상황이나 행위는 보이지 않는다. 그리고 어두운 곳에서 무엇을 찾으려고 하거나 어떤 움직임을 하려고 하면 그만큼 위험성이 뒤따르고, 남들에게 보이지 않게 나쁜 행동이나 행위를 하려면 빛이 없는 어두운 곳이 최적화된 장소가 된다. 그리고 옷이나 물건이 더러워지면 검게 변하는 등 일상적인 경험에 바탕을 두고 의미가 확장된 것이다. 한국어의 경우 특별히 별도의 의미 항목으로 제시되어 있지 않고 ①에서 관련 내용을 다루고 있지만, '검은 돈' 같은 경우 물론 정직하지 못한 마음으로 인해 주고받는 '돈'을 수식하는 표현이긴 하지만, 여기에서는 중국어와 같이 '불법', '비공개적', '은밀함'의 의미를 강조하기 위해 별도로 검토하였다.

(234) a. 검은 속셈을 드러내다.
      b. 딸년들의 검은 속마음이 괘씸했다.
(235) a. 這種人心太黑。 (이런 사람은 속이 너무 검다.)
      b. 那小子心太黑了。 (그 놈은 속이 너무 검다.)

예문 (234), (235)는 '속셈, 마음' 등이 '정직하지 못하거나 엉큼함'을 의미한다. '검다', '黑'를 통해 표현한 것으로 사람의 심리적 상태나 성격이 '나쁨'을 의미하고 있다. 이는 빛의 흡수로 보이지 않는 '검다'의 '어둡다'는 특성이나 구체적인 사물(옷)이 검게 변하게 되어 더럽게 되는 등의 '검다', '黑'의 경험이 토대가 되어 추상적인 사람의 행위나 상황으로 확장되어 사용되었다.

(236) a. 검은 뱃속을 채우기 위해 수단과 방법을 가리지 않았다.
      b. 그 사람은 얼굴은 신사 같아도 뱃속은 검으니 조심하는 게 좋을걸.
      c. 불량 학생들이 그에게 검은 손을 뻗쳤다.
      d. 까맣게 질린 얼굴.

e. 얼굴이 까맣게 탄 안산댁은 딱하고 민망하여 들어서는 김훈장을 보자 고개를 숙인다.

f. 이해가 안 되는 상황이 계속 되는 동안 실종자 가족들의 가슴은 까맣게 타들어 간다. 이를 지켜보는 국민들의 슬픔도 깊어간다.

(237) a. 手特別黑。(손이 매우 검다/수단이 악랄하다.)

b. 心和手都黑。(음험하고 손(수법)이 악랄하다.)

c. 心狠手黑。(마음이 독하고 하는 짓이 악랄하다.)

d. 他忽然間住了嘴, 黑著臉一蹦站起來了。(그는 갑자기 입을 다물고 검은 얼굴로 벌떡 일어섰다.)

e. 他的臉色越來越黑得可怕了。(그는 얼굴이 무서울 정도로 검게 변했다.)

f.從我往上數三輩, 都是黑肚子, '李'字好歹認不來。(나부터 세 항렬 위의 세대가 다 까막눈이다. '李'자도 모른다.)

예문 (236), (237)은 한국어와 중국어 모두 신체 부위와 결합하여 어떤 의미를 전달하는 데 두 언어 간에 공통적인 양상도 있지만 다른 양상도 존재한다.

예문 (236)은 '뱃속', '손', '얼굴', '가슴' 등이 '검다'는 것으로 인간의 심리적 상태나 성질, 행위의 '엉큼함', '흉측함', '참담함' '놀라움', '슬픔' 등 추상적인 의미를 전달한다. 예문 (237)은 '손', '얼굴'과 결합하여 인간의 '음험함', '화난 감정', '흉측함' 등 의미를 전달한다. 중국어가 대체로 '손'이나 '얼굴'의 시각적 경험에 토대를 둔 반면, 한국어는 이 외에도 '뱃속, 가슴' 등 신체 부위의 시각적 경험을 통해 추상적인 의미를 전달한다.

한중 모두 '손/手'과 결합하여 '손이 검다'로 표현하고 있는데, 이는 '손'의 기능 가운데 하나인 '훔치기를 잘하거나 손버릇이 나쁜 행위에 초점을 부여하여, '손이 검다(手黑)'로 '흉측함, 잔인함, 엉큼함' 등 추상적인 의미로 사용할 수 있는 동기가 된다. 예문 (237f)는 한국어와 다른 현상이다. 한국어는 '뱃속이 검다'고 더러운 속셈을 가진 사람을 표현하는 데 사용되었다. 중국어는 직역하면 '검은 배'가 되는데, 이는 사람의 '무식함'이나 '지식이 없음'을 표현한다. '肚子(배)'는 하나의 그릇으로서 중국에서 높은 위상을 차지하고 있다. '배'는 지식이나 학문을 넣는 '곳'이기도 한데(肚子里一点墨水也没有。(뱃속에 든(배운 것) 것이 조금도 없다.)), 그 곳이 '黑(검다)'는 것은 아무것도 보이지 않는다는 뜻이고, 아무것도 보이지 않으면 아무것도 없는 것으로 간주하기 마련이다. 이와 같은 경험에 기초하여 의미가 확장된 것으로 보인다.

> (238) a. 얼굴에 드리워진 검은 그늘。
>   b. 그의 앞날에는 검은 어둠만이 있는 듯했다.
>   c. 변방에서 일기 시작한 검은 구름은 곧 온 나라를 뒤덮었다.
> (239) 黑色悲傷纏繞, 雪上公主冰王子夢碎。 (어두운 슬픔으로 휘감겨 스키장의 공주와 스케이트장의 왕자들은 꿈이 깨졌다.)

예문 (238), (239)도 마찬가지로 '검다', '黑'에 대한 부정적인 경험이 토대가 되어 의미가 확장된 것인데, 예문 (238)은 '슬픔'이나 '참담한' 상태를 표현하고 있고, 예문 (239)도 '슬픔'을 표현하고 있다. 이는 어두운 공간의 잘 보이지 않는 '검다'와 인생이나 앞날의 예측하기 어려운 '어두움, 참담함' 간에 유사성이 존재하기 때문에 의미가 확장된 것이고, 부정적인 인생의 '어두움'이나 '참담함'은 기필코 '슬픔'을 초래하게 된다.

> (240) a. 唱黑臉。 (악역을 연출하다.)
>   b. 黑臉包公。 (검은 얼굴 포증.)

예문 (240)은 중국어에만 존재하는 문화 특정적인 의미 확장이다. (240a)는 악역을 연출하는 것으로 '나쁨'을 표현하고 있는데 이는 중국 경극에서 실제로 얼굴을 검게 칠하는 데서 확장되어 사용된 것이고, (240b)는 역시 경극에서 얼굴을 검게 칠한 사람을 가리키어(경극에서 얼굴을 검게 칠하고 법을 엄격하게 집행하는 포증을 연출한다.) 이 사람이 하는 배역이 성격이 호탕하고 위엄이 있는 긍정인물로서 이러한 인물에 대한 긍정적인 이미지가 확장되어 '강하고 곧은' 사람의 성격을 표현할 때 사용된다.

ⓒ '희다'와 '白'

〈표 50〉 '희다'와 '白'의 확장 의미

어휘	확장 의미
희다	① 『표준』말이나 행동이 분에 넘치며 버릇이 없다. ② 『연세』: 밝고 깨끗하다.
白	❶ 沒有加上什麽東西的。 ❷ 清楚；明白；弄明白。 ❸ 表示輕視或不滿。

'희다'와 '白'의 원형 의미가 확장되어 표에서 보듯이 추상적인 의미로 사용된다. 예문을 통해 살펴보면 다음과 같다.

(241) 불법을 세우고 불법이 희게 빛날 세상을 준비해야 한다.
(242) a. 真相大白。(진상이 완전히 명백해지다.)
     b. 手洗得真白。(손을 깨끗하게 씻었다.)

예문 (241), (242)는 '희다'와 '白'에 대한 아무 색상이 없는 긍정적인 이미지가 추상적인 의미로 확장되어 '청결함', '명백함', '깨끗함' 등의 의미를 나타내고 있다. 이는 두 언어 모두 공통적이다.

(243) a. 흰 눈으로 윤두수를 째려보았다.

b. 아들은 눈알이 허옇게 뒤집혀가지고 기어코 연놈을 붙잡아 제 손
　　　으로 죽이고야 말겠다고 길길이 미쳐 날뛰었다.
　　c. 겁이 나서 얼굴이 하얗게 질렸다.
　　d. 남편은 하얗게 질린 얼굴로 일어나 다락문으로 붙어섰다.
　　e. 긴장에서 풀린 두 분은 하얗게 질린 핼쑥한 얼굴을 마주 보며 털썩
　　　마당에 주저앉고 말았다.
　　f. 감독들은 박빙의 경기가 계속될 때 목이 마르고 입술이 하얗게 타
　　　들어가도 물 한모금 마실 여유를 갖지 못한다.
(244) a. 白眼看人。(흰 눈으로 사람을 본다.)
　　b. 菲力浦臉色煞白, 每當他感情衝動時總是這樣心兒怦怦直跳。(필리프
　　　의 얼굴빛이 하얗게 질린 걸 보니 그는 감정에 사로잡힐 때마다 항상 이
　　　렇게 가슴이 쿵쾅거렸다)
　　c. 臉氣得煞白。(성나서 얼굴이 하얗게 변했다.)
　　d. 他聽到鈴聲之後, 小臉嚇得煞白, 直挺挺地站起來沖向大門, 卻一頭撞
　　　在了門上。(벨소리를 듣고 그는 놀란 나머지 얼굴이 하얗게 변해서 뻣
　　　뻣이 일어나 대문을 향해 돌진했지만 머리가 문에 부딪쳤다.)
　　e. 嚇得嘴唇發白。(놀라서 입술이 하얘졌다.)
　　f. 嚇得臉都白了。(겁이 나서 얼굴이 하얗게 질렸다.)

　　예문 (243), (244)는 모두 신체 부위 '얼굴', '눈', '입술' 등과 결합하여 추
상적인 의미를 전달하는 데 두 언어 모두 공통적이다. 예문 (243a), (244a)
의 경우 '눈/眼'과 결합한 '희다/白'는 '경멸, 멸시, 불만족'으로 '미움'의 감
정 의미를 전달한다. 이는 우리의 신체적 경험, 신체적 반응에서 그 이유를
찾을 수 있다. 누구를 싫어하거나 불만을 표할 때 혹은 냉대할 때는 흘려보
게 되는데, 그때 눈의 모습은 흰자위가 보이게 된다. 이러한 경험이 바탕이
되어 추상적인 감정 의미로 확장된 것이다. '얼굴/臉'과 결합하여 나타나
는 신체적 반응은 한국어는 대체로 '두려움', '긴장'을, 중국어의 경우 '두려
움', '화', '긴장' 등을 표현하는 데 사용되었다. 모두 부정적인 감정의 상태

를 '얼굴'이나 '입술'이 희게 되는 신체적 경험에서 그 동기를 찾을 수 있다. 이는 아프거나 몸이 불편할 때 얼굴색이 하얘지는 일상적 경험을 하게 되는데 이런 체험이 확장의 동기가 되었다. 그리고 '두려움'의 경우, 실제로 두려움을 느낄 때, 얼굴이 하얗게 질리게 되는 체험에 기반을 둔다. 두려울 때 피부의 교감신경이 작동해서 피부 혈관이 수축하기 때문이다.

(245) 하얀 거짓말. (신현숙·김영란 2004: 165 인용)

예문 (245)는 한국어에만 존재하는 의미 확장이다. 이는 '악의가 없는 거짓말'을 의미한다. 밝고 깨끗한 이미지로 인해 의미가 확장된 것이다.

(246) 白飯/白開水 (맨밥/맹물)
(247) 菜做得太白了, 加點鹽吧。 (요리가 싱겁게 되었으니, 소금을 좀 칩시다.)
(248) 寫白字/讀白字。 (틀린 글자를 쓰다/틀린 글자를 읽다.)

예문 (246-248)은 중국어에만 존재하는 확장 의미로 문화 특징적이다.

예문 (246)은 '飯(밥)'이나 '水(물)'의 아무것도 섞이지 않은 상태를 '白'를 통해 표현되고 있다. 한국어는 '희다'가 아닌 다른 것이 아무것도 섞지 않은 의미의 접두사 '맨-'이나 '맹-'을 첨가하여 같은 의미를 표현하고 있다. 중국어의 경우는 '白'가 점차 의미가 확장되어 부사적 용법으로도 확장되는데 '헛되이, 보람 없이' 등 의미를 표현함으로써 '내용어→기능어'로의 문법화 과정[09]을 겪게 된다. 한국어의 '희다'는 이러한 확장 방향이 일어나지 않는다.

예문 (247)은 '색'을 나타내는 '白'가 '싱거움'을 표현하고 있다. 아무것도 섞이지 않은 것의 '白'와 관련되어 요리에도 아무것도 예컨대 소금이나 간

---

09 부사로서의 '白'의 용법으로는 '白跑一趟。 (헛걸음을 하다.)' 등이 있다.

을 맞추는 조미료 등이 들어가지 않은 것과 유사성을 지각하여 '白'를 통해 표현하고 있다.

예문 (248)은 '틀림, 잘못됨'을 의미한다.

(249) 唱白臉。(악역을 하다.)

예문 (249)도 중국 문화 특징적인 의미 확장이다. 이 역시 앞서 살펴본 '黑'와 마찬가지로 劇(극)을 할 때 실제로 얼굴을 희게 칠하는 데서 의미가 확장되었다.

ⓒ '붉다'와 '紅'

〈표 51〉 '붉다'와 '红'의 확장 의미

어휘	확장 의미
붉다	공산주의에 물들어 있다.
紅	❶ 象征順利、成功或收人重視、歡迎。 ❷ 象征革命或政治覺悟高。

'붉다'와 '紅'의 원형 의미가 확장되어 표에서 보듯이 추상적인 의미로 쓰인다.

(250) a. 붉은 사상.
    b. 붉은 군대는 드디어 파리를 점령하였다.
    c. 그럴 즈음 남면 하수내리에도 붉은 정치 세력은 깊숙이 뻗어 왔다.
(251) 빨간 거짓말.

예문 (250)은 『표준』에만 등재되어 있고, 『연세』는 등재되어 있지 않다. '공산주의에 물들어 있다'는 의미로 사용되었는데, 문금현(2013: 76)에 따르면, 공산국가에 대한 미움이 '붉다'는 이미지를 통해서 반영된 것이다. 이는 한국의 역사적 배경이 반영되어 있다. 예문 (251)은 '거짓말'의 속성을 '붉다'로 표현한 것이다. '붉다'는 색 가운데에서도 눈에 띄는 강렬한 색이다. 이러한 특징이 '거짓말'을 표현할 때 그 거짓말이 뻔히 드러날 만큼 터무니없는 거짓말이라는 것을 '붉다'를 통해 표현한 것으로 구체적인 사물의 속성에서 추상적인 대상 '거짓말'로 의미가 확장되어 사용되었다. '빨간 거짓말'의 용법은 한국어에만 존재하는 확장 의미이다.

(252) a. 開門紅。(첫 출발이 순조롭다.)
　　　b. 她的歌很紅。(그녀의 노래는 잘 팔린다.)
　　　c. 紅演員。(인기 스타.)
　　　d. 他在藝術界很紅。(그는 예술계에서 매우 잘 나간다.)
　　　e. 運氣紅。(운이 좋다.)

예문 (252)는 중국어에만 존재하는 의미 확장이다. 구체적인 사물의 속성을 나타내는 '紅(붉다)'이 '출발', '노래', '신분이나 위상', '운' 등이 '순조로움', '인기 있음', '잘 나감', '운 좋음' 등을 표현하고 있다.

(253) a. 연화는 잠시 아버지를 불러보는 기쁨으로 눈시울이 붉어졌다.
　　　b. 방안의 사람들도 따라서 눈시울을 붉히며 울었다.
　　　c. 토반들까지도 제각기 양반 값을 해 보겠노라고 죄 없는 상사람들을
　　　　 잡아다가 꿇리고 생트집을 잡기에 눈이 벌겋다.
　　　d. 나는 긴장으로 얼굴이 붉어지면서 땀이 솟는 걸 느꼈다.
　　　e. 그러나 진영은 다음 순간 부끄럼 때문에 얼굴이 붉어졌다.
　　　f. 기표에 대한 혐오감으로 해서 얼굴이 벌겋게 달아올랐다.
　　　g. 화가 나서 얼굴이 붉어지고 목소리가 커졌다.
　　　h. 하루 종일 굶었더니 먹을 것을 보자 눈깔이 붉어진다.
(254) a. 這小姑娘見了生人就紅臉。(이 꼬마 아가씨가 낯선 사람만 보면 얼굴이

붉어진다.)

b. 我們倆從來沒紅過臉。 (우리 둘은 아직까지 서로 간에 낯을 붉힌 적이 없다.)

c. 你發了財了, 他就紅了眼了。 (네가 부자가 되자 그가 샘을 냈다.)

d. 他興奮得滿面紅光。 (그는 흥분해서 얼굴이 선지 방구리가 되었다.)

e. 嬌小的妻子羞得滿臉桃紅。 (예쁘장한 아내가 수줍어 얼굴이 붉어졌다.)

f. 她緊張得臉都紅了。 (그녀는 긴장해서 얼굴이 붉어졌다.)

g. 笑得臉都紅了。 (웃어서 얼굴까지 빨개졌다.)

h. 見他滿臉怒氣, 兩眼紅紅的, 立時嚇得出了一頭冷汗。 (그의 얼굴이 노기로 가득 차 있고 양쪽 눈이 붉어진 걸 보니 놀라서 온 몸에 식은땀이 났다.)

예문 (253), (254)는 한국어와 중국어 모두 신체 부위와 결합하여 어떤 의미를 전달하는데 두 언어 간에 공통적인 양상도 있지만 다른 양상도 존재한다. 예문 (253)은 '눈', '눈시울', '눈깔', '얼굴'이 '붉다'로 인간의 '마음'의 상태나 욕구를 표현하는데, 대체로 '부끄러움, 분노, 기쁨, 질투, 사랑, 긴장, 두려움' 등 감정의 의미, 흥분하여 덤비려고 하는 어떤 상태를 표현한다. 예문 (254)는 중국어의 경우인데, 중국어도 '臉(얼굴)', '眼(눈)'과 같이 결합하여 육체적인 상태에서 정신적인 상태로 의미가 확장되어 사용되었다.

'붉다'의 경우 활성화되는 신체 부위가 모두 '눈'과 '얼굴'인데, 추상적 의미는 공통적인 것도 있고, 다른 것도 있다. 예컨대, '臉紅'과 '얼굴이 붉다'는 '부끄러움'과 '화' 모두를 대신하여 표현할 수 있지만, '눈'과 결합한 '眼紅'의 경우는 중국어에서는 '질투'의 의미를 표현하기도 하는데 한국어는 '질투'의 의미를 전달하지 않는다.

(255) 唱紅臉。 (남의 비위를 잘 맞추거나 관대하고 인정 많은 체하다.)

(256) 革命又紅又專。 (정치나 사상면에서 뛰어나다.)

예문 (255), (256)은 문화 특징적인 의미 확장이다. 예문 (255)의 경우는 중국의 경극에서 실제로 얼굴의 분장을 붉게 하는데서 발전한 것이고, 예문 (256)은 '정치'나 '사상' 면에서 혁명적이거나 '뛰어남'을 표현하고 있는데, 앞서 살펴본 한국어의 '붉은 사상'과는 대조적이다. 이는 중국의 역사적 배경이 반영되어 있다.

ㄹ '누르다'와 '黃'

〈표 52〉 '黃'의 확장 의미

어휘	확장 의미
黃	❶ 象徵腐化墮落, 特指色情。 ❷ 事情失敗或計劃不能實現。

'누르다'의 경우 사전에는 확장 의미를 제시하지 않았고, 사전에 기술된 확장 의미는 중국어의 '黃'만 있다. 일상 용례를 통해 구체적인 확장 의미를 살펴보면 다음과 같다.

(257) a. 이기채는 분을 참지 못하여 얼굴빛이 노래지며 숨이 잦아든다.
　　　 b. 아낙의 낯빛은 노랗게 질리는 것이 역력해 보였다.

예문 (257)은 '화'나 '두려움'의 감정 의미를 전달하는 표현인데, 이는 실제로 사람의 몸은 영양 부족이나 병으로 인해 얼굴에 핏기가 없고 노르께하기 때문에 이러한 신체적 증상이 의미 확장의 동기가 되었다.

(258) a. 汽車載著他們迅急馳上鼓樓大街的馬路之後, 戴愉嚇得面孔發黃了。(차가 그들을 태워서 鼓樓거리의 도로에서 질주한 후, 대유(戴愉)는 놀라서 얼굴빛이 노래졌다.)

b. 他嚇得臉色焦黃, 渾身哆嗦地朝床底下指。(그는 놀라서 얼굴이 노래지고 온 몸이 떨면서 침대 아래를 손가락으로 가리켰다.)

예문 (258)은 중국어의 '黃'이 '두려움'을 표현하는 용례들이다. 중국어 역시 얼굴빛이나 얼굴이 노랗게 변하는 신체적 반응으로 그 감정을 대신하여 표현한다. 다만 한국어와 달리 '黃'은 화를 표현할 때 사용하지 않는다. 왕단(2012)는 중국어에서는 '黃'이 감정 영역으로 확장되는 양상은 존재하지 않는다고 하였는데 말뭉치 검색을 통해 '黃' 역시 감정 의미를 전달하는 용례를 발견할 수 있었다. 다만 이러한 의미 확장은 중국어도 많이 이루어지지 않았다.

(259) a. 어린 녀석이 어른한테 말대꾸하는 것을 보니 벌써 싹수가 노랗다.
b. 합격자 명단에 내 이름이 없는 것을 확인한 순간 하늘이 노랗게 보였다.

예문 (259)는 한국어에만 존재하는 의미 확장이다. '희망이 없음, 절망' 등 의미를 뜻한다. 식물의 생장 과정을 생각해 보면 식물이 시들면 노랗게 변하거나 몸이 아프거나 할 때 얼굴이 노래지는 일상적 경험에 바탕을 두고 의미가 확장된 것으로 보인다.

(260) 這部電影相當黃。(이 영화는 매우 선정적이다.)
(261) a. 那筆買賣黃了。(그 장사는 실패했다.)
b. 這門親事黃了。(이 혼사는 깨졌다.)

예문 (260), (261)은 중국어에만 존재하는 의미 확장이다. 예문 (260)은 '선정적인 의미'를 뜻한다. 이는 서양의 문화 의미를 받아 주는 대표적인 예이다. 미국 신문사가 저질의 노란 종이로 스캔들, 내막, 폭력, 범죄 등 저 속하거나 과장된 사회 뉴스를 보도했는데, 미국 신문사학자 F. L. Mott는 'yellow journalism'이라는 용어로 이런 뉴스나 현상을 가리켰는데, 중국에 들어오면서 '색정적인 뉴스'로 의미가 축소되어 발전하였다(왕단 2012: 228 참조).

ⓜ '푸르다'와 '藍'과 '綠'

〈표 53〉 '푸르다'의 확장 의미

어휘	확장 의미
푸르다	① 곡식이나 열매 따위가 아직 덜 익은 상태에 있다. ② 세력이 당당하다. ③ 젊음과 생기가 왕성하다. ④ 희망이나 포부 따위가 크고 아름답다. ⑤ 공기 따위가 맑고 신선하다. ⑥ 서늘한 느낌이 있다.

사전에 기술된 확장 의미는 한국어의 '푸르다' 정도이다. 구체적인 용례를 통해 살펴보면 다음과 같다.

(262) 푸른 과일/푸른 보리
(263) 한창 푸른 시절을 덧없이 보내다.
(264) a. 푸른 꿈
     b. 젊은이들에게는 푸른 미래가 보장되어 있다.
     c. 순덕이는 푸른 꿈을 안고 상경했다.

예문 (262)는 곡식이나 열매의 덜 익은 상태를 '푸르다'를 통해 표현하고 있는데 이는 실제로 덜 익은 과일이 푸르기 때문에 이에 기초하여 '덜 익음'으로 의미가 확장된 것이다. 의미 항목 ①이 이에 해당한다. 예문 (263)은 '젊음'을 '푸르다'를 통해 표현하고 있는데 이는 실제로 식물의 '싱싱함'

이 푸른색을 띠는 경험에서 기초를 둔 것이라 할 수 있다. 즉 식물의 생장과 사람의 생장과 관련지어 표현한 것이다. 의미 항목 ③이 이에 해당한다. 예문 (264)는 인간이 꿈꾸고자 하는 '희망', '포부' 등이 '아름다움'을 의미하고 있다. '풀'이나 '하늘'의 '푸르다'는 사람들에게 생생하고 긍정적인 느낌을 주다. 이런 시각에 주는 긍정적인 이미지가 의미가 확장되는 토대가 된 것으로 보인다.

> (265) a. 그가 아직 돌아서기 전까지는 수치심에 얼굴이 파랗게 질린 채로 서 있다가 그가 돌아서자 그제서야 무너져내린 것이다.
> b. 그녀는 두려움에 휩싸여 얼굴이 파랗게 질렸다.
> c. 나를 쳐다보는 그녀의 눈에는 파란 빛이 일고 있었다.
> d. 문이 열리고 주인아주머니의 파랗게 성을 내고 있는 얼굴이 어슴푸레한 석유 등잔불에 비쳐 보였다.
> e. 얼굴이 파래서 묻는 말에 대답도 안 한다.
> f. 여인의 입술이 공포에 파랗게 질려 가는 것 같았다.

예문 (265)는 감정 의미를 전달하는 표현인데, 대체로 '미움, 부끄러움, 긴장, 사랑, 두려움, 화' 등 감정 상태를 표현하는 데 사용되었다. 화가 나거나 놀라울 때 '얼굴'이나 '입술'이 '파랗게' 변하는 신체적 반응으로 감정을 대신하여 표현한 것이다.

> (266) a. 푸른 양반.
> b. 김씨들의 세도는 더욱더 빛나고 푸르렀다.
> (267) 푸른 공기를 들이마시다.
> (268) 푸른 기운이 도는 예리한 검.

예문 (266-268)은 한국어에만 존재하는 의미 확장이다. 예문 (266)은 '세력'이 '당당함'을, 예문 (267)은 '공기'의 '맑음, 신선함'을, 예문 (268)은 '검'이 주는 '서늘한 느낌'을 의미한다. 식물의 성장 과정에서 왕성한 성장은 흔히 푸른색을 띠는 경우가 많다. 이런 특징이 '세력'의 '당당함'으로 확장된 것으로 보인다. '풀'이나 '하늘', '바다' 등의 '맑음', '깨끗함', '서늘함' 등에 기초하여 의미가 확장된 것으로 본다.

> (269) a. 奶奶何曾受過這樣的搶白, 氣得臉都綠了。(할머니가 언제 이런 구설을 당한 적이 있었는가? 성나서 얼굴이 푸르게 변했다.)
>   b. 看見那些老臣們昏灰的臉和瞪直的眼, 真氣得眼睛發綠。(그 노신들의 어두운 얼굴과 곧추 뜬 눈을 보아서 화나서 눈이 파래졌다.)

예문 (269)는 중국어의 경우로 '綠'가 감정 영역으로 확장되어 '화'를 표현하는데 사용되었다. 신체 부위 '臉(얼굴)', '眼睛(눈)'이 '푸르게' 변하게 되는 신체적 반응으로 감정을 대신하여 표현한 것이다. '藍'은 감정 영역으로 확장되지 않았다.

> (270) 要真有這事, 他不是戴綠帽子？(정말 그런 일이 있었다면, 그는 오쟁이를 진 것이 아니겠는가?)

예문 (270)은 중국어에만 존재하는 문화적인 의미 확장이다. '綠帽子(서방질하는 여자의 남편)'는 옛날 천민 혹은 기생의 가족을 일반 사람과 구별하기 위해서 '綠頭巾(녹색 두건)'을 쓰게 한 일이 있으며, 명(明)나라 때에는 기생집의 주인에게 벽록건을 쓰게 한 일이 있는데, 이것이 지금의 '서방질하는 여자의 남편'을 이르는 말로 변화하였다.

한중 감각어의 신체화 연구

ⓑ '밝다', '亮'

<표 54> '밝다'와 '亮'의 확장 의미

어휘	확장 의미
밝다	① (시력, 청력 따위가) 좋다, 뛰어나다. ② 생각이나 태도가 분명하고 바르다. ③ (분위기나 표정, 성격 따위가) 침울하지 않고 명랑하다. ④ 미래 상황이 긍정적이고 좋다. ⑤ (사회가) 공명하고 건전하다. ⑥ 어떤 부분에 막히는 데 없이 환히 잘 알아 능숙하다.
亮	❶ (声音)强；响亮。 ❷ (心胸、思想等)开朗, 清楚。

'밝다'와 '亮'의 원형 의미가 표에서 제시된 바와 같이 다양한 확장 의미를 지니고 있는데, 한국어의 경우가 중국어보다 현저하게 확장 의미가 다양하다. 구체적인 용례를 통해 확장 의미를 살펴보고자 한다.

(271) a. 아무리 눈이 밝은 사람이라도 서로의 얼굴을 알아보기가 힘든 거리였지만….
　　　b. 아니, 호랑이도 제 말 하면 발톱을 세우며 온다더니 지금 서 주사 얘기를 하고 있는데 참 귀도 밝으시군.
　　　c. 할아버지는 연세에 비해 귀와 눈이 밝았다.
　　　d. 울타리를 넘어 들어와서 이 집의 코 밝은 강아지도 알지 못하게 조심스레 바로 이 방문을 가볍게 두드릴 것이라고….
(272) a. 그는 밤눈이 유독 밝다.
　　　b. 잘못은 말이야, 자네가 잠귀가 밝다는 거였어.
　　　c. 그는 길눈이 밝아서 좀처럼 산에서 길을 잃지 않는다.
　　　d. 글귀가 밝다.

예문 (271), (272)는 한국어에만 존재하는 의미 확장이다. 예문 (271)은

'눈'이 잘 보이거나 '귀'가 잘 들리는 의미로 '밝다'를 통해 '시력, 청력 따위'의 '좋음, 뛰어남'을 의미하고 있다. 예문 (272)는 눈이나 귀를 통한 어떤 능력이 '뛰어남'을 표현하고 있다. 예문 (272a)는 밤에 물체 등을 보는 눈의 능력에 초점을 두어 '시력'이 '뛰어남'을, 예문 (272b)는 잠결에 소리를 듣는 귀의 능력에 초점을 두어 '청력'이 '뛰어남'을, 예문 (272c)는 길을 잃지 않도록 익혀 두는 눈썰미, 즉 눈을 통한 기억력이 '뛰어남'을 표현하고 있다. 또 예문 (272d)는 글을 듣고 이해하는 이해력이 '뛰어남'을 표현하고 있다. 의미 항목①이 이에 해당한다.

예문 (271)은 중국어와 현저한 차이를 보이는데, 관련 용례를 중국어로 번역하면 다음과 같다.

> (273)a. 눈이 밝다./眼尖。
>   b. 귀가 밝다./耳朵尖。
>   c. 코가 밝다./鼻子尖。
>   d. 눈빛이 밝다./目光明锐。

예문 (273)을 보면, 시력이나 청력이 뛰어남을 표현할 때 한국어는 '밝다'를 통해 표현하고 있고, 중국어는 '尖(날카롭다)', '明锐(밝고 날카롭다)'로 일반적으로 '날카롭다'를 통해 표현하고 있다. '날카롭다'도 시각으로 확인할 수 있는 물체의 뾰족하거나 날이 서 있는 현저한 부분이다. 이는 두 나라의 지각적 선택성의 차이로 말미암아 언어가 다르게 나타남을 의미한다.

> (274) a. 그는 애초에 심성이 밝고 깔끔하였다.
>   b. 그는 경우가 밝은 사람이다.
>   c. 유진이는 늘 조용하고 사리가 어른처럼 밝았다.
>   d. 그는 누구에게든 언제나 붙임성 좋고 인사성이 밝다.

예문 (274)는 '심성, 경우, 사리, 인사성' 등이 '바르고 깍듯함'을 의미하고 있다. 자연적인 현상의 '환함'을 인간의 행위나 성질이 '분명하고 바름'으로 확장된 것이다. 의미 항목②가 이에 해당한다.

  (275) a. 그녀의 표정은 그리 밝지 않았다.
    b. 여자는 시종 밝은 미소를 잃지 않았다.
    c. 그는 불행한 어린 시절을 보낸 사람치곤 너무 밝고 건전하고 품위
      가 있다.
    d. 그녀는 성격이 무척 밝은 여자였다.
    e. 주위 분위기가 밝으니 그 애도 금방 명랑해질 것이다.
    f. 주식 시장의 분위기가 매우 밝았다.

예문 (275)는 '표정'이나 '미소', '사람의 성격', '분위기' '주식 시장' 등이 침울하지 않고 '명랑함'을 의미하고 있다. 이들은 밀접한 관련성을 지니고 있다. 표정이 밝으면 '즐거움'을 의미한다. 성격이 밝으면 표정도 밝을 것이고, 경험주가 처하는 주위나 환경, 분위기조차 밝아지는 경험을 한다. 이는 어떤 물체가 내는 환한 빛, 또 이런 빛을 충분히 받아 장소나 공간까지 환해지는 경험을 생각해 보면 자연스럽게 이해된다. 의미 항목③이 이에 해당한다.

  (276) a. 해양 산업은 그 어느 산업보다도 전망이 밝다고 여겨진다.
    b. 아이의 장래가 밝다.
  (277) a. 공공질서를 준수하여 밝은 사회 이룩하자.
    b. 세상 참 많이 밝아졌지.

예문 (276)은 '전망, 장래' 등 미래의 상황이 '좋음'을 '밝다'를 통해 표현하고 있고, 예문 (277)은 '사회, 세상' 등이 '건전함, 공명함'을 '밝다'를 통해

표현하고 있다. 이 역시 어떤 물체가 내는 환한 빛, 또 이런 빛을 충분히 받아 장소나 공간까지 환해지는 경험에 기초하여 의미가 확장된 것이다. '미래'나 '사회' 등 상황도 공간처럼 빛을 잘 받아 환해지는 상태를 의미한다. 의미 항목 ④, ⑤가 이에 해당한다.

> (278) a. 그는 연예계 정보에 밝았다.
> b. 김 실장은 전문가로 꼽힐 정도로 실무와 이론에 밝다.
> c. 그는 '한국 경제의 구조'라는 저서를 출간한, 경제에 밝은 사람이다.
> d. 세상 물정에 밝다.

예문 (278)은 특정 부분이나 분야에 대해 잘 알고 능숙한 사람을 일컫는데 '능숙함, 뛰어남'을 의미한다. 일상적인 경험을 생각해 보면, 어두운 공간에서 눈으로 확인할 수 없기 때문에 무엇이 있는지 어떠한지를 잘 모른다. 반면 밝은 곳에서는 잘 보이기 때문에 공간에 무엇이 들어있는지를 잘 알게 된다. 이러한 일상적인 경험에 기초하여 '밝다'가 어떤 분야나 부분에서 '능숙함' 또는 '뛰어남'으로 의미가 확장된 것이다. 의미 항목⑥이 이에 해당한다.

한국어의 '밝다'가 다양한 확장 의미를 갖는 반면, 중국어는 의미 확장 양상이 많지 않다.

> (279) a. 她的歌聲脆而亮。(그녀의 노래는 낭랑하고 크다.)
> b. 聲音洪亮。(목소리가 우렁차다.)

예문 (279)는 '소리의 세기'가 '큼'을 '亮'을 통해 기술하고 있다.

> (280) a. 心明眼亮。(사물을 통찰하여 시비를 밝게 분별하다.)
> b. 你這一說, 我心裡頭亮了。(그 말을 들으니 내 가슴이 확 트인다.)

예문 (280)은 '판단력'이나 '견식'이 '있음'을, 또는 '마음이나 생각 따위' 가 '후련함, 분명함'을 '亮'을 통해 기술하고 있다. 예문 (280a)는 신체 부위 '눈'과 결합하여 '眼亮(눈이 밝다)'으로 시력이 '뛰어남'을 표현하는 것이 아니라, 판단력이나 견식이 있음을 나타낸다. 그리고 예문 (280b)는 '마음'을 하나의 공간으로 간주하여 공간이 환해지는 경험에서 마음도 마치 공간처럼 환해져 트이는 느낌이 들어 '분명함, 명확함' 등의 의미로 확장된 것이다.

ⓧ '어둡다', '暗'

<표 55> '어둡다'와 '暗'의 확장 의미

어휘	확장 의미
어둡다	① (시력이나 청력이) 나쁘다, 약하다. (표준 없음) ② (분위가나 표정, 성격 따위가) 명랑하지 못하고 침울하다. ③ 미래 상황이 부정적이고 나쁘다. ④ 수상쩍거나 좋지 아니하다. ⑤ 어떤 분야에 대해서 잘 알지 못하다. ⑥ 어떤 것에 욕심을 내다.
暗	❶ 隐藏不露的；秘密的 ❷ (书)糊涂, 不明白。

'어둡다'와 '暗'도 '밝다'와 '亮'과 마찬가지로 원형 의미가 다양한 확장 의미를 획득하는데, 한국어의 경우가 중국어보다 현저하게 확장 의미가 다양하다. 구체적인 용례를 통해 확장 의미를 살펴보고자 한다.

(281) a. 이제는 눈이 어두워서 작은 글씨가 안 보이는구나.
　　　 b. 나는 귀가 어두운 할아버지께 여러 번 말씀드렸다.
(282) a. 어머니는 밤눈이 어두워 밤에는 외출을 꺼리신다.
　　　 b. 나는 잠귀가 어둡다.
　　　 c. 길눈이 어두운 그가 이곳을 찾아오기는 어려울 것이다.

d. 그는 글귀가 어두워 배운 글도 잘 이해하지 못했다.

예문 (281), (282)는 한국어에만 존재하는 의미 확장이다. 예문 (281)은 '눈'이 잘 보이지 않거나 '귀'가 잘 들리지 않는 의미로 '어둡다'를 통해 '시력, 청력 따위'의 '나쁨, 약함'을 의미하고 있다. 예문 (282)는 눈이나 코를 통한 어떤 능력이 뛰어나지 않음을 표현하는데, 앞서 살펴본 '밝다'와 반대의 의미를 나타낸다. 의미 항목①이 이에 해당한다. 예문 (281)의 경우 중국어와 차이를 보이는데 관련 예문을 번역하면 다음과 같다.

(283) a. 눈이 어둡다./眼花。
        b. 귀가 어둡다./耳背, 耳沉。

예문 (283)에서 보듯이, 시력이나 청력이 '약함'을 '어둡다'를 통해 표현하고 있는데, 중국어는 '花(흐리다)'나 '背'나 '沉'을 통해 표현하고 있다.

(284) a. 얼굴 표정이 어두운 걸 보니까 무슨 걱정거리가 있는 모양이군요.
        b. 그녀는 어두운 성격이라 사람들과 어울리기를 꺼려한다.
        c. 교실 분위기가 어둡다.

예문 (284)는 '표정'이나 인간의 '성격', '분위기' 등이 '명랑하지 않음', '침울함' 등을 의미한다. 의미 항목②가 이에 해당한다.

(285) a. 그의 노래는 어두운 현실에 희망을 던져주었다.
        b. 시사 잡지들의 전망이 가장 어둡다.
(286) a. 어두운 과거.
        b. 어두운 기억.

예문 (285)는 '현실'이나 '전망' 등 미래의 상황에 대한 '우울함'을 '어둡다'를 통해 표현하고 있다. 예문 (286)은 '과거'나 '기억'과 결합하여 '좋지 아니함' 또는 '수상쩍음'을 의미하고 있다. '어둡다'는 것은 보이지 않는다는 것이고, 보이지 않으면 불안하고 부정적으로 다가온다. 이러한 경험에 바탕을 두고 의미가 확장된 것으로 보인다.

> (287) a. 선생님은 이곳 사정에 너무 어두우십니다.
>   b. 남편은 숫자며 돈 계산에 매우 어두웠다.
>   c. 고향의 이런저런 물정에 어두운 수진에게 상세한 설명을 하고 있었다.

예문 (287)은 '사정', '계산', '물정' 등에 대해 잘 '모름'을 '어둡다'를 통해 표현하고 있다. 이는 앞서 살펴본 '밝다'가 '앎'을 의미하는 것과 반대된다.

> (288) a. 그는 돈에 눈이 어두워 친구를 배신했다.
>   b. 할머니는 욕심에 눈이 어두워 결국 가지고 있던 재산도 모두 잃고 말았다.
>   c. 출세에 눈이 어둡다.

예문 (288)은 '돈', '욕심', '출세' 등에 정신이 팔려 지나치게 욕심을 부리거나 하는 의미로 '눈이 어둡다'를 통해 표현하고 있다.

'밝다'와 마찬가지로 '어둡다'도 한국어는 다양한 확장 의미를 지니지만, 중국어의 경우는 의미 항목이 두 개밖에 없다.

> (289) 明人不做暗事。(공명정대한 사람은 떳떳하지 않은 일은 하지 않는다.)
> (290) 兼听则明, 偏听则暗。(여러 방면의 의견을 들으면 시비를 잘 구별할 수 있고 한쪽의 말만 믿으면 사리에 어둡게 된다.)

예문 (289)는 '은밀함, 떳떳하지 않음, 부당함' 등 의미를 전달하고, 예문

(290)은 옛날 용법인데 '분명치 않음, 잘 모름' 등 의미를 전달한다.

　지금까지 살펴본 한중 시각어의 확장 의미를 한 자리에 모으면 다음과 같다. '밝다', '어둡다'의 경우는 거의 다르게 확장되기 때문에 여기서는 색채의 경우만 제시한다.

〈표 56〉 한중 시각어의 추상적 의미 확장

	지시 대상	의미	
		한	중
㉠	도덕	불법, 비공개, 은밀함	
	속셈, 마음	엉큼함, 나쁨	
	감정	○	
	(배+)	(사람 속셈) 더러움	(사람) 무식함
	경극: (얼굴+)	×	나쁨/호탕함, 곧음
㉡	세상, 진상	밝음, 명백함	
	신체	깨끗함	
	(눈, 얼굴+)	두려움, 긴장	
	거짓말	악의 없음	×
	밥, 물	×	아무도 섞이지 않음
	경극: (얼굴+)	×	나쁨

㉢	거짓말	뻔함	×
	출발/노래/신분/운/인기	×	순조로움/인기 있음/잘 나감/ 좋음
	감정	○	
	정치, 사상	부정	뛰어남
	경극: (얼굴+)	×	남 비위 맞추는 사람
㉣	감정	두려움	
	희망	없음, 절망	×
	색정	×	선정적임
㉤	과일/젊은 시절/희망	덜 익음/싱싱함/아름다움	×
	감정	○	
	세력/공기/검	당당함/맑음/서늘한 느낌	×
	서방질하는 여자 남편	×	○

　이상 한중 감각어의 의미 구조를 종합적으로 파악하였다. 살펴본 결과 의미 구조가 유사하게 나타난 것이 있는가 하면 다르게 확장된 것도 있다. 이는 한중 언어사용자의 개념 구조의 차이로 귀결된다.

8. 한중 감각어의 인지적 의미 해석

인지언어학은 '인간 중심적 관점(anthropocentric view)'으로서 의미 구조가 언어 외적 요소인 인간의 인지적, 신체적 경험, 문화적 맥락에 의해 동기화되어 있다고 본다. 또한 의미가 확장되는 과정은 자의적인 것이 아니라 신체적, 사회·문화적 배경에 의해 동기화되어 있다고 본다. 이 장에서는 앞서 파악한 한중 감각어의 의미 구조에 대해 인지적 '해석(construal)'을 하고자 한다. '해석(construal)'은 세계(즉, 사물, 사건)의 양상을 이해하는 방법이다(Kövecses 2006, 임지룡·김동환 옮김 2010: 367). 해석은 언어 사용자의 체험적 배경, 사회적·문화적 관습에 의해 영향을 받는다. 언어로 표현되는 사태라는 것은 인간에서 분리된 객관적 존재가 아니라 오감(五感)을 기초로 한 신체감각이나 여러 가지 경험을 토대로 한 것이고 개개인이 수많은 관점 중 하나를 주체적으로 선택한 것이다(Y. Tsuji 편 2002, 임지룡 외 옮김 2004: 125). 언어 사용자의 체험적 배경에는 언어의 인지능력이 수반되어 있다.

체험주의를 지향하는 인지언어학에서는 언어는 '신체화'라는 렌즈를 통해서 세계에 대한 우리의 고유한 인지적 해석을 반영하는 것으로 간주한다(임지룡 2008: 39). 앞서 언급하였듯이 개념 구조는 사고의 차원에 속한다고 하면, 의미 구조는 언어적 차원에 속한다고 볼 수 있어 개념 구조가 요구하는 관습적 형태가 의미 구조라고 할 수 있다. 언어마다 요구하는 관습적 형

한중 감각어의 신체화 연구

태는 다를 수 있다. 이에 이 장에서는 '신체화로부터 언어 의미까지', 곧 신체화로부터 도출된 감각의 개념 구조와 앞서 살펴본 감각어의 의미 구조 사이의 관계를 살펴보면서 [신체화→개념 구조→의미 구조]의 과정을 확인하고, 개념 구조는 신체화되어 있고, 의미 구조는 개념적 구조를 반영한다는 인지언어학의 주장을 뒷받침하고자 한다. 아울러 한국어와 중국어의 대조 분석을 통해, 한중 언어의 감각어의 의미 구조에 반영된 개념 구조의 공통점과 차이점을 밝히고자 한다.

8.1. 의미 구조의 특징

의미 구조는 개념 구조를 반영한다. 따라서 개념 구조가 어떻게 작용하는지를 이해하는 데 도움을 얻기 위해 언어의 의미 구조에 의존한다. 앞서 우리는 한중 감각어의 의미 구조를 통하여 감각어의 신체적 경험, 이런 신체적 경험에 바탕을 두고 의미가 확장되는 양상을 종합적으로 고찰하였다.

이 장에서는 의미 구조에 반영되는 개념적 구조의 일부를 밝히기 위해 신체화로부터 도출되는 개념적 구조를 확립하고, 감각 개념 구조가 어떻게 언어를 통해 부호화되고 형체가 부여될 수 있는지, 즉 신체화로부터 도출된 감각의 개념 구조에 기초해서 어떻게 의미를 제공하는지 살펴보면서 한중 감각어의 의미 구조에 반영된 개념 구조의 특징을 파악하고자 한다. 3장에서 7장까지 종합적으로 감각어의 의미 구조를 파악하기 위한 논의였다면, 이 장에서는 파악한 내용을 바탕으로 인지적 특징을 체계화하는 작업으로서 몇 가지 특징을 유형화하여 다루고자 한다.

인간은 일상적이고 반복되는 신체적 경험을 통해 '영상도식'이라는 가장 기본적인 개념 구조를 형성한다. 인지언어학에서 말하는 '영상도식'은 시각 및 청각을 비롯하여 다른 오감(五感), 체감, 운동감각 등 개념화자의 경험적 기반에 관여하는 모든 신체 구조의 다양한 경험을 구조화한 지식 체계로서, 언어나 문화에 의존하지 않는 보편성을 지닌 인지구조를 가리킨다(정수진 2010: 171 인용). 앞서 언급하였듯이, 이 책의 감각어도 촉각, 미각, 후각, 청각, 시각을 통한 반복되는 감각 경험을 통해 개념 구조를 형성하고, 이렇게 형성된 개념 구조는 보다 추상적이고 심리적인 영역을 구조화하고 이해하는 경험적 근거가 된다.

한국어와 중국어는 외부 세계와 상호작용하는 과정에서 감각 경험으로부터 '사물'[01], '척도', '균형', '부분-전체' 도식이 도출되는데 이는 보편성을 띠고 있다. 그러면 구체적으로 살펴보기로 한다.

8.1.1. '사물도식'의 은유적 투사

우리는 일상생활에서 책상, 의자, 음식물, 눈으로 보는 것, 손으로 만지는 것 등 구체적인 사물과 우리가 행하는 일상적인 상호작용에 기초를 두고 '사물' 영상도식을 형성하게 되는데 이는 감각 경험으로부터 발생하는 도식적 표상으로서 사물에 공통된 것을 일반화한다. 이런 사물을 접함으로써 사물의 가장 본원적인 특성을 지각하게 되는데, 이것은 '색, 소리, 냄새, 맛, 촉감이나 온도' 등의 지각적 정보를 가리킨다. 이렇게 지각된 정보를 형용사로 구체화하여 '붉다/紅', '달다/甜', '뜨겁다/熱' 등으로 언어화하여 표상한다.

감각 경험에 의해 구조화된 사물도식은 다음과 같이 나타낼 수 있다. 이렇게 형성된 개념 구조는 새롭고 추상적인 개념을 이해하는 데 유용하게 사용된다.

---

01 '대상 도식'이라 지칭하기도 한다.

〈그림 27〉 사물(object)도식

　감각 경험에 바탕을 두고 형성된 '사물도식'은 추상적인 영역에 투사되어 추상적인 실체에 그 존재를 부여하고, 구체적인 사물 또는 사물의 본원적인 특성을 추상적인 실체에 적용함으로써 우리는 추상적인 개념을 구체적인 사물이나 물질로 이해하는 바탕이 된다. 추상적인 실체에 그 존재를 부여하기 때문에 이러한 개념화 과정을 '존재론적 은유'라고도 일컫는다. 이는 눈에 보이지 않거나 손으로 만지지 못하는 추상적 경험을 구체적인 사물에 비유하는데, 이는 사물이 존재하고 사물은 눈으로 보고, 손으로 만질 수 있으며, 사물의 특성인 온도나 색 등 특성을 지각할 수 있기 때문이다. 앞서 살펴본 한중 감각어의 의미 구조에 반영되는 '사물도식'의 언어화 양상을 일부 제시해 보면 다음과 같다.[02]

　　(291) a. 그는 독특한 창법으로 국내에서도 팬들에게 뜨거운 사랑을 받았다.
　　　　　b. 가정이 주는 달콤한 행복 때문에 가까스로 마음을 잡았습니다.
　　　　　c. 마을 사람의 인심이 구수하다.
　　　　　d. 레닌은 시끄럽고 떠들썩한 성격에 농담을 좋아했다.
　　　　　e. 그녀는 성격이 무척 밝은 여자였다.
　　(292) a. 她有一副熱心腸兒。(그녀는 따뜻한 마음씨를 지니고 있다.)
　　　　　b. 爱情蜜糖失去了了甜味。(사랑이 단 맛을 잃었다.)
　　　　　c. 名聲很臭。(평판이 아주 더럽다.)
　　　　　d. 那個人氣度向來很安靜。(그 사람은 태도가 언제나 침착하다.)
　　　　　e. 你這麽一說, 我心裡頭亮了。(그 말을 들으니 내 가슴이 확 트인다.)

02　이해를 돕기 위해 앞서 제시한 용례와 같아도 새로운 번호를 매기도록 한다.

예문 (291), (292)에서 보듯이, 구체적인 사물의 속성을 이용하여 추상적인 대상의 속성을 나타내는 용례들이다. 예문 (291)은 특정 사물의 본원적인 속성 '뜨겁다, 달콤하다, 구수하다, 시끄럽다, 밝다'를 통해 추상적인 실체 '사랑, 행복, 인심, 성격' 등의 특성을 구체화한 것이다. 이는 두 언어 모두 공통적이다. 두 언어 모두 감각 경험에 바탕을 둔 사물도식이 한편으로는 감각적·물리적 개념을 발생시키고, 다른 한편으로는 추상적인 실체에 존재의 지위를 부여하는 등 은유적 과정을 통해 추상적 개념을 발생시킨다. 이는 추상적 개념도 감각 경험에 근거하여 동기화된 것으로 개념 구조가 신체화된 인지에 토대를 두고 있음을 뒷받침해준다.

하지만, 앞서 살펴보았듯이, '사물도식'을 이용하여 추상적인 영역에 존재하는 경험을 조직하는 데 한국어와 중국어 간에 차이점이 있다. 즉 어떤 추상적인 대상에 어떤 실체의 속성을 부여하여 구체화할지는 언어마다 차이가 있을 수 있다. 이와 같은 차이에 대해서는 의미 확장의 특징에서 다루고자 한다.

8.1.2. '척도도식'의 은유적 투사

척도도식은 촉각(온도)적 경험과 청각적 경험에 의해 구조화된 개념 구조이다. 한중 촉각어의 경우 앞서 살펴보았듯이 '높은 온도-높은 온도와 낮은 온도 사이-낮은 온도'와 같은 척도도식을 형성한다. 어휘 분화 방식이 두 언어 간에 차이가 있지만 반복되는 경험을 통해 형성된 '척도도식'은 공통적이다. 온도계의 수은주를 보더라도 뜨거우면 수은주가 길어지면서 눈금의 수가 커지며, 차가우면 수은주가 짧아지면서 눈금의 수가 작아진다. 그리고 물이 끓으면 기포가 생기면서 위로 떠오르고 그릇에 덮어놓았던 뚜껑도 들썩거린다(임혜원 2013: 178 참조). 이런 일상적인 경험에 기초를 두

한중 감각어의 신체화 연구

고 '척도도식'이 형성되는데 구조화된 영상 도식은 다음과 같다. 예컨대, '뜨겁다'의 경우는 '열'이 많아 도식의 '위'에 위치하고, '차갑다'의 경우는 '열'이 적어 '도식'의 아래에 뒤에 '척도도식'은 다음과 같이 도식화할 수 있다.

〈그림 28〉 척도(scale)도식

촉각어 뿐만 아니라, 청각어도 '척도도식'이 형성된다. 귀를 통해 소리의 높낮이를 감지할 수 있기 때문이다. 역시 낮은 소리에서 높은 소리까지 대체로 '높은 소리- 보통 소리- 낮은 소리'와 같은 도식을 형성한다.

감각 경험에 바탕을 두고 형성된 '척도도식'은 추상적인 영역에 투사되어 추상적인 대상이나 사태에 척도 특성(scalar property)을 부여한다. 이를 통해 추상적인 경험이 조직된다. 앞서 살펴본 한중 감각어의 의미 구조에 반영된 '척도도식'의 언어화 양상을 일부 제시해 보면 다음과 같다.

(293)a. 손님을 가족처럼 따뜻하게 맞이하다.
      b. 그 사람에게 너무 차갑게 굴지 말고 친절하게 대해라.
(294) a. 따뜻한 성격의 소유자.
      b. 그 여자는 성격이 차갑고 콧대가 세다.
(295) a. 레닌은 시끄럽고 떠들썩한 성격에 농담을 좋아했다.
      b. 제가 말수도 많지 않고 조용한 성격입니다.

예문 (293), (294), (295)를 보면 a와 b는 서로 다른 의미 양상을 보이는

데, a는 적극적 인 것, b는 소극적인 것으로, 예문 (293)의 경우 적극적이고 친절한 태도는 '따뜻하다'를 통해, 소극적이고 불친절한 태도는 '차갑다'를 통해, 예문 (294)의 경우 친절한 성격은 '따뜻하다'를 통해, 불친절한 성격을 '차갑다'를 통해 나타나고 있다. 이는 적극적이고 친절한 것은 '온각'과 관련지어 이야기하고, 위쪽에 위치하며, 소극적이고 불친절한 것은 '냉각'과 관련지어 이야기하는 경향성이 있음을 뜻한다. 이는 중국어도 마찬가지이다.

  (296) a. 待人溫和。(사람을 따뜻하게 맞이하다.)
       b. 態度很冷。(태도가 매우 차갑다.)
  (297) a. 性格溫和。(성격이 따뜻하다.)
       b. 我是個性格很冷的人。(난 성격이 차가운 사람이다.)
  (298) a. 熱一陣冷一陣。(때로는 냉담하고 때로는 친절하다.)
       b. 冷一句, 熱一句。(때로는 냉담했다가도 때로는 친절하다.)

  예문 (296), (297)도 한국어와 마찬가지로 적극적이고 친절한 것은 '온각'과 관련지어 표현하고 척도의 위쪽에 위치하고 있으며, 소극적이고 불친절한 것은 '냉각'과 관련지어 척도의 아래쪽에 위치하고 있다. 이러한 양극의 특성은 예문 (298)에서 더 잘 드러난다. 이는 개념 구조가 우리의 신체화에 의해 유의미하게 됨을 의미한다.
  반복되는 일상 경험을 통해 형성된 '척도도식'이 기본적인 개념 구조를 형성하여, 이 개념 구조에 기초해서 의미가 제공되는데 어떤 추상적인 개념에 어떤 척도 특성을 부여할지는 언어마다 차이가 있다. 한국어와 중국어도 마찬가지이다. 일부 제시하면 다음과 같다.

  (299) a. 도형화한 풍경들이 차가운 색과 뜨거운 색으로 나뉘어 화폭 가운데

한중 감각어의 신체화 연구

서 충돌한다.

b. 파랑은 항상 차갑고 빨강은 항상 따뜻하다.

c. 노랑, 빨강 등 따뜻하거나 뜨거운 색.

d. 푸른색은 서늘하다.

(300) a. 家具的顏色由暖色向冷色發展。(가구의 색은 따뜻한 색에서 차가운 색
으로 발전했다.)

b. 紅色是溫暖的顏色。(붉은 색은 따뜻한 색이다.)

예문 (299), (300)은 공감각적 의미 확장인데, 색감을 표현하는 데 있어서 한국어는 '뜨겁다-따뜻하다-서늘하다-차갑다' 도식을 이용하고, 중국어는 '暖(따뜻하다)-冷(차갑다)' 도식으로 이분되고 있다. 이와 같이 척도도식의 경계들이 불분명하기 때문에 추상적인 영역에 투사되어 새로운 경험이나 사고를 조직할 때 언어사용자의 인지적 경향성이나 언어체계의 특성에 따라 달리 동기화됨을 알 수 있다. 하지만 신체화에서 도출된 척도도식이 보편적인 개념 구조임은 명백하다. 한중 모두 '척도도식'을 이용하여 추상적인 경험을 조직하는 데 이용된다.

8.1.3. '균형도식'의 은유적 투사

영상도식의 일차적인 근원은 몸이다. 똑바로 서기 위한 몸의 자세, 건강한 몸을 위한 영양 섭취, 양 손에 서로 다른 무게의 짐을 들었을 때의 몸의 반응 등 일상적인 경험을 생각해 보면 우리의 경험 속에 '균형도식'이 스며 있음을 알 수 있다.[03] 감각 경험도 마찬가지이다. 균형도식은 올바르고, 바

---

03 Johnson(1987)은 체계적 균형, 심리적 균형, 합리적 논증의 균형, 법적/도덕적 균형, 수학적 평등 등 다양한 종류의 균형을 구별한 바 있다(노양진 옮김 2000: 197-201 재인용). '균형도식'은 이 세계에 대한 우리 경험 속에 스며있으며, 모든 심신활동 속에 내재해 있다(임지룡 1992: 154).

람직한 성질을 갖고 있는 선(good)의 의미에 대한 동기를 제공하는데, 이것은 지나치지 않음을 뜻한다. 예컨대, 감각의 층위에서 커피는 너무 달지 않아야 하며, 음식은 너무 맵거나 짜지 않아야 좋다(임지룡 1992: 155). 그리고 샤워를 할 때의 물의 온도는 너무 뜨겁지도 않아야 하며, 음악을 듣거나 라디오를 들을 때의 소리도 지나치게 크지 않아야 하는 등 일상적인 경험에서 균형을 이루고 균형이 깨지거나 흐트러지면 인지주체는 부정적으로 인지하게 된다. 이렇게 일상적인 경험에 의해 구조화된 균형도식은 다음과 같이 나타낼 수 있다. 이렇게 형성된 개념 구조는 은유적 투사에 의해 경험을 확장하고 추상적인 개념을 구조화한다.

〈그림 29〉'균형(balance)'도식[04]

신체화에서 도출된 '균형도식'은 추상적인 개념을 이해하는데 균형은 긍정, 불균형은 부정의 가치를 형성한다. 무엇보다 이는 또 인지주체의 기준점에 따라 긍정, 부정이 엇갈릴 수 있다. 앞서 언급한 커피를 생각해 보면, 달콤한 커피를 마시고 싶었는데 커피가 너무 달았다. 이는 '달다'가 항상 긍정적인 감각 가치를 지니고 있음에도 불구하고 인지주체의 기준점에 부응하지 않기 때문에 부정적으로 받아들인다. 이와 같이 감각 경험으로

---

04 '균형도식'을 대표적으로 〈그림 29〉와 같이 제시하였는데, 이는 세 가지 특수한 경우를 모두 망라한다. 균형도식의 세 가지 특수한 경우는 다음과 같다(Johnson 1987, 노양진 옮김 2000: 204 재인용). 첫째, 넘어지지 않고 똑바로 서 있거나 걷는 것과 같은 편재된 경험. 둘째, 두 손에 동등한 짐을 나르는 경우. 셋째, 신체 기관들 안에서 평형 유지의 경험. 예를 들어, 배에 가스가 너무 많으면 우리는 불편과 함께 부수적인 불균형(지나친 내적 압력) 감각을 느낀다.

인한 긍정적인 느낌, 부정적인 느낌이 의미의 창조와 확대에 관여한다. 앞서 살펴본 한중 감각어의 의미 구조에 반영된 '균형도식'의 언어화 양상을 일부 제시해 보면 다음과 같다.

> (301) a. 충고를 달게 받아들이다.
>   b. 甘受處分。(달게 처분을 받다.)
> (302) a. 어머니는 영화의 선정적인 장면에 얼굴이 뜨거워 어쩔 줄 몰라 하셨다.
>   b. 她聽大娘說要給她介紹物件, 覺得有些臉熱。(소개팅을 해주려고 하는 아주머니의 말에 얼굴이 뜨거워졌다.)
> (303) a. 겁이 나서 얼굴이 하얗게 질렸다.
>   b. 嚇得臉都白了。(겁이 나서 얼굴이 하얗게 질렸다.)

예문 (301), (302), (303)은 '균형도식'이 투사되어 추상적인 경험을 조직하는데, 예문 (301) 같은 경우는 부정적인 상황을 긍정적으로 받아들인다는 심리적 균형을 반영한다. 이러한 심리적 균형은 예문 (302), (303)에서 '감정' 의미를 전달할 때 잘 드러난다. '심리적 균형'을 반영하는 것 가운데 감정이 대표적인데, 우리는 기쁘거나 흥분하거나, 슬프거나 두려울 때는 균형을 잃고 있다고 느낀다. '얼굴이 뜨겁게 되는 것' 또는 '얼굴이 하얗게 되는 것'은 균형을 잃어 나타난 정신적 측면의 신체적 반응들이다. 이런 보편적인 개념 구조가 물리적 경험에서 비물리적이거나 추상적인 영역에 투사되어 추상적인 개념을 조직한다.

8.1.4. '부분-전체 도식'의 은유적 투사

우리 몸은 신체 기관을 포함한 '부분'으로 구성된 '전체'이다. 몸을 통해 '부분-전체' 도식이 형성된다. 이런 '부분-전체' 도식의 부차적 도식이 있는데, 그 가운데 하나가 '중심-주변' 도식이다. 감각 경험으로부터 '부분-전체' 도식, '부분-전체' 도식에서 부차적인 '중심-주변' 도식이 형성되고, 이 개념 구조를 이용하여 추상적인 영역에 존재하는 개념을 조직한다. 구조화된 도식을 다음과 같이 나타낼 수 있다.

〈그림 30〉 '중심-주변(center-periphery)' 도식

환유의 과정은 부분-전체 관계에 입각하기 때문에 환유 기제도 작용한다. 우리의 세계는 지각 중심인 우리의 몸으로부터 방사상으로 퍼져 있으며, 이 중심으로부터 세계를 보고, 듣고, 만지고, 맛보고, 냄새 맡는다. 그리고 세계 안에서 지각적으로 움직일 때 '전경'이 배경되기도 하고 '배경'이 다른 시점에서 전경이 되기도 한다(노양진 옮김 2000: 243). 원이 나의 '세계'라고 할 때 이 세계 안에서 어떤 사물, 사건, 사람은 다른 것들보다 더 중요하다. 우리는 부분을 통해 전체를 이해한다. 부분이 인지적 참조점이 되어 전체를 이해하는 것인데, 이 때 부분은 '중심'이 된다. 이는 검은 점인 '중심'이 인지적 원리, 인간 경험, 지각적 선택성, 문화적 선호도, 의사소통적 요구, 지시적 요구에 의해 달리 동기 부여된다는 것을 의미한다. 앞서 살펴본 한중 감각어의 의미 구조에 반영된 '부분-전체' 도식, 부차적인 '중심-주변' 도식의 언어화 양상을 일부 제시해 보면 다음과 같다.

(304) 간덩이/간담/간/가슴/뒷머리/옆구리/등골/머리끝이 서늘하다.
(305) 膽寒。(담이 서늘하다.)

한중 감각어의 신체화 연구

예문 (304), (305)는 부분인 신체적 반응 또는 신체적 증상으로 전체 감정을 대신 표현하는 것으로 '부분-전체' 도식에 의한 확장이라고 할 수 있다. 모두 동일한 감정 '두려움' 또는 '놀라움'을 전달하는데, 한국어와 중국어 간에 신체 부위의 활성화 면에서 중심적인 것과 덜 중심적인 것이 있다. 한국어 언어 사용자에게는 서늘한 부위가 '간담, 간, 가슴, 뒷머리, 옆구리, 등골, 머리끝' 등이 다른 신체 부위보다 '두려움'을 전달하는 데 있어서 '중심'적이다. 반면, 중국어 언어 사용자에게는 추운 부위는 '胆(담)'이 다른 부위보다 '중심'적이다. 이와 같이 부분으로 전체를 대신하는 과정에서, 부분, 즉 인지적 참조점은 인간의 경험, 지각적인 선택성, 문화적 선호도에 의해 같거나 달리 동기화됨을 알 수 있다.

(306) a. 입이 달다.
　　　b. 嘴甜。(말을 잘하다.)
(307) a. 뱃속이 검다.
　　　b. 黑肚子。(검은 배)

예문 (306), (307)은 같은 언어 형식인데, 전달하는 의미가 다르다. 앞서 언급하였듯이, 예문 (306a)는 '입'의 '먹는' 기능에 초점을 부여한 것이고, 예문 (306b)는 '입'의 '말하는' 기능에 초점을 부여한 것이다. 모두 부분인 '입이 달다.'는 신체적 반응으로 추상적인 개념을 전달하는데, 한국어는 입의 여러 기능 가운데 '먹다'가 선택되어 '중심'이 되었고, 중국어는 입의 여러 기능 가운데 '말하다'가 선택되어 '중심'이 되었다.

예문 (307)도 마찬가지로 같은 형식, 다른 의미인데, 두 언어 모두 '검은' 것이 '배'인데, 한국어는 '뱃속'이 하나의 공간으로서 '어둡고 보이지 않은 부정적인 느낌'에 초점을 부여하여 의미가 확장되었고, 중국어는 '뱃속'이 하나의 공간으로서 보이지 않아 무엇을 넣을 수 없는 '텅 비었다'는 것으로 지식이 들어있지 않다는 것에 초점을 부여하였다.

8.1.5. '접촉도식'의 은유적 투사

부분-전체 도식을 원형 도식이라고 봤을 때, 부분-전체 도식에서 또 확장
되면 '접촉', '근접성'과 같은 관계가 나타나는데, 이는 부분-전체 도식에서 공
간적, 물리적 인접성을 원형으로 점차 확장된 것이다. '접촉도식'을 도식화하
면 다음과 같다. 접촉도식이 조금 덜 원형적이면 '근접성' 관계를 나타낸다.

〈그림 31〉 접촉도식

한중 감각어의 경우, 역시 접촉도식이 의미 구조에 반영되어 있다. 대표
적인 것으로 감각어의 공감각적 의미 확장을 예로 들 수 있다. 감각의 융합
에서도 다루겠지만, '박하의 시원한 맛'은 '박하'를 먹었을 때 입 안에 있는
설인 신경과 입 안에 있는 점막의 온도가 낮아지는 온도감각 때문에 관련
신경을 자극한 결과이다. 이러한 인접성에 기반하여 공감각적 의미 확장이
일어난 것이다.

뿐만 아니라, 후각도 미각도 마찬가지이다. 입안과 코안은 연결되어 있
다. 후각은 미각에 영향을 미치고 미각 역시 후각에 영향을 미친다. 후각과
미각은 인접해 있다. 때문에 경험을 자연스럽게 공유한다. 공감각적 의미
확장은 심리적인 현상이면서 생리적인 현상이다. 생리적인 현상은 이처럼
생물학적 특성에 기초한 인접성으로 인한 의미 확장이다. 이 부분은 감각
의 전이에서 좀더 자세히 다룰 것이다.

　　　　　　　　　　　　　　　　　　　　　한중 감각어의 신체화 연구

앞서 한중 감각어의 의미 구조 분석을 통해 감각어가 다양한 확장 의미를 획득하고 있는 현상을 확인하였다. 이처럼 하나의 형태가 여러 가지 의미를 지님으로써 다의적인 구조를 이루고 있는데, 이렇게 생긴 이유가 바로 신체화로부터 도출된 영상도식이 존재하기 때문이다. 다시 말해, 물리적 영역, 신체적 경험에서 비물리적, 비신체적, 추상적 영역으로 비유적으로 확장되는 영상도식이 기저에 존재하기 때문이다.

요컨대, 신체화로부터 도출된 개념 구조(영상도식)가 의미 구조에 반영되어 있음을 확인할 수 있었다. 영상도식을 통해 경험을 창조하고 확대한다. 물론 위의 영상도식들은 독립적으로 작용하는 것이 아니라 다른 영상도식에 참여하기도 한다.

8.2. 의미 확장의 특징

앞선 장에서는 한중 감각어의 의미 구조를 분석하고 의미가 확장되는 양상을 감각어별로 고찰하였다. 8.1.에서는 신체화로부터 도출되는 개념 구조를 확립하고 의미 구조에 이러한 개념 구조가 반영되어 있다는 것을 확인하였다. 이에 8.2.에서는 개념 구조에 기초하여 의미가 확장되고 실현되는 과정을 통해 의미 확장의 특징을 살펴보고자 한다. 앞서 8.1.에서 살펴본 내용과 일부 겹치는 부분이 있지만, 여기에서는 의미가 확장되고 실현되는 과정에 초점을 두고 고찰한다. 아울러 이러한 개념화 과정에 나타나는 보편성과 개별성을 엿보고자 한다.

감각어는 감각(몸)을 통해 경험한 내용들을 언어로 표상한 것이기 때문에, 한중 언어사용자의 보편적인 신체 및 신체적 경험이 반영되어 있기 마련이다. 하지만, 언어사용자가 대상이나 사태를 파악하는 방식, 세계의 양상을 해석하는 방식, 현저성을 부여하는 지각적 선택성, 몸담고 있는 물리

적 환경이나 사회·문화적 환경 등의 차이로 말미암아 범문화적으로 개별
성 또한 존재하기 마련이다. 이 절에서는 의미가 확장되는 몇 가지 특징을
추출하여 유형화해 보고자 한다.

8.2.1. 공감각적 의미 확장

앞서 살펴본 공감각적 의미 확장을 한 자리에 모으면 다음과 같다.

〈표 57〉 공감각적 의미 확장의 일람표

근원 \ 목표		시각	청각	후각	미각	촉각
촉각	한	✓	✓	✓	✓	
	중	✓	✓	✓	✓	
미각	한	✓	✓	✓		×
	중	△	✓	✓		×
후각	한	×	×		✓	×
	중	×	×		✓	×
청각	한	△		△	×	×
	중	△		△	×	×
시각	한		△	×	×	×
	중		△	△	×	×

(✓: 있음. ×: 없음. △: 제한적임.)

첫째, 감각별로 그 양상을 살펴보면 공통적으로 '촉각→시각, 청각, 후각, 미각', '미각→시각, 청각, 후각', '후각→미각', '청각→시각, 후각', '시각→청각'으로 확장 양상이 존재한다. 시발 감각의 경우 촉각의 위상이 제일 높으며, 따라서 도달 감각으로서 촉각의 위상이 제일 낮다. 이는 촉각이 가장 낮은 차원에 속하는 감각으로 우리의 직접적인 접촉을 요하는 감각이기 때문으로 Williams(1976)의 일반적인 경향성과 일치하다.

둘째, 시각과 청각의 경우 다른 감각으로의 확장 양상이 다른 감각에 비해 제한적이다. 시각과 청각이 시발 감각으로서의 위상이 제일 낮다. 시각과 청각이 가장 고차원에 속하는 감각으로 앞서 논의하였듯이 실제로 시각의 경우 시각기관을 통해 다른 감각기관의 경험을 언어로 표현할 수 있지만 그 역이 어렵다. 시각과 청각이 시발 감각으로서의 위상이 낮은 것은 Williams(1976)의 일반적인 경향성과 일치하다. '시각→청각', '청각→시각, 후각'도 존재하지만 용례가 많지 않고 양상이 제한적이다. 대체로 일반적인 경향성을 따른다고 할 수 있다. 이 책에서는 중점적으로 의미가 확장되는 동기에 대해서 해석해 보고자 한다.

공감각적 의미 확장은 언어 형식으로만 보아서는 문법적으로는 일탈된 표현들이다. 이와 같은 문법적으로 일탈된 표현들을 인간의 경험과 관련지어 해석하지 않으면 왜 이러한 표현들이 생성되었는지 명확하게 설명하기가 쉽지 않다. 이는 감각어의 공감각적 의미 확장도 신체화와 분리하여 연구할 수 없음을 의미한다. 공감각적 의미 확장은 범위나 분류 기준에 따라 논의의 결과가 가변적으로 나타나 두 언어 간에 공감각적 의미 확장의 '있고 없음'도 물론 중요하지만, 여기에서는 이러한 의미 확장이 나타나게 되는 현상에 초점을 두고 '감각의 융합'과 '감각의 전이'로 나누어 해석해 보고자 한다.

8.2.1.1. 감각의 융합

의미가 확장되는 동기는 몇 가지로 유형화할 수 있다. 공감각적 의미 확장 양상에 대한 고찰은 기존 연구에서도 있었지만, 단순하게 개념적 은유, 또는 환유에 토대를 둔 은유의 한 유형으로 한 감각 영역에서 다른 감각 영역으로 의미가 확장되는 현상으로 파악하고 그 이유에 대해서는 기술적인 측면에서 낮은 차원에 속하는 감각이 높은 차원에 속하는 감각으로 의미가 확장된다는 것 외에는 별다른 논의가 없었다. 이 책에서는 이러한 의미가 확장되는 동기를 신체적 경험에서 찾고자 한다.

(308) a. 차가운 색.
　　　 b. 冷色。(차가운 색)

예문 (308)은 촉각어가 시각 영역으로 확장된 한국어와 중국어의 용례이다. 문법적으로 '색'은 차가울 수 없다. 따라서 '차가운 색'과 같은 이러한 일탈된 표현이 나타나는 현상에 대해서 종래의 언어학적 관점으로는 적절하게 설명할 수 없었다. 하나의 수사적 기법으로 간주하거나 개념적 은유로 설명하더라도 촉각 영역에 속하는 '차갑다'가 시각 영역에 속하는 '색'을 수식하여 이루어진 공감각적 은유라는 논의가 대다수이다.

이러한 현상이 나타나는 이유는 실제로 관련성이 있는 신체적 경험에 의해서 의미 확장이 일어난 것이다. 예컨대, '옷'에 대한 표현으로 '차가운 색'으로 언어화하였다고 가정하자.

〈그림 32〉 차가운 색의 옷

〈그림 32〉에서 보듯이 옷의 색상을 '차갑다'로 표현하는 것은 일반적으로 '푸른색'이나 '녹색'을 가리키는데, '붉은색'이나 '노란색'을 '차가운 색'이라고 표현하지 않는다. 이는 깊은 물의 파란색이나 녹색과 차가움의 연합에서 사람들이 느끼는 반응이라고 볼 수 있다(지상현 2002: 218-219 참조). '뜨거운 색', '暖色'도 마찬가지이다. 화장을 하거나 옷의 색상에 대해서 말할 때 흔히 이런 표현이 나타나는데 이는 촉각적 경험과 시각적 경험이 관련성이 있음을 말한다. '햇볕'이나 '불'에 대한 경험을 '뜨겁다'로 표현하고 '바닷물' 등을 '차갑다'로 표현하는데, 바다는 푸른색을 띠고 햇볕이나 불같은 경우는 붉은색이나 노란색을 띠게 되는 경험에 바탕을 두고 '옷'의 색상이 노랗거나 붉을 때 '뜨겁다'로, '화장'이 푸르거나 짙을 때 '차갑다'로 표현하게 된다. 이런 경우 한국어와 중국어 모두 동일한데 차이점은 어휘의 선택에 있어서 한국어는 높은 온도를 표상하는 '뜨겁다'를 선택하였고, 중국어는 '뜨겁다'보다 조금 낮은 온도지만 동일한 온각 온도에 속하는 '暖'을 선택하였다는 점이다.

앞서 살펴본 '박하의 시원한 맛'도 마찬가지이다. 이것도 우리의 신체적 경험과 불가분의하다. '박하'를 먹었을 때 입 안에 있는 설인(舌咽)신경과 입 안에 있는 점막의 온도가 낮아지는 온도감각 때문에 관련 신경을 자극하여 뇌로 전달되기 때문인 결과로 본다. 곧 두 감각이 융합되어 한 감각이 다른 감각으로 사용됨으로써 일어난 의미 확장으로 볼 수 있다.

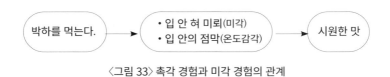

〈그림 33〉 촉각 경험과 미각 경험의 관계

〈그림 33〉에서 보는 바와 같이, 우리의 신체적 경험을 참조하지 않고서

위와 같은 '차가운 색'이나 '시원한 맛'을 타당하게 설명할 수 없다. 감각어가 한 감각에서 다른 감각 영역으로 확장되는 양상은 이보다 더 복잡한데, 생리심리학에서 밝힌 인간의 신체적 특징과 밀접한 관련성을 지니고 있다고 판단된다. 그러나 이러한 신체적 특징은 심리적 특징에 의해 무효화될 수 있다. 예컨대, 우리는 '귀'를 통해 '피부'에 대해 말할 수 없지만 '따뜻한 소리'처럼 일상 언어에는 자연스럽게 이러한 표현이 있다. 이는 '귀'로 감지되는 '소리'에 대해 마치 온도가 있는 것처럼 심리적으로 느낀다는 것이다. 이 부분은 '감각의 전이'에서 다루고자 한다.

후각과 미각도 마찬가지이다. 미각과 후각은 감각기관이 인접해 있기 때문에 자연스럽게 경험을 공유한다. 때문에 미각에서 후각, 후각에서 미각으로의 확장이 활발한 것이다. 다만, 후각의 경우 어휘 자체가 제한되어 있기 때문에 활발 정도에 있어서는 '후각→미각'보다 '미각→후각'이 더 다양하게 이루어진다.

8.2.1.2. 감각의 전이

'감각의 전이'는 유사성에 의한 지각으로 한 감각과 다른 감각 간의 관련된 경험 사이에 유사성, 또는 공통적인 속성을 지각하여 이루어진 경우이다. 즉 감각 경험 간의 관련된 속성들 간에 존재하는 유사성을 지각하는 인지능력에 의해서 의미가 확장되는 경우이다.

(309) (교향악단)포근하고 따뜻한 소리를 만들어낸다.

예문 (309)는 '따뜻하다'가 '소리' 영역으로 확장되어 이루어진 공감각적 의미 확장인데 '귀'로 피부 온도 경험을 표현할 수가 없다. 이는 '따뜻하다'에 대한 긍정적인 신체적 경험, 긍정적인 느낌, 예컨대 날씨가 따뜻하거나 하는 긍정적인 느낌이 청각적 경험과 관련하여 '거부감이 없음, 듣기 좋음'과 같은 공통적인 속성을 지각하여 의미가 확장된 것이다. 대부분의 공감각적 의미 확장은 이 유형에 속한다. 이러한 양상은 다양하게 존재한다.

    (310) a. 달콤한 색의 가방이 잘 어울린다.
          b. 달콤한 색상 등 풍요로운 낭만주의 패션이 소녀들의 손에 넘어갔다.

    예문 (310)도 마찬가지로 미각어 '달콤하다'가 '색'을 수식하면서 이루어진 공감각적 의미 확장인데, 여기에서는 '달콤하다'에 대한 '먹기 좋음'을 '색'의 '보기 좋음'을 표현하는 데 이용되었다. 이는 '달콤하다'와 '색'의 공통적이거나 유사적인 속성을 지각하여 일어난 표현이다.

    요컨대, 공감각적 의미 확장 양상은 언어의 구조와 의미가 자의적인 현상이 아니라 인간의 신체적 경험과 사회·문화적 경험과 긴밀히 동기화되어 있음을 증명한다.
    두 언어의 공감각적 의미 확장이 서로 다르게 나타난 이유는 보편적인 몸이지만 몸의 활동은 보편적이지 않다. 물체의 형태를 모두 이해해서가 아니라 무엇인가의 상태로써 파악하는데, 이런 몸적인 사고를 가지고 언어를 표현한다는 것이다(임지룡 2008: 323-348, 임지룡·김동환 옮김 2008: 47-54 참조, 이수련 2009: 195 재인용).
    감각어의 공감각적 의미 확장은 감각어가 '색, 소리, 냄새, 맛, 온도'에 대한 경험을 표현하는 것으로서 '색, 소리, 냄새, 맛, 온도'에 동반되는 경험, 상상력 등으로 인해 의미 확장이 일어나기도 하고, '색, 소리, 냄새, 맛, 온도'에 대한 경험과 이들을 수식하려고 선택된 특정 감각어의 신체적 경험이 유사하기 때문에 선택되어 감각어가 의미 확장이 일어나기도 한다. 감각 관련 경험 간의 유사성 지각은 지시 대상으로 인한 확장일 수 있고, 심리적으로 유사성을 지각하여 이루어진 것도 있다. 또 감각과 감각의 인접으로 인한 확장일 수 있다.

8.2.2. 추상적 의미 확장

8.2.2.1. 의미 확장의 방향

앞서 논의에서는 개별 감각어의 추상적인 의미 확장 양상을 종합적으로 살펴보았다. 여기에서는 먼저 감각어 전반에 있어서 의미 확장 방향이 어떤 특징을 지니고 있는지 살펴볼 것이다. 그리고 의미 확장의 양상에 있어서 두 언어 간에 존재하는 보편성과 개별성에 대해서 몇 가지로 대별하여 살피고자 한다. 의미가 확장되는 동기는 앞서 살펴본 신체화로부터 도출된 개념 구조에 기초하여 비유적 과정을 거쳐 의미가 확장된다. 하지만 어떤 추상적인 경험이 어떤 구체적인 감각어로 기술되었는지는 언어 간에 차이가 있다.

Heine et al.(1991)의 '범주적 은유'[05]의 방향성과 임지룡(1997)[06]에서 제시한 의미 확장 방향성을 참조하여, 앞 장에서 고찰한 감각어의 의미 확장 방향을 제시하면 다음과 같다.

---

05 Heine et al.(1991: 55)에서 제시한 의미 확장의 방향은 다음과 같다.
    사람(PERSON)〉사물(OBJECT)〉행위(ACTIVITY)〉공간(SPACE)〉시간(TIME)〉질(QUALITY)
06 임지룡(1997: 240-242)에서 제시한 다의어의 의미 확장 양상은 다음과 같다.
    첫째, 사람 → 짐승 → 생물 → 무생물('사람'이 확장 기준점)
    둘째, 구체성 → 추상성('구체성'이 확장 기준점)
    셋째, 공간 → 시간 → 추상('공간'이 확장 기준점)
    넷째, 물리적 → 사회적 → 심리적('물리적' 공간이 기준점)
    다섯째, 일반성 → 비유성 → 관용성('일반성'이 확장 기준점)
    여섯째, 내용어 → 기능어(어휘적 의미에서 기능적 의미로 확장)

(310) 한중 감각어의 의미 확장 방향
        첫째, 사물의 물리적 속성 → 사람의 성격, 심성, 감정, 태도 등 특징
        둘째, 사람의 신체적·물리적 상태 → 사람의 정신적·심리적 상태
        셋째, 사물 → 행위/활동/상황
        넷째, 물리적 → 사회적 → 심리적

한중 감각어의 의미 확장 방향은 대체로 (310)에서 제시한 것과 같다. 기본적으로 구체적인 것에서 추상적인 것으로 의미가 확장된다. 감각어 전반에 대해 한중 의미 확장의 특징을 자세히 살펴보도록 한다.

첫째, 사물의 물리적 속성에서 사람의 성격, 심성, 태도 등 특징으로 확장되는 것이다. 한국어의 경우는 촉각, 미각, 후각, 청각, 시각 영역에 속하는 감각어가 사물의 물리적 속성에서 의미가 확장되어 사람의 성격, 심성, 감정, 태도 등 특징을 표현한다. 한편, 중국어의 경우는 촉각, 미각, 청각의 경우 의미가 확장되는데, 청각은 '安靜' 정도만 사용할 수 있고, 후각, 시각의 경우는 사람의 성격, 심성, 태도 등 의미로 확장되지 않았다.

둘째, 사람의 신체적·물리적 상태에서 사람의 정신적·심리적 상태로 의미가 확장된 것이다. 한국어의 경우는 촉각, 시각 영역에 속하는 감각어가 사람의 신체적·물리적 상태에서 사람의 정신적·심리적 상태로 의미가 확장된다. 한편, 중국어의 경우도 촉각, 시각 영역에 속하는 감각어가 사람의 신체적·물리적 상태에서 사람의 정신적·심리적 상태로 의미가 확장된다.

이는 신체 부위와 결합한 촉각적 경험이나 시각적 경험이 추상적인 감정 상태로 의미가 확장되는 양상을 말하는데, 촉각과 시각만 이러한 확장이 광범위하게 일어났다. 이는 감각의 생물학적 특징과 관련이 있다. 촉각의 경우 직접적인 접촉을 요하는 감각이고, 시각의 경우는 일반적으로 추상적인 감정의 변화가 얼굴이나 표정의 변화를 통해 감지되기 때문이다. 미각도 직접적인 접촉을 요하는 감각이지만, 촉각과는 달리 미각은 물리적

감각이 아니라 화학적 감각이다.

셋째, 사물에서 행위나 활동, 상황 등으로 의미가 확장되어 어떤 행동이나 상황의 상태를 표현하는 것이다. 한국어의 경우는 촉각, 미각, 후각, 청각, 시각이 사물의 물리적 속성에서 행위나 상황에 대한 상태로 의미가 확장된다. 한편 중국어의 경우도 촉각, 미각, 시각이 사물의 물리적 속성에서 어떤 행위나 상황에 대한 상태로 의미가 확장된다. 한국어와의 차이점은 후각, 청각의 경우 관련 의미 확장이 보이지 않는다는 점이다.

넷째, 물리적 → 사회적 → 심리적 확장이다. 한국어의 경우 청각, 시각의 경우 관련 의미 확장 양상을 보였고, 중국어의 경우 촉각, 후각, 시각의 경우 관련 의미로 확장되었다.

감각어 전반에 걸쳐 의미 확장 방향을 살펴보았는데, 앞서 기존 연구, Sweetser(1990), 임지룡·송현주(2012), 徐小波(2005)에서 제시한 의미 확장과 비교해 보면 감각어가 모두 주관적이고 심리적인 영역으로 확장됨을 확인할 수 있다. 이는 한중 모두 주관적인 경험을 인간 경험의 또 다른 범주인 감각 경험과 관련지어 다양하게 표현하고 있음을 의미한다. 이는 인간의 가장 근본적인 개념화 능력의 반영으로 이런 개념화 능력이 두 언어 간에 보편적으로 존재함을 알 수 있다. 세부적인 영역에 있어서 차이가 있지만 주관 경험과 관련 있는 개념을 감각 경험에서 도출되는 개념을 통해 구조화하는 경향은 두 언어 모두 공통적이다. 이는 언어의 모습이 자의적이지 않음을 의미한다.

감각에 따른 비유적 확장의 경우 한중 감각어의 의미 구조를 분석하고 의미 확장 양상을 살펴본 결과, 한국어가 중국어보다 더 다양하게, 더 많이 이용되고 활성화되었음을 알 수 있다.

　　　　　　　　　　　　　한중 감각어의 신체화 연구

8.2.2.2. 감정 영역으로의 확장

Kurath(1921)는 "많은 인구어들에서 감정을 나타내는 단어들이 종종 그러한 감정을 유발하는 신체적 활동이나 감각을 나타내는 표현, 또는 그러한 물리적 반응에 영향을 받는 신체 기관(bodily organs)을 나타내는 단어들로부터 유래했다"고 한다. Lakoff and Johnson(1980)도 정서적 개념은 신체적 감각-운동 경험에서 얻은 개념으로 이해되고 표현됨을 제시했다(정희자 2004: 19-20). 이처럼 감각과 감정의 상관성은 긴밀하다. 감각과 감정 영역의 사상은 아래와 같이 도식화 할 수 있다.

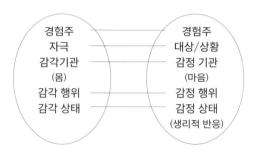

〈그림 34〉 감각과 감정 영역의 사상

한국어와 중국어 모두 감정에 구체적인 감각의 속성을 부여하여 얘기한다. 이러한 감정 영역으로의 확장은 크게 두 가지로 대별된다. 하나는 개념적 은유 기제를 통한 [감정은 감각이다] 이고, 하나는 개념적 환유 기제를 통한 [어떤 감정의 신체적 반응이 그 감정을 대표한다]이다.

먼저, 감각어 별로 감정의 의미를 전달하는 양상을 요약해보면 다음과 같다. 촉각어의 경우, 한국어는 '덥다, 뜨겁다, 미지근하다, 춥다, 차갑다'를 통해 '열정, 부끄러움, 화, 슬픔, 감동, 사랑, 미움, 노여움, 공포, 두려움, 긴장' 등과 같은 추상적인 개념을 표현한다. 중국어는 '熱, 溫, 溫暖, 涼'을 통해 '기쁨, 사랑, 감동, 호의, 실망' 등과 같은 추상적인 개념을 표현한다. 미각어의 경우, 한국어는 '달다, 쓰다, 시다'를 통해 '사랑, 기쁨, 슬픔, 실망, 찜찜함, 언짢음, 괴로움, 아니꼬움' 등과 같은 추상적인 개념을 표현한다. 중국어는 '甜, 苦, 酸'을 통해 '사랑, 기쁨, 슬픔, 실망, 고통, 공포, 감동, 아픔, 시샘, 질투' 등과 같은 추상적인 개념을 전달한다. 후각어의 경우는 대체로 좋은 냄새는 좋은 감정, 나쁜 냄새는 나쁜 감정으로 확장하는데 두 언어 모두 공통적이다. 청각어의 경우는 다른 감각어와 달리 감정 영역으로의 확장이 제한적이다. 마지막으로 시각어의 경우, 한국어는 '희다, 검다'를 통해 '슬픔, 참담함, 불만족, 경멸' 등과 같은 추상적인 개념을 표현하고, 중국어는 '白, 黑'를 통해 '슬픔' 등과 같은 추상적인 개념을 표현한다.

감정 영역으로의 확장을 보면, 촉각과 미각 영역에서의 확장이 가장 활성화되어 있다. 먹어 봐야 알고, 만져 봐야 느낄 수 있는 미각과 촉각의 신체적 경험을 우리는 더 잘 파악하고 조금 더 확실하게 알 수 있기 때문일 수 있다.

다음으로, 신체 부위와 결합하여 감정 의미를 전달하는 양상이다. 감각어별로 살펴보면 다음과 같다.

〈표 58〉 감정의 신체부위별 감각적 반응(1)

신체 부위	감각어	감정
얼굴, 낯, 가슴, 손, 눈시울, 목울대, 뱃속	뜨겁다	부끄러움, 창피함, 민망함, 기쁨, 슬픔, 감동, 화
귓전	뜨뜻하다	민망함, 부끄러움
간덩이, 간담, 가슴, 뒷머리, 머리끝, 옆구리, 등골	서늘하다	두려움, 무서움, 놀람
눈, 논꼴, 콧등	시다	아니꼬움
뱃속, 손, 얼굴, 가슴	검다	엉큼함, 흉측함, 참담함, 놀라움, 슬픔

한중 감각어의 신체화 연구

얼굴, 눈, 입술	희다	미움, 두려움, 긴장
얼굴, 눈, 입술	파랗다	미움, 부끄러움, 긴장, 사랑, 두려움, 화
눈, 눈시울, 눈깔, 얼굴	붉다	부끄러움, 분노, 기쁨, 질투, 사랑, 긴장, 두려움
얼굴빛, 낯빛	노랗다	화, 두려움

〈표 59〉 감정의 신체부위별 감각적 반응(2)

신체 부위	감각어	감정
臉, 眼, 耳	熱	부끄러움, 질투, 부러움, 화
膽	寒	두려움
眼, 鼻	酸	슬픔, 감동
嘴, 嘴唇, 臉	白	두려움, 화, 긴장
臉, 眼	綠	화
臉, 眼	紅	질투, 화, 부끄러움, 긴장
臉	黃	두려움

　　표를 보면, 한국어와 중국어 모두 감정의 시각적 반응이 대체로 현저하다. 이는 감정이 마치 눈으로 확인할 수 있는 것으로 간주하거나 피부로 느낄 수 있는 것으로 간주하거나 실제로 나타나는 생리적인 현상에 기인한 것이다. 예컨대, 부끄러울 때 실제로 얼굴에 열이 오르거나 귀에 열이 오르고, 두려울 때는 실제로 피부의 교감신경이 작동해서 피부 혈관이 수축하여 얼굴이 하얗게 되는 체험에 기반을 둔다.

8.2.2.3. 문화 간 보편성과 개별성

문화 간 보편성은 보편적인 신체적 경험, 일상적인 경험을 통해 살펴볼 수 있다. 예컨대, 사이가 좋으면 좋을수록 가깝게 지내거나 붙어 다니는 일상적인 경험이, '熱'를 통해 관계의 좋음을 나타낸다. 그리고 '춥다'와 관련지어 공포를 전달하는 경우 역시 실제로 교감신경의 작용으로 인해 등골이 오싹해지거나 식은땀이 나고, 교감신경의 작동으로 인해 피부 혈관이 수축되고 체온이 내려가기 때문이다. 그리고 '하얗다'나 '白'와 관련지어 공포를 표현하는 것 역시 마찬가지로 피부의 교감 신경이 작동해서 피부 혈관이 수축하여 얼굴이 하얗게 질리게 되는 체험에 기반을 둔다. 보편적인 신체적 경험을 공유한 한중 언어공동체의 개념적 구조는 공통성을 지니기 마련이다.

문화 간 보편성은 보편적으로 존재하는 인지적 기제를 통해 살펴볼 수 있다. 한국어와 중국어 모두 [몸으로서의 마음]은유, 생리적 환유가 존재한다. 또 반복되는 일상 경험을 통해 공통성이 있는 영상도식을 형성한다. 이와 같은 보편적인 기제는 두 언어 간에 공통적이다. 하지만, 한국어와 중국어는 서로 다른 사회적 경험으로 말미암아 의미 확장에 있어서 문화 간 차이, 이른바 개별적인 특징이 존재한다.

앞서 살펴보았듯이 한중 모두 '화'를 '뜨거움'과 관련지어 개념화하는 동시에 한국어의 경우는 '화'의 상태를 '차가움'과도 관련지어 개념화하는 반면, 중국어에서는 '冷'으로 기술되지 않는다. 표로 제시하면 다음과 같다.

<표 60> 한중 '화'와 '두려움'의 개념화 양상

감정	개념적 은유	한	중
화	[화는 뜨거움이다]	○	○
	[화는 차가움이다]	○	×
두려움	[두려움은 뜨거움이다]	×	×
	[두려움은 차가움이다]	○	○

　'화'는 실제로 체열 증가를 수반하기 때문에 한국어나 중국어 모두 '화'를 '뜨거움'과 관련지어 이야기하는 것은 자연스럽다. 그러나 한국어는 '차가움'과도 관련지어 이야기할 수 있다. 보편적인 신체적 경험이 체열의 증가임에도 불구하고 개념화가 달리 나타나는 것은 보편적인 신체적 경험이 사회 문화적 경험에 의해 무효화될 수 있다는 점을 시사한다. Kövecses(2005)에서는 이와 같은 문제를 다음과 같이 설명하고 있다. 영어에서는 cold anger(냉정한 화)로 표현할 수 있는데, 이는 냉정한 화라는 개념은 화의 한 부분(보복)을 화난 사람의 합리적인 행동으로 개념화하는 것에 기초한다. 감정적인 결정이 아닌 합리적인 결정은 'cold'로 개념화된다. 이는 개념적 은유 [합리적인 것은 차가운 것이다]는 화의 문화모형의 한 부분에 적용된다(임지룡·김동환 외 옮김 2009: 459 참조).

　한국어와 중국어가 달리 나타나는 것은 화의 문화모형이 다르기 때문이다. 그리고 앞서 언급하였듯이 실제로 공포를 야기하는 많은 상황들은 분노를 일으키는 상황과 겹치고 분노에 동반되는 생리적 상태는 공포와 비슷하다(최현석 2013: 89-135). 따라서 '화'를 차가움과 관련지어 이야기할 수 있는 체험적 기반이 되기도 한다.

　이처럼 문화 간 차이는 크게 다섯 가지로 대별하여 고찰할 수 있다. 두 가

지는 은유의 작용역(scope of metaphor)과 은유의 범위(range of metaphor)
이다. 곧 '근원영역의 작용역(scope of the source)'과 '목표영역의 범위
(range of the target)'를 가리킨다(Kövecses 2005, 김동환 옮김2009: 131-134
재인용). 그리고 '인지적 참조점의 선택'이 있고, '개념 형성의 근원점 차이',
'특정 언어에만 존재하는 확장 양상'이 있다. 이 다섯 가지를 통해 한국어와
중국어에 존재하는 개별성을 살펴보고자 한다.

첫째, '근원영역의 작용역'이다. 한 특정 근원영역이 적용될 수 있는 목
표영역이 문화마다 서로 다를 수 있는 문화 간 은유의 차이를 말한다. 즉
언어마다 근원영역의 작용역의 포함성이나 배제성이 서로 다르다. 이는 감
각 영역 전체를 하나의 근원영역으로 이용되는 경우와 감각 영역 안에서
추상적인 목표영역이 이용하는 근원영역으로 대별할 수 있다. 앞서 살펴본
감각 가운데 한국어와 중국어의 차이가 현저한 청각의 경우를 대표적인 예
로 설명하고자 한다.

〈그림 35〉 근원영역 '청각/聽覺'의 작용역

〈그림 35〉는 청각의 경우 청각이 적용될 수 있는 목표영역이 한중 두 언
어 간에 다르게 나타났다. 한국어의 작용역의 범위가 훨씬 넓다. 물론 세부
적으로 청각 영역에 속하는 청각어에 따라 양상이 다르게 나타난다. 예컨
대, 중국어의 경우 '安靜'에만 이와 같은 의미 확장 양상이 나타났다는 점

　　　　　　　　　　　　한중 감각어의 신체화 연구

이다. 이는 한중 언어사용자의 사고하는 방식이 다르기 때문이다.

구체적인 근원영역이 적용될 수 있는 목표영역의 집합을 볼 수도 있다. 예컨대, 미각어 '시다/酸'의 작용역을 도식화하면 다음과 같다.

〈그림 36〉 근원영역 '시다/酸'의 작용역

〈그림36〉에서 보다시피, 중국어의 '酸'이 근원영역으로서 적용될 수 있는 목표영역의 집합이 더 많음을 알 수 있다. 이 역시 한중 언어사용자의 개념화 방식의 차이에 따른 결과이다.

둘째, '목표 영역의 범위'이다. 한 특정 목표영역을 개념화할 때 언어마다 서로 다른 근원영역을 사용한다. 이는 감정 개념이 목표영역인 경우에 일반적으로 발생한다. 개념적 은유들마다 동일한 목표영역의 서로 다른 양상을 전경화하고 동시에 다른 양상들은 은폐시키는데, 이런 은유적 전경화(metaphorical highlighting)와 은유적 활용(metaphorical utilizaition)으로 나누어 설명하는데 은유적 전경화는 목표영역에 적용되고, 은유적 활용은 근원영역에 적용된다(Kövecses 2002: 79-83, 김동환 2013: 146 재인용). 앞서 감정 영역으로의 확장을 살펴보았기에, 여기서는 '성격' 개념이 목표영역인 경우로 예를 들어 살펴보자.

〈그림 37〉 한중 '성격' 목표 영역의 범위

〈그림 37〉에서 보다시피 두 언어 간의 목표 영역 '성격'의 범위가 달리 나타났다. 이는 한중 언어사용자의 사고하는 방식이 다르기 때문에 달리 나타난 것이라고 본다. 한국어의 '성격' 목표영역이 가지는 근원영역의 수가 중국어보다 현저히 많다.

셋째, '인지적 참조점(매체)'의 선택이다. 이해, 기억, 인식의 상황에서 특정한 목표에 이르는 길을 제공하고 점화하는 '매체(vehicle)'의 선택에 있어서 문화적이다. 감각 경험을 수반하는 매체의 선택에 있어서 두 언어 간의 차이가 현저한 데 몇 가지로 유형화하면 다음과 같다. 이는 감정의 개념화에 있어서 제일 현저한 차이를 보이고 있다. 대표적으로 몇 가지 살펴보면 다음과 같다.

먼저, 같은 형식, 같은 의미의 경우이다. 예컨대, '얼굴이 뜨겁다'와 '臉熱'가 이 경우에 속한다. 모두 '얼굴'이라는 매체를 선택하여 '얼굴이 뜨겁다'로 '부끄러움'을 전달하고 있다.

다음으로, 같은 형식, 다른 의미의 경우이다. 예컨대, '입이 달다'와 '嘴甜'이 이 경우에 속한다. 같은 '입'을 선택하였지만 한국어는 '입'의 먹는 기능에, 중국어는 '입'의 말하는 기능에 초점을 부여하여, 서로 다른 의미를 전달하고 있다.

'손이 맵다'와 '手辣'도 여기에 속한다. 모두 '손'의 가운데 사람을 때리는 기능에 초점을 부여하였지만, 한국어는 힘이 셈을 '맵다'로 표현한 반면, 중국어는 더욱 추상화되어 성미가 '독함'을 의미하고 있다.

마지막으로, 다른 형식, 같은 의미의 경우이다. 예컨대, '간담이 서늘하

한중 감각어의 신체화 연구

다'와 '胆寒'이 여기에 속한다. 모두 '두려움'이나 '공포'의 의미를 전달하고 있는데, 한국어는 '서늘하다', 중국어는 '寒(춥다)'에 초점을 부여하였다.

넷째, '개념 형성의 근원점'차이이다. 한국어와 중국어는 근원점을 선택하는 데 있어서 차이가 있다. 예컨대, 미각어의 신체화 양상에서 살핀 '맵다'와 ''의 경우를 보면, 한국어와 중국어 개념 형성의 근원점이 차이가 있다. 개념 형성의 근원점이 한국어의 경우 '고추', '겨자', 중국어의 경우 '고추', '생강', '마늘'인데, 이는 두 언어가 단지 많은 자극 가운데 어떤 것을 선택하느냐의 선택성의 차이로 말미암은 것이다. 매운맛은 두 가지로 구분할 수 있는데, 하나는 오래 지속되는 '뜨거운 형태'와 매운맛을 느끼지만 뒤에 남지 않는 '날카로운 형태'의 두 가지이다. 뜨거운 형태는 고추, 생강 등을 먹었을 때 느끼는 매운맛인데 이들은 열에 강하기 때문에 뜨겁게 가열하여도 매운맛이 살아있고, 날카로운 형태는 열에 약하여 가열하면 매운맛이 사라지는데, 겨자, 마늘 등과 같은 음식에 의해서 유발된다(최현석 2013: 258-259 참조). 이에 한국어와 중국어는 '뜨거운 형태'의 것은 동일한 '고추'를 제시하였지만, '날카로운 형태'의 매운맛으로는 한국어는 '겨자', 중국어는 '마늘'을 선택한 것이다. 후각어의 경우도 '고리다/구리다'와 '臭', '비리다/배리다'와 '腥'을 기술할 때 제시한 근원점이 다르다. 이는 모두 서로 다른 언어공동체가 어떤 것을 선택하느냐는 매체의 선택에 있어서 차이가 있는 것이다.

다섯째, 특정 언어에만 존재하는 확장 양상이다. 오감어의 의미 확장 양상을 보면, 어떤 의미 확장은 한국어에만 존재하고, 어떤 의미 확장은 중국어에만 존재한다. 특정 언어에만 존재하는 의미 확장 양상을 몇 가지 정리해보면 다음과 같다.

<표 61> 특정 언어에만 존재하는 확장 양상

	감각어	의미
한국어에만 존재하는 확장	서늘하다	신체 부위 '눈'과 결합하여 '맑음'의 긍정적인 느낌 전달
	쓰다	신체 부위 '입'과 결합하여 '언짢음'을 의미
	짜다	'인색, 적음, 좁음, 넉넉하지 않음'을 의미
	고소하다	기분 좋음
	노리다	인색함
	하얗다	악의 없음
	빨갛다	터무니없음
	노랗다	희망 없음, 절망
	푸르다	당당함, 맑음, 신선함
	밝다	시력, 청력 따위의 좋음, 뛰어남
	어둡다	시력, 청력 따위의 나쁨, 약함
중국어에만 존재하는 확장	酸	슬픔, 아픔, 시샘, 질투, 사랑, 물정을 잘 모름, 옹색함, 융통성 없음
	澀	원활하지 않음, 읽기 어려움, 유창하지 않음, 뻑뻑함
	香	인기 있음
	臭	나쁨, 서툴음
	黑	경극에서 나쁨
	白	아무것도 섞이지 않음, 경극에서 나쁨
	红	순조로움, 인기있음, 잘 나감, 좋음, 정치 사상면에서 뛰어남, 경극에서 비위 잘 맞추는 사람
	黄	선정적인 의미
	绿	서방질하는 여자 남편

한중 감각어의 신체화 연구

보다시피, 한국어에만 존재하는 의미 확장이 있고, 중국어에만 존재하는 의미 확장이 있다. 이 역시 두 언어 간의 문화 간 차이로 귀결된다.

요컨대, 이 절에서는 근원 영역의 작용역, 목표 영역의 범위, 인지적 참조점, 개념 형성의 근원점, 특정 언어에만 존재하는 확장 양상 기준으로 한중 의미 확장의 특징을 대표적인 예를 중심으로 유형화하여 살펴보았다. 적어도 이 몇 가지 기준에서 의미 확장이 같거나 다른 양상을 보이고 있어 문화 간에 보편성과 개별성이 존재함을 알 수 있다.

9. 결론

이 책은 한중 감각어의 의미 구조 및 의미 확장에 대하여 '신체화'의 관점에서 설명해 보고자 하였다. 감각은 인간 경험의 보편소이다. 이런 감각 개념의 언어적 표상인 감각어가 몸의 신체적 경험에 바탕을 두고 보다 추상적인 의미로 체계적으로 확장되고 있음을 한중 대조 분석을 통하여 살펴보았다. 논의한 결과 한국어와 중국어 감각어의 의미 구조에 개념 구조가 반영되어 있고, 개념적 구조는 '신체화'로부터 도출되고 '신체화'에 의존하며 외부(바깥)세계에 대한 인식도 '신체화'라는 렌즈를 통해서 우리에게 반영되는 것으로 세계관을 반영한다. 감각어의 의미 구조 분석을 통해 의미가 확장되는 양상이 추상적이고 정신적인 개념이 몸의 반응, 몸의 직접적인 경험, 몸을 통해 얻은 간접적인 경험에 기반을 두고 체계적으로 확장된다. 곧 우리가 접근할 수 있는 '개념'과 생각하고 이야기하는 '실재'의 본질은 신체화에 의존한다(임지룡 2006: 8). 하지만 한국어가 중국어가 서로 다른 물리적 환경에 몸담고 있고 서로 다른 사회적·문화적 배경에 놓여있기 때문에, 또 언어사용자의 개념적 체계나 인지과정이 다르기 때문에 언어마다 차이가 있다. 지금까지 논의한 결과를 정리하면 다음과 같다.

1장에서는 연구 목적 및 필요성을 밝히고, 연구 범위를 한정하고 연구방법을 제시하였다. 이 책의 연구 범위와 관련하여 선행 연구를 검토하였고 검토한 선행 연구의 연장선상에서 이 책의 연구가 진행됨을 밝혔다.

2장에서는 이론적 토대인 신체화에 대한 소개이다. '신체화'는 인지언어학의 중심적인 관점이다. 인지과정에서 사람의 몸 또는 몸의 작용 양상을 가리키는데, 이런 신체화는 자체는 두 가지 종류로 대별할 수 있는데, 하나는 순수한 물리적 경험에 기초하는 것이고 다른 하나는 문화적인 경험에 기초하는 것이다. 체험주의를 지향하는 인지언어학은 인간의 마음이나 마음과 연관된 언어는 인간이 신체화와 분리하여 연구할 수 없다고 주장한다. 신체화는 개념적 구조·언어적 구조의 형성에 중요한 역할을 하는데, 개념적 구조는 신체화로부터 도출되고, 언어의 의미 구조는 개념 구조를 반영한다고 주장한다. 따라서 신체화를 의미 확장의 진원지로 간주한다. 이렇게 신체화로부터 도출된 개념 구조가 비유적 과정을 거쳐 의미가 확장되는데 그 기제를 영상도식, 개념적 환유, 개념적 은유, 범주화 네 가지로 대별하여 소개하였다.

　3장부터는 본격적으로 한중 감각어의 의미 구조를 분석하고 의미 확장 양상을 살펴보았다. 의미 확장을 살펴보기 위해서는 한중 감각어의 의미 구조를 파악해야 한다. 의미 구조는 원형 의미와 확장 의미가 공존하고 있는데, 촉각어, 미각어, 후각어, 청각어, 시각어 순으로 한중 감각어의 의미 구조를 분석하여 감각어의 원형 의미, 원형 의미에서 일어난 확장 의미를 살펴보았다. 원형 의미가 다양한 국면에 적용됨으로써 일어나는데, 이 책에서는 두 가지 국면에 적용하여 감각어의 확장 의미를 고찰하였다. 하나는 감각어가 다른 감각 영역으로 확장되는 '공감각적 의미 확장'을 통해, 다른 하나는 한 감각이 추상적인 영역으로 확장되는 '추상적 의미 확장'을 통해 감각어가 원형 의미에서 일어나는 확장 의미를 살피고 의미가 확장되는 양상을 전반적으로 그리고 종합적으로 다루었다. 의미 구조는 개념 구조를 반영한다. 의미 구조는 인간의 인지적, 신체적 경험, 문화적 배경을 반영한다. 한중 감각어의 의미 구조가 같거나 다른 모습을 확인할 수 있는데,

이는 한중 언어사용자의 개념 구조의 차이로 귀결된다.

8장에서는 한중 감각어의 의미 구조에 대해 인지적 해석을 하였다. 언어는 '신체화'라는 렌즈를 통해서 세계에 대한 우리의 고유한 인지적 해석을 반영한다. 이 장에서는 '신체화로부터 언어 의미까지', 즉 신체화로부터 도출된 감각의 개념 구조와 앞서 살펴본 감각어의 의미 구조 사이의 관계를 살펴보면서 '신체화→개념 구조→의미 구조'의 과정을 확인하고, 개념 구조는 신체화되어 있고, 의미 구조가 개념 구조를 반영한다는 인지언어학의 주장을 입증하였다. 대체로 일상적인 감각 경험을 통해 '사물도식', '척도도식', '균형도식', '부분-전체 도식', '접촉도식'을 형성하는데, 이렇게 형성된 개념 구조가 비유적 과정을 통해 경험을 확장하고 추상적인 의미로 확장된다. 이는 두 언어 간에 보편성을 띠고 있다. 하지만, 어떤 추상적인 대상에 어떤 실체의 속성을 부여하여 구체화할지 두 언어 간에 차이가 있고, 영상도식의 정교화 과정에서 언어마다 차이가 있음을 확인하였다. 의미 확장의 특징 부분에서는 공감각적 의미 확장의 특징과 추상적 의미 확장의 특징을 살펴보았다. 이런 확장이 일어나는 동기를 '신체화'에서 찾아보았고, 두 언어 간에 보편적으로 존재하는 의미 확장의 방향을 '사물의 물리적 속성에서 사람의 성격, 심성, 감정, 태도 등 특성', '사람의 신체적·물리적 상태에서 사람의 정신적·심리적 상태', '사물에서 행위나 활동, 상황으로', '물리적 기준점으로 사회적, 심리적'으로의 확장 방향을 따름을 확인하였고, 의미가 확장되는 양상의 차이를 '근원영역의 작용역', '목표영역의 범위', '매체의 선택성', '개념 형성의 근원점 차이', '특정 언어에만 존재하는 확장 양상' 다섯 가지 기준에서 고찰하였다. 해당하는 모든 현상을 망라할 수 없어 대표적인 용례를 들면서 두 언어 간의 공통점과 차이점을 분석하였고 보편성과 개별성을 엿보았다.

이 연구는 다음 몇 가지 측면에서 그 의의를 찾을 수 있다. 첫째, 이론적인 측면에서 이 책은 인지언어학의 가장 중심적인 생각인 '신체화'에 기초하여 의미 현상을 다루었다는 점이다. 둘째, 분석 대상이 '감각어'인데, 감각어는 인간 경험의 보편소인 감각의 언어적 표상으로 이런 감각어가 일상생활에서 필수적인 어휘에 속하고, 구체적인 감각적 의미뿐만 아니라 추상적인 의미로 폭넓게 확장되기 때문에 감각어에 대한 분석은 여러 방면에서 그 필요성이 있다. 지금까지도 관련 내용이 연구되어 있지만 이 책은 감각어 전반을 대상으로 다루었다는 점에서 의의가 있다고 하겠다. 셋째, 한중 대조를 통하여 서로 다른 문화권에 속하는 한국어와 중국어의 언어 차이, 인지 차이 등을 살펴볼 수가 있었다. 두 언어 간에 공통적으로 존재하는 것에 대해서는 학습자들이 용이하게 받아들일 것이고, 차이점에 대해서는 흥미를 갖거나 어려움을 겪을 수 있다. 따라서 차이점을 부각하고 공통점을 다루는 것은 한국어 교육에도 필요하다고 하겠다.

감각어의 의미 구조 및 의미 확장은 이 책에서 다루고 있는 것보다 훨씬 더 다양하다. 기본 어휘뿐만 아니라, 다양한 파생어휘도 존재한다. 앞으로 더 많은 언어 현상을 망라하고 관찰하여 연구를 하면 더욱 풍성한 논의가 될 것이다. 앞으로 더욱 풍부한 자료를 통해 연구 결과물이 보완될 개연성을 열어두면서 후속 과제로 삼고자 한다.

참고문헌

강병창(2012), 「'따뜻함'과 '뜨거움'의 온감 연어에 나타나는 비유적 의미 확장: 한국
　　　어, 영어, 독일어의 비교」, 『국제어문』55, 국제어문학회, 151-181.

고영근·구본관 (2011), 『우리말 문법론』, 집문당.

고창운(2006), 「우리말 맛 그림씨의 어휘장 연구: '달다'류와 '시다'류 어휘를 중심으
　　　로」, 『한국언어문학』 56, 한국언어문학회, 5-23.

구본관(2008), 「한국어 색채 표현에 대한 인지언어학적 고찰」, 『형태론』 10-2, 박이
　　　정, 261-286.

구본관(2011), 「어휘 교육의 이론과 실제」, 『우리말교육현장연구』5-2, 우리말교육현
　　　장학회, 49-92.

구본관(2011), 「어휘 교육의 목표와 의의」, 『국어교육학연구』40, 국어교육학회, 27-
　　　59.

국립국어원(2001), 『주요 어휘 용례집-형용사 편』, 국립국어연구원.

권희정(2008), 「한중 기본 미각어 의미확장 공통성 연구」, 『 남도문화연구』 15, 순천
　　　대학교, 7-38.

권희정(2014), 「한중 후각형용사의 구성 체계와 의미 확장 양상: '고소하다/구수하
　　　다(香)'와 '구리다(臭)'를 중심으로」, 『중국언어연구』, 한국중국언어학회, 93-
　　　110.

길본일(2006), 「시선의 은유에 대한 인지언어학적연구」, 『한국어 의미학』20, 한국어
　　　의미학회, 161-186.

김광해(1995),『국어 어휘론 개설』, 집문당.

김기혁(2010),「'몸과 마음'의 범주와 '한국어와 한의학'의 연계성」,『인문학연구』18, 경희대학교 인문학 연구원, 5-37.

김동환(2002),『개념적 혼성이론』, 박이정.

김동환(2013),『인지언어학과 개념적 혼성 이론』, 박이정.

김명숙(2005),「인지 의미론과 어휘 의미」,『인제론업』 20-1, 인제대학교, 665-675.

김미형(2009),『인지적 대조언어학의 방법론 연구』, 한국문화사.

김병운(2009),『중국어권 학습자를 위한 한국어 교육 연구』, 한국문화사.

김종도(2004),『은유의 세계』, 한국문화사.

김종호·이민혜(2013),「한국어 '보다'와 중국어 '간'의 의미항목 대비」,『중국문학연구』50, 한국중문학회, 191-212.

김주식(2002),「공간 개념어의 인지적 의미 분석」,『동양대학교논문집』, 8-1, 동양대학교, 186-203.

김준기(1999),「국어 미각어 고찰」,『한국어 의미학』5, 한국어의미학회, 249-269.

김준기(2002),「온도어의 의미 고찰」,『어문학』78, 한국어문학회, 21-45.

김준기(2008),「미각 형용사의 고찰」,『어문학』100, 한국어문학회, 1-30.

김중현(2001),「국어 공감각 표현의 인지 언어학적 연구」,『담화와 인지』8-2, 담화·인지언어학회, 23-46.

김찬구(1986),「국어의 미각표현 어휘에 대한 연구」, 단국대학교 석사학위논문.

김찬화(2010),『한·중 감각형용사 의미 구조』, 한국학술정보.

김창섭(1985),「시각 형용사의 어휘론」,『관악어문연구』10, 서울대학교 국어국문학과, 149-176.

김하수 외(2007),『한국어 연어사진』, 커뮤니케이션북스.

김해미(2014),「'달다' 계열 어휘의 의미 확장과 개념화 양상 연구」,『한국어 의미학』44, 한국어의미학회, 29-58.

김향숙(2002),『한국어 감정표현 관용어 연구』, 한국문화사.

김혜원(2006), 「중국어 감각 형용사의 공감각적 의미전이 특정」, 『중국어교육과 연구』4, 한국중국어교육학회, 17-33.

김혜정(2009), 「국어과 교육과정 내용에 대한 비판적 고찰-읽기 쓰기 영역의 내용 선정에 대한 학문적 타당성 및 외연 연구」, 『작문연구』8, 한국작문학회, 299-335.

나익주(1995), 「은유의 신체적 근거」, 『담화와 인지』1, 담화·인지언어학회, 187-214.

나익주(2000), 「개념적 은유: 사랑」, 이기동 편저 『인지언어학』, 한국문화사, 415-442.

남길임(1997), 「'감정명사'의 설정과 그 사전적 처리에 대하여」, 『사전편찬학 연구』8-1, 연새대학교 언어정보개발원, 249-269.

남혜현(2007), 「신체화에 따른 의미확장 연구: 러시아어 신체어를 중심으로」, 『노아노문학』19-3, 한국노어노문학회, 3-28.

노양진(2009), 『몸 언어 철학』, 서광사.

노양진(2013), 『몸이 철학을 말하다』, 서광사.

노윤채(2010), 「프랑스어의 후각동사: 생리적 현상에서 언어적 현상으로」, 『프랑스문화예술연구』34, 프랑스문화예술학회, 27-59.

노윤채(2011), 「동사 toucher의 다의성」, 『프랑스학연구』55, 프랑스학회, 79-109.

문금현(2006), 「한국어 어휘 교육을 위한 다의어 학습 방안-동사 '보다'를 중심으로」, 『이중언어학』30, 이중언어학회, 143-177.

문금현(2013), 「색채어 관련 관용표현에 나타난 인지의미 양상」, 『국어국문학』163, 국어국문학회, 73-102.

박건숙(2001), 「명사 {소리}의 인지 양상 연구」, 『한국어 의미학』34, 한국어의미학회, 131-157.

박경선(2001), 「영어와 한국어의 색채어와 신체어에 나타나는 개념적 은유」, 『담화와 인지』, 8-1, 담화·인지언어학회, 69-83.

박문섭(1987), 「우리말 형용사의 감각어 연구」, 『어문논집』20, 중앙어문학회, 125-146.

한중 감각어의 신체화 연구

박영순(1994), 『한국어 의미론』, 고려대하교 출판사.

박영순(2000), 『한국어은유 연구』. 고려대학교 출판사.

배해수(1982), 「맛 그림씨의 낱말밭」, 『한글』 176, 한글학회, 67-91.

변정민(2002), 「인지 동사의 구문 연구」, 『새국어교육』64, 한국국어교육학회, 67-92.

변정민(2005), 『우리말의 인지 표현』, 월인.

봉원덕(2011), 「몸과 마음의 상관성: 신체적 경험에 근거한 개념과 언어 표현」, 『인문
학연구』19, 경희대학교 인문학연구원, 53-75.

서상규 외(2003), 『외국인을 위한 한국어 학습 사전』, 신원프라임.

서상규(2014), 『한국어기본어휘 의미빈도 사전』, 한국문화사.

서울대학교 국어교육연구소(2014), 『한국어 교육학 사전』, 하우.

서혜경(2015), 「국어 어휘의미 교육의 인지언어학적 연구」, 경북대학교 박사학위논
문.

석수영(2014a), 「말뭉치에 기초한 '몸'과 '마음'의 인지적 의미 연구: 형용사와의 공기
관계를 중심으로」, 『한민족어문학』 67, 한민족어문학회, 115-140.

석수영(2014b), 「한·중 감정 표현의 개념화 양상: 미각어를 중심으로」, 『언어과학연
구』68, 언어과학회, 191-214.

석수영(2014c), 「한중 온감어의 감정 전이에 대한 인지언어학적 분석」, 『국어교육연
구』55, 국어교육학회, 181-210.

손경호(2007), 「한일 양언어의 미각어 고찰」, 『일어일문학 연구』62, 일어일문학연구
회, 251-274.

손세모돌(2000), 「국어 색채어 연구」, 『인지과학연구』24, 언어과학회, 133-165.

손용주(1992), 「감각형용사의 분류 체계」, 『우리말 글』10, 우리말글학회, 127-154.

송정근(2009), 「감각표현의 형태론적 절차와 그 의미기능」, 『정신문화연구』32-3, 한
국학중앙연구원, 109-132.

송지혜(2007), 「{맵다}의 의미 변화 연구」, 『어문학』98, 한국어문학회, 95-118.

송창선(2010), 『국어통사론』, 한국문화사.

송창선(2014), 「국어 동사와 형용사의 구분 문제」, 『국어교육연구』 54, 국어교육학회, 347-368.

송현주(2003), 「색채형용사의 의미 확장 양상」, 『언어과학연구』 24, 언어과학회, 131-148.

송현주(2011), 「국어 구조와 의미 간의 동기화 연구」, 경북대학교 박사학위논문.

송현주, 최진아(2010), 「동기화에 기반을 둔 단어 형성법 교육」, 『한국어의미학』 53, 한국어의미학회, 153-177.

송현주, 최진아(2011), 「인지언어학에 기반을 둔 관용 표현 교육 연구」, 『중등교육연구』 59-3, 경북대학교 중등교육연구소, 789-812.

송효빈(2002), 「동사 '보다'의 인지적 연구」, 『한국언어문학』49, 한국언어문학회, 585-601.

신현숙(1991), 「감각동사 {보다}의 의미분석」, 『김영배선생회갑기념논총』, 형성출판사, 311-333.

신현숙(2005), 「한국어 의미 확장과 한국어 사용자의 인지 모형」, 『한국언어문화학』 2-1, 국제한국언어문화학회, 131-147.

신현숙(2010), 「한국어 학습자를 위한 어휘 정보: {소리}」, 『문법 교육』13, 한국문법교육학회, 247-276.

신현숙(2011), 「한국어 학습자를 위한 어휘 정보: {냄새}」, 『한국어 의미학』36, 한국어의미학회, 203-227.

신현숙·김영란(2004), 「한국어 교육을 위한 색채어 어휘 정보」, 『이중언어학』24, 이중언어학회, 151-175.

신현숙·박건숙(2008), 「한국 문화에 나타난 색채어 의미 연구」, 『국어교육』125, 한국어교육학회, 341-370.

신현숙·이지영(2001), 「한국어 학습자를 위한 어휘 정보: {맛}」, 『한국어 교육』 12-2, 국제한국어교육학회, 447-468.

양태식(1988), 「우리말 온도 어휘소 무리의 의미구조」, 『한글』 201·202, 한글학회,

119-196.

연세대학교 언어정보개발연구원 편(1998), 『연세 한국어사전』, 두산동아.

연세대학교 한국어학당 편(2013), 『연세한국어(1-6)』, 연세대학교 대학출판문화원.

오예옥(2011), 『언어사용에서의 은유와 환유』, 역락.

왕단(2012), 「문화 간 의사소통의 시각에서 본 한중 색채어의 의미 대조와 그 번역에 대한 연구: 기본 색채어 '누르다'와 '황'을 중심으로」, 『이중언어학』48, 이중언어학회, 207-242.

왕연(2014), 「지각동사 "듣다"의 의미용법:」, 『연구생론단』191, 길림성민족사무위원회, 49-54.

우형식(1988), 「지각동사 '보다'의 경험과 추정」, 『연세어문학』19, 연세대학교 국어국문학과, 31-52.

우형식·배도용(2009), 『한국어 교육을 위한 한국어 어휘의 이해』, 부산외국어대학교 출판부.

윤혜준(2012), 「미각 형용사의 의미 전이 및 확장 양상 비교 연구: 한국어, 독일어, 영어의 단맛 표현 형용사를 중심으로」, 『언어정보』15, 고려대학교 언어정보연구소, 115-132.

윤혜준(2012), 「한국어와 독일어 미각형용사의 의미 대조 연구」, 『이중언어학』50, 이중언어학회, 139-165.

윤희수(2007), 「언어 및 문화와 지각과의 관계: 시각을 중심으로」, 『언어과학연구』41, 언어과학회, 79-94.

이건환(1998), 「의미 확장에 있어서 도식의 역할」, 『담화와 인지』5-2, 담화·인지학회, 81-99.

이건환(2002), 「현대 국어의 의미확장 연구」, 전남대학교 박사학위논문.

이건환(2007), 「한국어 색채어 명명과 체험적 근거」, 『국어교육연구』40, 국어교육학회, 235-252.

이경수(2012), 「한국어 미각 형용사의 의미와 개념화」, 상명대학교 박사학위논문.

이관규(2011), 「문법 교육과 어휘 교육」, 『국어교육학연구』40, 국어교육학회, 127-
    158.

이남경(2008), 「경험 지각동사의 의미 확장과 보문 결합성: 오감의 위계(hierarchy)를
    중심으로」, 『러시아어문학연구논집』27, 한국러시아문학회, 257-290.

이문규(2003a), 「국어교육의 이념과 어휘 교육의 방향」, 『배달말』32, 배달말학회,
    383-402.

이문규(2003b), 「국어지식의 가치와 교육 방향」, 『국어교육연구』35, 국어교육학회,
    149-170.

이민우(2012), 「의미 확립 단계를 이용한 한국어 다의어 교육 방안」, 『언어학연구』22,
    한국중원언어학회, 163-177.

이선영(2012), 「국어의 기본 색채어와 그 의미」, 『국어국문학』162, 국어국문학회,
    143-170.

이선희(2010), 「한중 '기쁨' 개념화 연구」, 『중국어문학지』34, 중국어문학회, 391-
    422.

이선희(2011a), 「한중 '화(화)'의 개념적 은유」, 『중국어문학』57, 영남중국어문학회,
    372-388.

이선희(2011b), 「한중 '애정' 은유표현」, 『중국어문학』58, 영남중국어문학회, 381-
    401.

이선희(2012a), 「중국어 감각 형용사의 공감각적 전이 재고」, 『중국어문학』60, 영남
    중국어문학회, 529-558.

이선희(2012b), 「한중 감각 형용사의 공감각적 전이 대조 분석」, 『중국어문학』61, 영
    남중국어문학회, 777-789.

이선희(2012c), 「감정표현의 그릇은유 양상과 중국어 교육에서의 활용」, 『중국어교육
    과 연구』15, 한국중국어교육학회, 23-41.

이수련(2009), 「공감각으로 본 모양흉내말 연구: 시각을 중심으로」, 『한글』286, 한글
    학회, 189-219.

이수련(2013), 「동사 '보다'의 연구」, 『한민족어문학』 65, 한민족어문학회, 89-113.

이승명(1988), 「국어 미각 표시 어군의 구조에 대한 연구」, 『국어국문학』 100, 국어국문학회, 335-358.

이유경(2007), 「외국인 학습자의 다의어 사용 현황 분석: 동사 '보다'를 중심으로」, 『이중언어학』 35, 이중언어학회, 281-301.

이유미(2006) 「한국어 은유의 근원영역 특징」, 『한국어 의미학』 20, 한국어의미학회, 187-203,

이정애(2008), 「국어 색채어의 의미와 시각의 보편성」, 『한국어 의미학』 27, 한국어의미학회, 151-178.

이종열(1998), 「'가다'의 다의성에 대한 인지의미론적 연구」, 『한국어 의미학』 3, 한국어의미학회, 97-118.

이종열(2003), 『비유와 인지』, 한국문화사.

이종열(2005), 「'먹다'의 다의적 의미와 구문적 확장」, 『한국어학』 27, 한국어학회, 249-277.

이종열(2005), 「국어 문법현상에 대한 환유적 동기화 영상 연구」, 『어문학』 88, 한국어문학회, 107-127.

이종열(2006), 「신체적 경험에 의한 '마음'의 개념화 양상」, 『한국어 의미학』 20, 한국어의미학회, 205-230.

이종열(2007), 「사물 및 공간 개념에 대한 유아의 은유 양상 연구」, 『어문학』 98, 한국어문학회, 187-213.

이종열(2008), 「신체성에 의한 유아의 감각 및 감정은유 연구」, 『한국어학』 40, 한국어학회, 281-306.

이종은(2005), 「어휘적 접근법을 통한 한국어 의존용언 교육 연구」, 상명대학교 박사학위논문.

이종철(2000), 「창의적인 어휘 사용 능력의 신장 방안」, 『국어교육』 102, 한국국어교육연구회, 155-179

임두학(1997), 「한국어 후각·미각형용사 연구」, 『대학원 논문집』19, 경기대학교 연구교류처, 307-320.

임지룡(1992), 『국어의미론』, 탑출판사.

임지룡(1995), 「환유의 인지적 의미특성」, 『국어교육연구』27, 국어교육연구회, 223-254.

임지룡(1996), 「은유의 인지언어학적 의미분석」, 『국어교육연구』28, 국어교육연구회, 117-150.

임지룡(1997a), 『인지의미론』, 탑출판사.

임지룡(1997b), 「21세기 국어어휘 의미의 연구 방향」, 『한국어 의미학』1, 한국어의미학회, 5-28.

임지룡(1999), 「감정의 생리적 반응에 대한 언어화 영상」, 『담화와 인지』6-2, 담화·인지언어학회, 89-117.

임지룡(2001), 「'기쁨'과 '슬픔'의 개념화 양상」, 『국어학』37, 국어학회, 219-249.

임지룡(2002), 「기본 감정 표현의 은유화 양상 연구」, 『한국어학』17, 한국어학회, 135-162.

임지룡(2005), 「'부끄러움의'의 개념화 양상」, 『어문학』89, 한국어문학회, 27-36.

임지룡(2005), 「감정의 색채 반응 양상」, 『담화와 인지』12-3, 담화·인지언어학회, 75-99.

임지룡(2006), 『말하는 몸: 감정 표현의 인지언어학적 탐색』, 한국문화사.

임지룡(2007), 「신체화에 기초한 의미 확장의 특성 연구」, 『언어과학연구』40, 언어과학회, 1-31.

임지룡(2008a), 「한국어 의미연구의 방향」, 『한글』282, 한글학회, 1-34.

임지룡(2008b), 『의미의 인지언어학적 탐색』, 한국문화사.

임지룡(2009), 「다의어의 판정과 의미 확장의 분류 기준」, 『한국어 의미학』28, 한국어의미학회, 193-226.

임지룡(2010a), 「감정의 그릇 영상 도식적 양상과 의미특성」, 『국어학』57, 국어학회,

31-73.

임지룡(2010b), 「국어 어휘교육의 과제와 방향」, 『한국어 의미학』33, 한국어의미학회, 259-296.

임지룡(2010c), 「어휘의미론과 인지언어학」, 『한국어학』49, 한국어학회, 1-35

임지룡(2014), 「감정의 문화적 변이 야상: '화'를 중심으로」, 『한국어 의미학』44, 한국어의미학회, 199-234.

임지룡(2015), 「대립어 작용 양상의 인지의미론적 특성」, 『우리말 연구』40, 우리말연구학회, 64-100.

임지룡·송현주(2012), 「감각 동사에 의미 확장 양상 연구」, 『담화와 인지』, 19-1, 담화·인지언어학회, 155-179.

임지룡·임칠성·심영택·이문규·권재일(2012), 『문법 교육론』, 역락.

임혜원(2004), 『공간 개념의 은유적 확장』, 한국문화사.

임혜원(2010), 「동작언어 분석을 통한 영상도식의 신체화 연구: 척도 도식을 중심으로」, 『언어와 언어학』48, 한국외국어대학교 외국어 종합연구센터 언어연구소, 135-164.

임혜원(2013), 『언어와 인지』, 한국문화사.

임혜원(2015), 「한국어 '맛'의 개념화」, 『언어와 언어학』66, 한국외국어대학교 외국어 종합연구센터 언어연구소, 351-372.

전은진(2011), 「후각 형용사의 의미론적 연구」, 『국제어문』51, 국제어문학회, 9-47.

전현정(2003), 「국어 감정 표현의 의미 연구」, 경희대학교 석사학위논문.

정병철(2006), 「지각동사 '보다'의 의미망」, 『문학과 언어』28, 문학과언어연구회, 23-44.

정병철(2007), 「경험적 상관성에 기반한 동사의 의미 확장」, 『한국어 의미학』22, 한국어의미학회, 209-236.

정병철(2007), 「다의 동사 '잡다'의 인지적 접근에 의한 사전 처리 연구」, 『한국어 의미학』24, 한국어 의미학회, 243-273.

정병철(2009), 『시뮬레이션 의미론에 기초한 동사의 의미망 연구』, 한국문화사.

정수진(2003), 「국어 '단맛' 표현의 인지적 의미 해석」, 『언어과학연구』24, 언어과학회, 303-320.

정수진(2005a), 「미각어의 의미 확장 양상」, 『한국어 의미학』18, 한국어 의미학회, 149-174.

정수진(2005b), 「국어 '맛' 표현의 의미 확장 양상: '단맛'과 '쓴맛'을 중심으로」, 『문학과 언어』27, 문학과언어학회, 71-88.

정수진(2005c), 「미각어의 의미 확장 양상」, 『한국어 의미학』18, 한국어의미학회, 149-174.

정수진(2009), 「한국어 다의어 교육 방안」, 『문학과 언어』31, 문학과 언어학회, 29-54.

정수진(2012), 「국어 감각명사의 의미 확장에 대한 인지언어학적 접근」, 『한민족어문학』60, 한민족어문학회, 271-300.

정인수(1997), 「국어 형용사의 공감각적 전이 연구」, 『현대문법연구』11-1, 현대문법학회, 163-180.

정인수(1999), 「국어 청각 형용사의 의미 연구」, 『어문학』67, 한국어문학회, 107-124.

정재윤(1989), 「미각동사의 어휘고찰」, 『어문논집』28, 안암어문학회, 351-376.

정재윤(1989), 『우리말 감각어 연구』, 한신문화사.

정재윤(1991), 「국어 온도 감각 동사의 어휘체계」, 『국어교육』75, 한국국어교육연구회, 15-28.

정희자(2004), 『담화와 비유어』, 한국문화사.

조경순(2013), 「국어 동사의 감정 의미 획득에 관한 연구」, 『한국어 의미학』40, 한국어의미학회, 43-69.

조경임(2005), 「국어 동사 '듣다'의 의미 생성 연구」, 『한국어학』28, 한국어학회, 185-216.

조현용(2000), 『한국어 어휘교육 연구』, 박이정.

지상현(2002), 『시각 예술과 디자인의 심리학』, 민음사.

한중 감각어의 신체화 연구

천시권(1980), 「온도어휘의 상관체계」, 『국어교육연구』, 12-1, 국어교육학회, 1-14.

천시권(1982), 「국어 미각어의 구조」, 『어문교육』 7, 국어교육학회, 1-6.

최진아(2013), 「인지언어학에 기초한 국어 비유 교육 연구」, 경북대학교 박사학위논문.

최창렬(1999), 『말과 의미』, 집문당.

최현배(1985), 『우리말본』, 정음사.

최현석 (2013), 『인간의 모든 감각』, 서해문집.

최현석(2011), 『인간의 모든 감정』, 서해문집.

홍사만(2008), 『국어 의미 분석론』, 한국문화사.

홍사만(2013), 「어휘의 생태와 의미 관계」, 제33차 한국어의미학회 전국학술대회 발표 논문집, 3-23.

홍선희(1982), 「우리말의 색채어 낱말밭 」, 『한성어문학』1, 한성대학교, 121-136.

Angela Lee-Smith(2004), 한국어 능력 향상을 위한 은유 교수, 「한국어 교육」15-3, 국제한국어교육학회, 320-340.

娄小琴(2014), 「개념은유 이론에 입각한 한국어 색채어 교육방안 연구」, 『개신어문연구』39, 개신어문학회, 75-94.

韓松涛·성윤숙(2014), 「论汉韩表黑色颜色词的跨域认知」, 『어문론총』60, 한국문학언어학회, 93-113。

彭懿·白解红(2008), 「通感认知新论」, 外语与外语教学』1, 14-17。

崔健(2002), 『韓漢範疇表達對比』, 中國大百科全书出版社。

陳建祥(2012), 「漢語溫度域詞語"冷"和"熱"的概念隱喻研究」, 『長沙大學學報』26-1, 95-97。

中國社會科學院語言研究所詞典編輯室編(2008), 『現代漢語詞典』(第五版), 商務印書館。

趙允敬(2011), 「現代漢語單音節形容詞的認知語義研究」, 复旦大学博士学位论文。

趙豔芳(2001), 『認知語言學槪論』, 上海外語教育出版社。

趙彦春 黃建華(2001), 「英語感官動詞模塊性的語義分析：認知詞典論對詞庫的描寫」, 『解放軍外國語學院學報』24-4, 11-14。

鄭懷德·孟慶海編(2010), 『漢語形容詞用法詞典』, 商務印書館。

蔣绍愚(2008),「五味之名及其引申义」,『江苏大学学报(社科科学版)』3, 55-61。

任晓艳(2006),「現代漢語溫度感覺詞研究」, 山东大学硕士学位论文。

苑晓鹤(2013),「概念整合理论对通感隐喻建构过程的认知阐释」,『牡丹江大学学报』. 22-9, 94-98。

熊黎, 郑厚尧(2009),「漢語味覺詞"甜"的認知隱喻研究」,『長江大學學報』32-2, 293-294。

王志红(2005),「通感隱喻的認知闡釋」,『修辭學習』3, 59-61。

王寅編著(2011),『認知語法概論』, 上海外語教育出版社。

王寅(2005),「再論語言的體驗性」,『山東外語教學』2, 3-8。

王寅(2006),『認知語言學』, 上海外語教育出版社。

王宇弘(2008),「通感隱喻的認知基礎和哲學意義」,『外語與外語教學』4, 13-16。

伍铁平(1989),「不同語言的味覺詞和溫度詞對客觀現實的不同切分」,『語言教學與研究』1, 120-136。

吳倩婷(2013),「漢語味覺意象圖式及其衍生的概念隱喻」,『語言文字探索』, 190-191。

杨洋·董方峰(2006),「對漢語基本味覺詞"苦"的認知語用分析」,『語言理論研究』, 60-62。

岳好平(2010),『英漢情感隱喻的認知研究』, 湖南人民出版社。

尋陽(2003),「英漢嗅覺動詞隱喻的共性分析」,『萊陽農學院學報(社會科學版)』15-1, 101-112。

束定芳主编(2011),『隐喻和转喻研究』, 上海外语教育出版社。

徐小波(2005),「知覺詞的意覺語義轉移」,『烟台教育学院学报』, 11-3, 27-30。

孟琮·孟慶海·鄭懷德·蔡文蘭編(2012),『漢語動詞用法詞典』, 商務印書館。

李菁民編著(2011),『現代漢語逆序詞典』, 華語教學出版社。

李福印(2008),『認知語言學概論』, 北京大學出版社。

李丽虹(2012),「漢英溫覺詞語義對比研究」, 中央民族大学博士学位论文。

李金兰(2005),「味觉隐喻化的认知结构及语义特征」,『修辞学習』3, 56-58

刘月华·潘文娱·故韡(2007),『實用現代漢語語法』, 商务印书馆。

劉相君(2014),「現代漢語多義詞"看"的認知研究」,『青年與社會』1, 350。

劉潔(2008),「漢韓基本味覺詞比較」,『中語中文學』42, 韓國中語中文學會。

婁小琴(2010),「基於槪念隱喩的漢韓顏色詞比較硏究」,『浙江學刊』, 109-115。

呂叔湘主編(2006),『現代漢語八百詞(增訂本)』, 商務印書館。

覃修桂(2014),「英語溫度域的意象圖式及其隱喩系統」,『當代外語硏究』6, 70-76。

覃修桂(2009),「英漢語聽覺槪念隱喩的共性與個性」,『外语學刊』1, 37-42。

覃修桂(2008),「英汉语嗅觉隐喻及其投射范围」,『外语教学与研究(外语语文双月刊)』40-2, 107-112。

緱瑞隆(2003),「漢語感覺範疇隱喩系統」,『鄭州大學學報(哲學社會科學版)』, 36-5, 108-112。

龔萍 閆鳳茹(2011),「英漢聽覺動詞語義擴展對比深析」,『現代語文(語文文字版)』, 99-117。

孔丽华, 金恩柱(2005),「漢語"味覺詞"引申出的心理感受」,『中國人文學科』30, 73-77。

高航·嚴辰松(2008),「漢語溫度圖式所衍生的概念隱喩」,『四川外語學院學報』24-2, 7-12。

高再蘭(2012),「"看/聽"從感官動詞到小句標記：語法化的類型學研究」,『語言科學』11, 489-498。

葛成·黃莹(2012),「汉语味觉形容词"甜"的通感式词义引申研究」,『语言本体研究』, 79-81。

洪玉芳(1999),「"感覚語の比喩的な意味による感覚転移の問題ー中国語と日本語の比較·対照"」,『中国語学』, 31-39.

辻幸夫 編(2014),『新編認知言語學キーワード事典』. 東京: 研究社.

松本健二(2001),「感覚表現の認知言語学考察: 知覚動詞の用例分析を中心として」,『松商短大論叢』50, 松商學園短期大学, 207-227.

Evans, V.(2007), A Glossary of Cognitive Linguistics, The University of Utah Press. (임지룡·김동환 옮김(2010),『인지언어학 용어사전』, 한국문화사.)

Evans, V. & M. Grenn. 2006. Cognitive Linguistics. An Introduction Edinburgh: Edinburgh University Press. (임지룡·김동환 옮김. 2008.『인지언어학 기초』. 한국문화사.)

Geeraerts, D. & H, Cuyckens..(2007), The oxford handbook of cognitive linguistics. (김동환 옮김(2011), 『인지언어학 옥스퍼드 핸드북』, 로고스라임.)

Johnson, M.(1987), The Body in the Mind. Chicago: The University of Chicago Press(노양진 옮김(2000), 『마음 속의 몸』, 철학과현실사.)

Knowles, M & Moon, R.(2006), Introducing metaphor. (김주식·김동환 옮김(2008), 『은유 소개』, 한국문화사).

Kövecses, Z. 2000. Metaphor and Emotion: Language, Culture, and Body in Human Feeling. Cambridge University Press.(김동환·최영호 옮김. 2009. 『은유와 감정』, 동문선.)

Kövecses, Z.(2002). Metaphor A Practical Introduction. Oxford: Oxford University Press. (이정화·우수정·손수진·이진희 공역. 2003. 『은유: 실용입문서』. 한국문화사.)

Kövecses, Z.(2005), Metaphor in Culture: Universality and Variation, Cambridge University Press, (김동환 옮김(2009), 『은유와 문화의 만남- 보편성과 다양성』, 연세대학교출판부.)

Kövecses, Z.(2006). Language,Mind,and Culture: A Practical Introductiona. 임지룡 김동환 옮김. 『언어·마음·문화의 인지언어학적 탐색』. 역락.

Lakoff, G. & Johnson, M.(1980, 2003), 「Metaphors We Live By」, 노양진·나익주 옮김(2006). 『삶으로서의 은유』(수정판), 박이정.

Lakoff, G. & M. Johnson(1999), Philosophy in the Flesh: The Embodied Mind and Its Challenge to Western Thought, New York: Basic Books. (임지룡·윤희수·노양진·나익주 옮김(2002), 『몸의 철학: 신체화된 마음의 서구 사상에 대한 도전』, 박이정.)

Langacker, R.W.(1987), Foundations of Cognitive Grammar vol. 1, Stanford, California: Standford University Press. (김종도 역(1990), 『인지문법의 토대: 이론적 선행조건들』, 박이정.)

Littlemore, J.(2009), Applying Cognitive Linguistics to Second Language

한중 감각어의 신체화 연구

Learning and Teaching, Basingstoke/New York: Palgrave Macmillan. (김주식·김동환 옮김(2012), 『인지언어학과 외국어 교수법』, 소통.)

Masaco K. Hiraga.(2005), Metaphor and Iconicity : A Cognitive Approach to Analysing Texts(1st), Palgrave Macmillan, (김동환·최영호 옮김(2007), 『은유와 도상성: 인지언어학적 텍스트 분석』, 연세대학교 출판부.)

Radden, G. & R. Dirven(2007), Cognitive English Grammar, Amsterdam · Philadelphia: John Benjamins Publishing Company. (임지룡·윤희수 옮김(2009), 『인지문법론』, 박이정.)

Taylor, J.R.(2002), Cognitive Grammar, Oxford: Oxford University Press. (임지룡·김동환 옮김(2005), 『인지문법』, 한국문화사.)

Sweetser, E.(1990), From Etymology to Pragmatics: Metaphorical and Cultural Aspects of Semantic Structure. Cambridge University Press. (박정운 외 옮김(2006), 『어원론에서 화용론까지: 의미 구조의 은유적 문화적 양상』, 박이정.)

Ungerer, F. & Schmid, H-J.(2006), An introduction to cognitive linguistics, 02 edition, Harlow:pearson Education Limited(임지룡·김동환 옮김(2010), 『인지언어학 개론』, 태학사.)

Y. Tsuji 편. 임지룡, 요시모토 하지메, 이은미, 오카 도모유키 옮김 (2004). 『인지언어학 키워드 사전』. 한국문화사.

색인

한중 감각어의 신체화 연구

석수영(昔秀穎)

연변대학(延邊大學) 졸업(문학학사), 북경어언대학(北京語言大學) 석사과정 졸업(문학석사), 경북대학교 박사과정 졸업(교육학박사), 상해외국어대학교(上海外國語大學) 박사후 연구원, 서울대학교 국어교육연구소 방문학자.
상해외국어대학교 통번역대학원 한국어통번역과 조교수.
공저로 『인지언어학의 연구현황과 과제』(2019), 『의미관계의 인지언어학적 탐색』(2017), 『어휘의미의 인지언어학적 탐색』(2016), 『비유의 인지언어학적 탐색』(2015)이 있으며
논문으로 『한중 신체어의 분류사적 쓰임 비교』, 『한중 감정 표현의 개념화 양상: 미각어를 중심으로』, 『해석에 기초한 한중 수어 어휘의 동기화 양상』, 『수어의 구조와 의미 간의 상관성 고찰』 등이 있다.

한중 감각어의 신체화 연구

초판인쇄	2020년 10월 19일
초판발행	2020년 10월 29일
지은이	석수영
펴낸이	이대현
편 집	이태곤 권분옥 문선희 임애정
디자인	안혜진 최선주
마케팅	박태훈 안현진
펴낸곳	도서출판 역락
주 소	서울시 서초구 동광로 46길 6-6 문창빌딩 2층
전 화	02-3409-2060(편집), 2058(마케팅)
팩 스	02-3409-2059
등 록	1999년 4월 19일 제303-2002-000014호
전자우편	youkrack@hanmail.net
홈페이지	www.youkrackbooks.com

ISBN 979-11-6244-598-3 93700